曹满良 ◎ 著

原始太极内功心法

涵养三宝精气神
平衡阴阳五行气
恢复天赋本能
提高免疫能力

华夏出版社
HUAXIA PUBLISHING HOUSE

图书在版编目（CIP）数据

原始太极内功心法/曹满良著. --北京：华夏出版社，2018.5（2019.1重印）

ISBN 978-7-5080-9458-8

Ⅰ. ①原… Ⅱ. ①曹… Ⅲ. ①太极拳－内功 Ⅳ. ①G852.11

中国版本图书馆 CIP 数据核字（2018）第 062009 号

原始太极内功心法

著　　者	曹满良
责任编辑	梅　子　阿　修
责任印制	顾瑞清
封面设计	小　渔

出版发行	华夏出版社
经　　销	新华书店
印　　刷	三河市万龙印装有限公司
装　　订	三河市万龙印装有限公司
版　　次	2018 年 5 月北京第 1 版 2019 年 1 月北京第 2 次印刷
开　　本	710×1000　1/16 开
印　　张	18.75
字　　数	297 千字
定　　价	59.00 元

华夏出版社　地址：北京市东直门外香河园北里 4 号　邮编：100028
网址：www.hxph.com.cn　电话：（010）64663331（转）

若发现本版图书有印装质量问题，请与我社营销中心联系调换。

序

北京的冬日很是寒冷，尤其是到了傍晚，寒气袭人，这也就使得不少闲来无事的人躲在家里看《养生堂》节目。其实，关于养生健身的话题一直被人们炒得沸沸扬扬，专家"炒"、中老年"炒"、体弱者"炒"，炒来炒去就成了一锅糊粥，因为到最后不知道听谁的好了。当然了，这并不是说谁对谁错，而是大家都在"头痛医头，脚痛医脚"上面下工夫，这方面的工夫下多了，难免就容易出现糊涂，甚至是误解的情况。但是不管怎么说，这"身心"还是要"善待"的，因为身心健康对社会、家庭、个人都有着不可估量的益处。

一天晚上，曹满良兄弟冒着严寒来找我。见面后便告诉我他的《原始太极内功心法》要出版了，请我给他的书写一篇序。我听了很是高兴，便当即答应下来。

凭借我对曹满良的了解，以及他对武术、太极内功、精神保健及心灵修缮方面的诸多观点，我觉得这本书的出版，对于大众来说曹满良是做了一件功德无量的好事。

曹满良，北京人，著名武术家，国学养生专家。我和曹满良相识，也是缘于工作机会。那是三十年前的事情了，当时我当体育记者，并主管报纸的武术版面。时间一久，我这个不会武术的人竟然在武术圈子里混了个脸儿熟，然而能当作朋友交往下来的，却只有为数不多的几个人，曹满良便是其中之一。

人生与养生看似不搭界，而在我看来有不少相通之处。一个人来到这个世界，如果一帆风顺，养尊处优，他不会懂得亲情、友情的金贵，更不会理解人为什么要珍惜生命的时光。而那些从逆境走过来的人肯定会与之相反，因为弥漫阴霾的人生，会让人的心中更渴望阳光。

曹满良11岁拜老武术家司永亮为师习武，当时的老百姓正处在总路线、大跃进、人民公社激情荡漾的时代。至于曹满良为何能够静下心来，心无旁鹜地习武，这大概与他自幼喜欢读史书典籍有关，而且习武至今，一晃就走过了半个多世纪。在这段漫长的时光里，曹满良经历了人生的风风雨雨……而他居然都挺了过来。他凭借什么度过了人生的坎坷？那完全靠的是"静心""炼心""养心"。曹满良说："心灵是人身之主宰，如能在社会、工作、家庭、是非，万事纷纭，繁多复杂，然能事过心清，心不被一切事所迷所扰为心静。达至一心清虚中正，自然能自在逍遥。"这是人对生活环境，社会事务的一种感悟。他曾这样说："每逢遇到人生困境，不能消极、暴躁，而该在泰然处之中寻找解决问题的方法。'静心'不等于不用心，不努力去完成需要完成的事情。"

　　曹满良所著《原始太极内功心法》一书，让读者找到了如何养心与延命的答案。在当今的"健康大潮"中，人们张口闭口地谈论健身，但是究竟怎么炼才能健康？人的精神应该怎么炼？健身的真谛是什么？如何防治精神障碍？心理疾患如何康复？却极少能听到有人谈及，因为人们大都为表面现象而忙碌，于是，也就出现了"头痛医头，脚痛医脚"的热烈场面。如今热衷于健康者，基本上就是两种人，一是年老体弱者；二是久病缠身者。老者想提高生活质量，少给儿女添麻烦；久病者怀念健康，不愿意将大把钞票慷慨地塞进医生的口袋。而与这两种人不同的就是年轻人了，他们以年轻为资本，对健身不屑一顾，只有当健康的积蓄花光的时候，才知道责怪自己——健康的消费不该大手大脚。

　　《原始太极内功心法》一书向世人提出了忠告：生命保健是一辈子的工程。"生命能量"是需要充值的，能量应该如何充值？这本书能够给你解答得十分清楚。

　　曹满良自幼习武，俗话说"江湖险恶"，如果能够在这"江湖"上自由地行走，需要的不仅仅是胆量，更需要的是要拥有一片坦诚的胸怀。中国武术的门派众多，固有的观念至今难破。但他与之相处得都很融洽，他能够做到理念随时更新，也没有门户之见。在他看来，所有的习武之人都是兄弟，都是一家人，因为大家都在为中华的瑰宝传承做着不懈的努力，而且每一个拳种都有其值得学习的精到之处。曹满良无论走到天南地北，无论遇到各种身份的武师，他都会以一个学生的姿态去与之交流。随着时间的积累，他也发现了武术领域内的些许不足之处。因此曹满良在《原始太极内功心法》一书中提出了"自古武人为何短命者多？"的疑问，与此同时也给出了令人信服的答案。

　　武者经常挂在嘴边上的有"精气神"三个字，而解释"精气神"的内在含义竟然是五花八门，或者是泛泛之谈。在曹满良的《原始太极内功心法》一书中，给出了全新的注解：武者的"精气神"与普通人的养生有着异曲同工之妙。读来犹如积水通渠，顿开茅塞。

　　曹满良的这本书，应该说是他多年练功经验的结晶。他对每一个章节都是仔细斟酌、几经修改，这与他习武授徒的风格是一致的。作为一个师父，绝不能盛气凌人，应以真诚待人。这与曹满良的修心之道是合拍的，做人就应宽容厚道。

　　世界卫生组织为了强调健康的重要性，提出养生的重点是心理健康。而心理健康的四要素即是善良、宽容、淡泊、心静。而《原始太极内功心法》一书多角度地诠释了这四个要素的内涵。

　　在如今的经济大潮中，物欲横流，贪嗔痴、黄赌毒还有癌症等疑难病症，人们的心态都处在变形之中，以至于变化得令人不解，甚至恐惧。而在此时，《原始太极内功心法》的出版为我们的社会注入了一剂正能量，这是一本促进精神文明大健康升级的书，让人的心灵回归自然、回归平静，这大概正是作者的心愿。

郭博文（《中国体育报》资深记者）

自 序

我年幼嗜好技击，每觅览武侠仙道书籍，心辄向往，此因出于天性。稍长入小学，遇武术名师从艺。"文革"期间，同学皆罢课，出游串联，余则在家习武练功。分配工作后，不论三伏三九未当间断，节假周日亦未敢辍学。生活经历坎坷，年逾半百，渐明人生大旨。

古人云："人生天地间，犹如远行客。"此言语值得人深思回味。大凡人的一生，无论贵贱智愚，皆有相应的生活与工作。或从事政治，或潜心学术研究，农工商学兵，孜孜不停，求所收获。使得人如同上弦的机器，舟车颠沛，苦不堪言，精神疲惫。虽然功业有成，但人皆已精枯神损，命危在旦夕，英年早夭者近多。一切废然而止，功亏一篑，结果大有过眼烟云之感。究其原委，皆由人自强努身心，私欲迷攀，追名逐利，逞性妄为，超负消耗生命能量之故也。

原始太极内功是以自我精神（简称即是心）为练功之种子。因为精神是四肢运动、眼耳鼻舌身意、呼吸调息之气的总能源，无论哪种功法，凡是在躯体上育种秧苗，都是有为法，躯体本质不真，因为躯体终有质变，结果是幻。《黄帝内经》中说：立精神为天真之气，天地有质变，此气了无终始；久服天真之气，必通神明。以精神为本质，种子真、成果真，以其他为本质，是以砖磨镜，终久无成。君子悟本，本立而后道生。炎黄祖先留有养精神，固本培元，强身之理。道、释、儒三家圣人皆有养心益智健身之法宝。望今有欲延命者，必该自己珍重自己，必当早日修学，安心定性、敛神聚气、开发自我生命能源本能，未病先防，有病去病，无病强身，明理明心，增智开慧，心灵净化，健康长寿，一人受益，全家受益，强壮吾中华民族有望矣！

余参学研修佛道以来，饱览道祖佛祖真脉经典，转眼数十载，朝夕修炼，自悟自参，虽知识见解，然体似有感，亦不敢自诩功深。然圣传性理心法、要诀、宗旨，自信不失真髓，效先人之德，斗胆无畏，以公同道。深愿有志悟道同仁，同心同德，共同继承和弘扬东方传统文化之精粹。指日可待，世界大同！

作文者识学浅陋，造诣微薄，只愿积德行善，慈心一片，好望人民受益，阐传古圣先贤之真宗正法，造福人类。言不到处，在所难免，所望修真高贤明指，不吝赐教。文者不敏，谨当虚心领受！

曹满良　于北京

2015 年 11 月

前 言

  中国文化之精髓是古圣先贤，道祖老子、孔子、易家、兵家武学等思想的综合体现，是人生哲学大智慧。目标皆为培育及健康民族精神，指导人们清除心理障碍、心灵修缮、颐养身心，和谐社会风气。

  武术为中华之国粹，且为育人之正道，武术之学说，古为杀人之学术，若将此学说传播于世，促人群恋纷争斗狠，大伤天地太和之气。在《张三丰以武事得道论》中有言："夫人身之成，由得先天之性命，后天之精血形骸，然人既坠尘也，则为七情六欲所迷。本性自失，故贤者欲求复本，不得不加修炼，修炼之道，或由文，或由武，练太极，即由武入，由命而返性，由假而返真。故足蹈五行，手舞八卦，皆先天地之理也，迨夫曰久功深，自能内外合一，尽性立命，然其要在一诚字，盖意诚心正，乃能致知格物，而归先天大道也。"何为道？意为行走的平坦、通达、觉悟与光明的大路。

  以言教者乃三位圣人不得已之苦心。因世上人都以嗜欲塞其心窍。把有用的精神为纷华耗尽。比如日月行于天而受云遮雾盖，顿时失去光华。人的本来真性，也就是天地之性。这个真性是人人具有的，但它很容易被形质所蒙蔽，正是为了使后人的本来真性能得以复归本然光明，所以圣人教导后人以修养之学，于是，开始有老氏、释氏、孔氏之学。释、道、儒之学的本旨，都是为了使人无始以来一点灵光恢复清静本来面目，吾人的实相，仙佛圣凡同具同证。

  现今世上，无奈何，诸多小知小见之流，日用而不能自知自识自心，无视圣传正心同条共贯之理，妄分门户，互相是非。上古圣人，先哲前文，具昭古史。无非了达一心，此外更无别物。儒释道三教，总归一心字，心儒则儒、心释则释、心道则道，教虽异辙，心则同源。人若且不是这心字为迷惑，心一正则一肩三教，无不可通，通则如日月光华周天遍照。《尚书》中记有：人心惟危、道心惟微。惟精惟一、允执厥中。十六字乃五帝三王列圣，相传之心法。孔孟讲的道理和修炼方法讲拳拳服膺。拳拳总持之意，服膺即以空处为总持门也。人心之危，与释家讲的去识、道家讲的炼魔，没有不同。道心之微，与释家的明心、道家的修心，没有不同。精一执中的宗旨，与释家讲的归一空中、道家讲的得一守中，没有差异。不但此是；释家讲的不二法门，甚深法界。道家讲的玄牝门、天地根，就是儒家的止于至善，退藏于密。释家的因地果生、道家的一阳初动，就是儒家的复见天心，造端夫妇，几希平旦。释家的菩提、道家的周天，就是儒家的天行健，自强不息善养气，塞乎天地。儒讲守心养性，释讲明心见性，道讲修心炼性。儒能尽性至命，释、道也能尽性至命。圣人教人顺性命以还造化，其道理是相同的，佛教人看破世界以超大觉，其义高。老子教人修性命以得长生，其旨切。教法不同，其道不异。

何为道学？其宗旨是什么？这里我对道学的特征做一简要概括：所谓道学，是中国母系氏族社会自发的原始宗教在炼养过程演变中，综合进而流传下来的，以道家黄老之学为旗帜和理论支柱的天人合一观，取佛家、儒家、医家、阴阳家、养生家等诸家学说中的自我修养思想，宗教信仰成分和伦理道德观念，在长生成仙、度世救人中发展，进而追求回归自然、体道合真的总目标。这也是具有中国传统文化特色的哲学思想，有其对宇宙、自然的独到认识。古人为了实现目标，经过历代的实践，对自然、生命以及对人类生、老、病、死的过程有根本性的认识。而且继承、充实、丰富了宝贵的养生秘笈，是有助于现代人心理状态调控、心灵智慧开发、精神文明思想弘扬的学术导向。《原始太极内功心法》一书，愿有益于人心世道、有助人众健康，为自珍自爱者提供入门直指，一得之见仅供参考。

我本人多年致力于生命健康精神保健，教学培训指导传播民族传统心法养生文化近三十载，目睹了全国各地诸多修学者，通过真修实练而治愈久医无效的一些病苦，解除了精神上的枷锁，排除了心理障碍，抛弃了自心最执着的不良思想及种种烦恼，达到了身心康健的理想境地，逐渐提高了对人生观、价值观、世界观的认识水平而走上了觉悟之路。

在此书中，我较详细系统地阐述了心法修炼的思想理念、要诀、纲领、特色、定律、法则、宗旨、原理及理论依据，对当今实践者处世居家、修真养性、心态平衡、益智强身、增智开慧、安身立命、延年益寿提供了些良言善语，仁者见仁、智者见智。为使读者认识中华民族炎黄祖先留下的文化瑰宝，仅供人们启迪智慧、净化心灵、正心修身，认识了解自我、把握自我，实现自我康复、自我解脱、自我完善并升华与超越，促进社会与自然的和谐，为愿。本人初衷，但愿读者观文有益，不当之处，亦望开诚赐教。

目 录

序 /1
自 序 /5
前 言 /7

第一章　　原始太极心法要诀纲领 /1
第二章　　原始太极内功法则宗旨阐真 /39
第三章　　原始太极特色定律本质区别 /57
第四章　　原始太极内功静定心法要诀 /109
第五章　　原始太极入门基础根源理论及具体要求 /119
第六章　　原始太极运动原理及五种形式 /137
第七章　　原始太极心法静功原理及方法 /149
第八章　　太极自然无为运动原理及方法 /159
第九章　　纵论尚武人的规矩与德行 /179
第十章　　心态平衡对人躯体的作用 /201
第十一章　人类生命能量与科学证实 /213
第十二章　生命保健——澄澈心灵 /221
第十三章　解读人的五脏五行及情绪 /241
第十四章　浅说眼耳鼻舌身意六根清净 /251
第十五章　祖师禅、般若学与明心见性 /257
第十六章　无相无形，妙有真空——修真鉴定精要 /271

跋 /284

第一章 原始太极心法要诀纲领

1. 真功溯源老子《道德经》大智慧

老子（约前571年—前471年？），字伯阳，谥号聃，又称李耳（古时"老"和"李"同音："聃"和"耳"同义），曾做过周朝"守藏室之官"（管理藏书的官员），是中国最伟大的哲学家和思想家之一，道家把老子尊奉为始祖，如同佛教的释迦牟尼佛祖、基督教之耶稣……

老子著作《道德经》是我国古典哲学中最高生命科学，对于人类祛病养生、健康长寿，真理实用之学也，是阴阳自然万物运用之真理。

《道德经》是老子学说的精华核心，含有丰富的养生思想及辩证法，老子哲学与古希腊哲学一起构成了人类哲学的两座高峰，老子也因其深邃的哲学思想被尊为"中国哲学之父"。老子思想与儒家思想和后来的佛家思想一起构成了中国传统文化思想的核心。史载孔子曾向老子请教关于礼的问题。到了唐朝武宗时期老子被定为是三清尊神之一太上老君的第十八个化身，被尊为神仙。老子与后世的庄子并称老庄。从汉代起，历代帝王都去祭拜老子，《道德经》的国外版本有一千多种，是被翻译语言最多的中国书籍。

始祖老子传尹文始真人、文始真人传麻衣道人陈抟老祖、陈抟老祖传火龙真人、火龙真人传武当山的道家修炼隐士张三丰。张三丰通过自身的修行感悟，又十分重视前人在修道实践上取得的经验，将其方法精髓，融会贯通集大成始创太极拳，实以天人合一为宗旨，是以道家老子的经典著作《道德经》作为理论指导的，是参照"道法自然及无为而无所不为"的哲学原理来修炼的，是本着修心炼性及太极原理去修炼与觉悟的学科。

老子《道德经》以"道"解释宇宙万物的演变，为客观自然规律，同时又具有"独立不改，周行而不殆"的永恒意义。言"道"的涵义；意谓天体运行的轨道为天道，人事变行的法则为人道，天道与人道涉及事物与其运动变化规则之间的关系。《老子》书中包括大量朴素辩证法观点，如一切事物均具有正反两面，"反者道之动"，并能由对立而转化。

"无为法"是老子大智慧所倡导，他否定死记硬背学教知识，主张顺着自然的理势行。不固滞于"有为法"，不拘泥于各种条条框框的束缚，就能够超越自我。从这个意义上讲，就是从无到有，其动力就是自我心灵觉悟。所谓"得道"就是遵循自然规律，依道而生，持德而存。下面请仔细看看老子是怎么说的：

《道德经》为学日益章第四十八："为学日益，为道日损，损之又损，以至于无为，无为而无不为矣。"老子此章教人复归混沌返于上清的意思，道者，混沌之体以清静而用之，湛然一炁也。心无其心，而真心见，意无其意，而真意存，情无其情，而真情寂。空性以立命，养命以还空，若亡若存，一炁充塞，窍窍流通，其光曰见，其妙曰玄。玄之又玄其道乃见。此章教人去聪明之心，去驰骋之意，去贪欲之情，若愚若蠢，死心灰意，损之而进于道矣。虽是无为而益性，无不为而立命，无不为，是没有不为之道。静极而动，是无不为之道。动后返静，是无为。从无为到无不为，再从无不为，而返于无为。如此者，何患道不成。

在《道德真经指归》中老子指出："道常无为而无不为。"其意是：道虽为万物之祖，生天地万物，无所不为，但产生万物却非出有意，实是无意作为，所以言"无为"。道生万物是自然而然的过程，不是有意志决定的，故称为"自然"。为什么只有无为才能无所不为？老子在《指归》中说："任何有形有相的东西都有一定的局限性，不能和合包容天地万物，只有无形的东西，才能通达无有形碍、无所不入、无所不包、无所不制、无所不为。"

老子在道德真经《指归·至柔》中说：天下之至柔无形物也，驰骋天下之至坚胜有质也。无有入于无间无为室也，吾是以知睹得失也，无为之有益乱原绝也。不言之教祸门闭也，无为之益万物存也，天下希及之寡能及也。

《指归》："由此言之，有为之为，有废无功；无为之为，成遂无穷。天地是造，人物是兴，有声之声闻于百里，无声之声动于天外，震于四海。言之所言，异类不通；不言之言，阴阳化，天地感。且道德无为而天地成，天地不言而四时行，凡此二者，神明之符，自然之验也。是以知无为有益。是以圣人虚心以原道德，静气以存神明，损聪以听无音，弃明以视无形，览

第一章
原始太极内功心法要诀纲领

天地之变动，劝万物之自然，以睹有为乱之首也。既达无为之功，自见有为之乱。无为，治之元也。言者，祸之户也。不言者，福之门也。是故绝圣弃智，除仁去义，发道之心，扬德之意，顺神养和，任天事地，阴阳奉职，四时驰骛，乱原以绝，物安其处，世主恬淡，万民无事。教以不言之言，化以不化之化，示以无象之象，而归乎玄妙，奄民情欲，顺其性命，使民无知，长生久视。是不言之教也。故我无言而天地无为，天地无为而道德无为。三者并兴，总进相乘，和气洋溢，太平滋生，人物集处，宇内混同，祸门以闭，天下童蒙，世无耻辱，不睹吉凶，知故窒塞，自然大通，家获神明之福，人有圣智之功。无为之益也。"

老子在《指归·含德之厚》中言："无所为，故无所不克；无所欲，故动无所丧。自然通达，众美萌生，天地爱佑，祸乱素亡。"在《指归·天下有始》中说："故能塞其聪明，闭其天门，关之以舌，键之以心，非时不动，非和不然，国家长久，终身无患。塞其兑，闭其门也。夫何故哉？不听之闻与天同聪，不视之见与天同明，不言之化与天同德，不为之事与天同功。"

老子在《道德经》中指出"绝学无忧"；人在天地间，如不知物性、不通人情，则难以生息。喻通物性，必以进学。何谓"绝学"？独进一门，单学一科，虽自感有益，实是以管窥天，似锥指地，不能复得天地之大全，事物之总体，悟性命精微之妙理，观造化至极之妙用，通阴阳消长之情理，只有绝弃虚妄荒诞之学，持守大道的清静之体，才能明晓万物之理。据传，老子一百六十岁而去，他本人就是功夫极深的修炼家，创立的道家学派大智慧，对我国两千多年来的文化产生了深远影响。老子哲学对于宇宙自然、社会人生都有深刻、准确的洞察，现代中国哲学和文化的发展，仍需要借鉴学习老子哲学。老子的智慧对于解决现代人类所面临的种种问题、困扰具有指导意义，既能教化今人认识和体验道，按照道的自然规律法则修身养命，又能让人在生活中不被各种纷纭复杂的外部现象所迷惑。他主张人们去直接体认隐藏在不断变化的事物背后的本质、道理和法则。体认的方法是"塞其兑，闭其门"。"兑"是口，"门"是眼、耳、鼻，即知微妙玄通，始物之妙，言语无法表达，要"塞兑静养"，即闭塞感官与外部事物的接触，放弃主观成见，使内心清静无欲，达到虚无，自然而然地融合天地，体悟万物同体、归于自然的真理。

老子在《道德经》五色章第十三指出："五色令人目盲，五音令人耳聋，五味令人口爽。"此章教人触物不著，一心内听、收神、收身、收心、收意，五色是内五藏，五音是内五行，五味是内五行中药物，是内五朝元，是内一点灵明。圣人为腹不为目，是内观，不外著。五色虽言外，而其意在内。凡人顺行，外著五色，天目闭而凡目开，岂不盲乎？内和五脏使其真一柔顺不染邪气，而如天地中五岳山立极阴阳，为万年不朽。五岳之气和而上升与太和交合，故不败常存。土中生水而滋养流通万国。此要紧之脉，如人五脉不使其枯，常润其中脉络周流遍身，脉清则气和，气和则道立，道立则基地固，基地固则外色一彩，则世间五色一毫不著，二目光明，岂能盲我乎。目乃神之门，门户高大，神守其宅，魔岂能入，魔即不入，神明内听，则五声了我之明，不向外驰，而丕方得来朝。就是天上仙子不过是"断外接内"四字，以归于空，从空中返有，日月合明而成其道。道之成在于"耳目心"三字，三者聚而成道，散而成鬼，可不慎乎。叹其人为此而丧，守此而生，聚此而成。诸子勉之！慎之！

《道德经》第六十三章指出："为无为，事无事。"此章讲：动静合一，虚实并生，为者，不动而静，此上为字，为无为，是个空字，不动而静入于空，空中自有，谓之为无为。事者，不有而无，此上事字，事无事，虚中不作，入于玄，不有而无，入于玄，谓之事无事。圣人始终如一，固心常存，为无为，而无不为。

《道德经》五千言唯读者深思而自得之，令人有超然世外之思，会从人心理、智能、道德诸方面根本上解决问题。理解了天道与人道的关系，实践于使人效法天地自然无为，由太极返还无极，使人回归先天纯净的心灵本质，使人的生命能源本能开发利用，成为道德高尚的人，必能使人康寿延年。

《原始太极内功心法》，是由脉脉相承、口传心授的内在修炼方术，有系统内涵和理法依据，符合生理学、心理学、生命学、道学心法及自然哲学，继承了老子"无为而治"（顺应自我自然变化，不妄为而得到治理）的修炼技术，其修炼核心是心理的而不是生理的，将对人精神能源本能的开发增智开慧作为重要的内容，主旨完成自我生命的超越，理法系统丰富，相当缜密而完善，对于人们强身健体及养生益智延命，应该说是最佳的选择。修炼太极内功实以精神内守为基础，必以"安心定性、敛神聚气"为宗旨。

太极内功修炼是人修养身心、延年益寿的有效手段，以锻炼人身三宝——精气神为内在体现，以人身心阴阳平衡、五气圆合、神气十足、柔美轻盈、

第一章 原始太极内功心法要诀纲领

洒脱的肢体动作展现于外，在内与外、动与静之间阐释了宇宙间一切事物效仿天地运动规律的至极真理，也充分体现出中国"天人合一"的道理和奥妙。太极修炼注重对生命与人体能力的认识与开发，是全人类在宇宙天地盛与衰的探索和理解中寻找并体现自身生命价值平衡的一条途径。

简而言之，是研究人类生命保健的学问，也是人类身心自我保护，未病先防，得以健康长寿的一种技能。从某一方面看可以称其为：是用自身的体验和对自我生命的认识、理解、开发及利用，来看待天地自然人生的学科。

人的心灵，就是真空所化之灵气，称为心灵。人的阴阳五行之气，是心灵所化。人的呼吸调息之气，是五行之气所化，人的身躯、五脏、六腑，是阴阳五行之气化合而成。身躯源于父母，心灵源于真空。人身也是三种体系：一、真空，二、气质，三、物质。人类原始祖的躯体为天地交泰而生，天地为人类的直系父母。原始祖是天地所生，为两界生人，自然进化，人生人，由此而传宗接代。

真空生太极，太极生两仪，两仪生万物。人的心灵是真空化生，因此心是小真空，气是小太极，躯体是小天地。这三个体系合在一起就是人的小自然，小宇宙，小天地。人是万灵之长。心灵与真空同体，为小真空。人的阴阳五行之气与太极同源，为小太极。人的身体与天地同体，为小天地。人不能独立存在与生存。心灵与真空、呼吸调息与太极、人体与天地都息息相通，人与自然为一整体。因此人有通向自然之功能。

因为人是自然生、天地育，人与自然就如同身体与毫毛的关系。人的一切功能之能源是自然所赋。太极之能人有之；天地之能人有之。天有日月，人有二目。天有三百六十日成一岁，人有三百六十骨节成人身。天有八万四千星宿，人有八万四千汗毛孔窍；天有日月星，地有水火风，人有精气神，天有天干地支，人有周天经络，天有雨电风雷，人有声息血液流遍全身。总之，人的小宇宙与大宇宙同理同源，所以人与太极同为一体。练功者对太极养生原理及自然道理能了如指掌，方能成为一个真正的身心健康者。

学习太极内功心法者，首先必须要明白练习原理及纲领；理真，法真，效果才真。自原初，太极功夫有两种练法：一切在社会上广为流行的，模仿他人姿势、记忆他人动作、以固定招式要求规范、以重复形式熟练套路的，统称为"有为法"。

另有一种是不为人知、最上乘的"无为法"，称谓"心法"。

练本太极内功心法，不是执着地追塑身体的造型及套路姿势，自己身心不受一招一式一法的束缚，把握收视返听，练神还虚，纯以涵养人之心性，逐渐达至物我两相忘、有形归无迹、周身透空之境。以养自身三宝精气神入手，真于自心，源于自身，以静养自我心灵小无极为本，以小太极阴阳五行之气为用，以身体运动形式，圆合充实平衡内五脏之气，人身三宝精气神自如，达到身体自然的静动协调、平衡、圆合一体。修炼原始太极功夫者，动功连续练三四个小时也不累，反而越练越感觉身心更加轻松。

练本太极内功先静于心，再以天地运行之理运用于身，需在静极生动，动中有静，只要返还虚无。因天地育养万物之理，以虚而受，以静而成，天地从虚中立极，静中运机，无不是从虚静中化生。太极拳者，其静如动，其动如静。动静循环，相连不断，则二炁既交，而太极之象成。修炼者必须树立固本培元、独立守神、心灵修缮、增智开慧、正心修身、虚无体道与返璞归真的修行理念。

太极内功以神为基，此是内功真机。确切地说，真宗太极必以养精神为根本，重视天人整体观。因为人就是一个小自然，人的本质心灵真气与大自然无极真空同体相通，是小无极。《内观经》云："心即是神，非青非白，非赤非黄，非大非小，非短非长，非曲非直，非柔非刚，非厚非薄，非圆非方，变化莫测，混合阴阳；大包天地，细入毫芒；制之则止，放之则狂；清静则生，浊躁则亡，人能清静内修至道，制伏其心，心既安静，其神则生。神生则形固，形固成神，神藉形而成，形藉神而生，形神相藉，安静修功，形固神全。"所以说：形神俱妙，内外相应，自然与道合真。

人有通向自然之功能，在此，强调习练者，要进入恬淡虚无、真气从之、物我两忘的境界。在人天若一的状态下，自然如行云流水般进入宇宙浑然一体之中，以期有缘人修炼精气神合一，壮其体魄、充其精神、发其智慧，达至"能为人所不能、能及人皆莫及"之境。

原始太极宗旨真，动静万化不离心；风雨雷电神气象，混元一体唯道亲。

2. 真功正法太极内功心法直解

真功正法原始太极理法是上古圣贤正脉传承之瑰宝，它是每个人自我心灵生命保健升华之法宝、是静心、洗心、正心、修心、炼心、安心、养心的功夫，是真宗内功心法修炼，此为明理养生益智强身者必修之功课。

今有人问：如何看见太极？答：你每天生活在循环变化的白天与黑夜中，即是天地自然之太极。天气有晴天有阴霾，有热与寒；地有水有火，有高与低；人有男有女，有生与死；心有喜有悲、有善有恶、有真与假……可列举无数，皆是太极。孔圣人讲："君子悟本，本立而后道生。"这是让人学会透过现象看本质，认识人自己的生命根本。

原始太极拳的理论必须以明白人的生命真谛，循小无极生小太极之理，依大自然生真太极的规律为宗旨。否则即是舍本逐末，不配称太极拳。不明白自我小无极，不生真太极拳。不得真金矿，万炼不成金。

心为太极。人禀先天一炁来到世间，精气神化就一颗真心。此心不染俗尘，见素抱朴，又谓道心。在婴孩成长中此心日受世俗蒙昧，纯真渐退，慢慢变成凡心。受俗务所累，为七情六欲所扰，元气精神日益伤损，真心渐没。本太极心法以其独特的逆练之法，"专气致柔，能婴儿"，老子《道德经》用松柔的手段，化去人体后天的拙力而自行生出先天的内感外应，从而能以"天下之至柔，驰骋天下之至刚"。老子《道德经》以动中寓静而致心平气和，洗涤凡心，使其返回道心状态。这种假借形意修炼精气神的方法，就是所谓以"后天"返回"先天"的逆练之法。能昭然此理而练之太极拳，所练在精神，方谓心是太极，拳归于道。

太极拳道乃通天道。太极之行，旨在长生；合道之贵，是在久视，此两者原为一体，总在一源。观上者达摩赖戒杖以定禅；真武执宝剑以证道。由此可见非拳无以护道，非道无以明拳。拳道合一，方为真拳，始入正道。

太极拳之行，至简至易，不在动作之多寡，套路之繁杂，唯在神气二字而已。神气者，始于清静，终于躁动。故清静为天下之正道，万法莫不归之。人能身静，则气定，则心静，则神凝。但于气定神凝之时，或站或坐，一任自然，但以自然舒适得力为是，恍惚杳冥之中，则本能灵光自现，先天自然之内力日增，生生不已，无极而太极生焉。

拳道其高级阶段，主要是心灵修炼，也就是所谓"内功"；太极拳之功在内因，练内功之法称内功心法。既称心法，必凭心领神会，难能言传身教。内功心法妙理在心，法于自然，全靠领悟。天地虽大，能役有形，不能役无形。精气神乃无形之物，筋骨肉乃有形之身。有形之身法可受之于师傅，无形之心法就全凭自己的感悟。

修学原始太极内功心法之人，不是有别种神奇手段，不过是积精累气而已。常人都只知食五谷与五味，修学太极心法之人独还能食阴阳五行之气。《黄帝内经》中说："食谷者，智慧而夭；食气者，神明而寿。"人身脏腑所以能有功用，是精神为之主宰，心与神共为一物，其静谓之心，其动谓之神。五脏六腑自具天然运动的能力，而无丝毫差忒，所以说：心内运天经。常人脏腑的运动日夜不休，但终有疲劳之日、亏损之时。修原始太极内功之人，先守静以制动，复存神以安心，再虚心以炼神，互相为用，则脏腑气血的循环可以缓和而得养，免致外强中干，急促失调浮躁不宁之弊，自然可长生。今人当知：药补不如食补，食补不如气补，气补不如神补。

如果将人比作一棵树，所有枝条及诸花果皆悉依根。栽树者，存根而始生发；伐树者，去根而必死。树根是本，枝是末。人心既本，身体为末。若了心修学太极，则少力而易成；不了心而修学，费功而无益。当知一切善恶皆由自心启用。心外别求，终无是处。

原始太极讲六合之功：精气神为内三合、耳目口为外三合、内外合一，即是六合。人道是其终极阶段，主要是指道德修养和生命体悟。拳术一经上升为拳道，便达到内可以治身、外可以应变的境界；而拳道一经上升为人道，便达到神明至善、仁者无敌、不战而胜的境界。

原始太极作为一种生命哲学，道生之，即太极拳系依据太极阴阳之理而产生，取法乎自然之道，《太极拳论》中有说："太极者，无极而生，阴阳之母也。"德载之，即道德是太极拳术的根本承载，德有多高，艺有多高，德艺双修而德在艺先，其运动之功，既与圣人同体，又与天地合德；性成之，即太极拳成就于人之品性，品性不完备，就会受到局限而难臻化境；心主之，即太极拳的习练应以心法为主，故云："人之周身，心为一身之主宰。""运用之妙，存乎一心。"太极拳炼心，即是对自身进行内省反观，刻刻留意，方有所得。习拳践道，必须应该始终把修身铸德作为首务。

  太极者动静之机，动静者阴阳之大道，于此处，冥心细细体察体内动静之微妙，遍体阴阳之争力与宇宙呼应，空洞虚灵，浑圆均整，如融太虚，如沐海洋，一动百动，无微不到，动静虚实，互根互用，永顺自然。如此而渐行，则拳之几种力学不妄而得，不期自备。再加之精神意力之运用，久久则自备一触即发之本能，具有不可思议之神妙。循此而进，则为太极拳学之正途，合天地之阶梯也。

  老子在《道德经》中"万物负阴而抱阳"、"道生一，一生二，二生三，三生万物"的论述及老子的性命之道，同《周易》的阴阳观是互相印证的关系。易学讲"日月"，道学讲"阴阳"，老子说："道之长久，正若日月之运行。"此与《易传》的"一阴一阳谓之道"一脉相承。天和地的作用关联决定着万物与人类的生存和命运，天和地的关系是宇宙中最重要的、决定一切的关系，天和地体现了阴阳的关系，为宇宙中最大的阴阳。天为父，地为母，万物为天地所生，人乃万物之灵，人秉承着天地的阴阳属性，故而，人须依照阴阳的法则运动生存才得长生。因为天地是人生命的根本，所以《太平经》说："以思守一，何也？一者，数之始也；一者，生之道也；一者，元气所起也；一者，天之纲纪也。""一"即是道，《淮南子·天文训》曰："道始于一，一而不生，故分为阴阳，阴阳和合而万物生。""一"是万物生化之源，为天下母，人皆有回归母亲怀抱之本能。

  老子在《道德经》中还说："上士闻道，勤而行之；中士闻道，若存若亡；下士闻道，大笑之！"意思是说：悟性高的上根智人听了道，勤学苦练能坚持不懈；中等根智人听了道，若明若暗将信将疑，故而学道练功时断时续不能坚持；下等根智人听了道就会大笑！道不远人而人自远于道。人懂得平和无欲就叫作懂得了生命长存的法则，懂得了生命长存的法则就叫作智慧精明，贪名利纵欲就会招灾致祸，为欲妄支配而耗费精气，就叫作硬性消精亡阳。

物极必反，人成长到壮年就会衰老，这就是背离不合天道，背离不合天道必然很快就会死亡。

静心要诀

大道无多子，唯在清静一法门。故静字诀，乃为修太极第一诀，一切法门，均从此一法门下手。身静则生阳，心静则生慧，气静则生神，神静则生精；而一以心静为头脑。静则定，定则得。大道以无心为体，忘言为用，柔弱为本，清静为基。薄滋味以养气，去嗔怒以养性，处卑小以养德，守清静以养道。老子之学，则纯以清静无为为主旨。

老君曰："夫人神好清，而心扰之；人心好静，而欲牵之。故常遣其欲而心自静，澄其心而神自清。"唯欲遣欲澄心，首须摄念归静，行住坐卧，皆能存心于内而不离腔子里，返居神室，而无思无虑，无念无欲，寂然不动，方可谓之守静之功笃也。心能静定虚寂，内守无为，而不放失其本心良心，则自可彻见先天之灵明真心矣。道家习静，首在求此真心为用。真心之用，为无用之用，无用之用中藏大用，真精真气真神之三品大药，均从此而生者也。

学太极内功者，贵能心静神清，心静则泰然自得，万事不足以扰之；神清则烛照朗然，万物不足以乱之。静时察万事，自然皆有把柄；清时观万物，自然皆有春意。清静二字，一生受用不尽，非富贵中人所能得也。昔郭康伯遇一仙翁，授以保身卫生之术，云："自身有病自心知，身病还将心自医；心境静时身亦静，心生还是病生时。"此为养生要着。心生则种种意生，心灭则种种意灭；意生则事生理生，而事障理障亦随之；事生理生则神浊，事障理障则神迷；此皆所以为道之贼也。心静则神清，心定则神凝，心虚则神守，心灭则神存。古真言"心死则神活，心生则神死"。心死者，虚之谓也；心生者，实之谓也。老子贵虚贵无，心则犹然，一住事物则扰于事物，一住理法则纷于理法，而不得其虚无矣。心不虚静，则神不清明。儒家常言清明在躬，此须自"虚静其心"中来。虚则静，静则清，清则明，明则灵，故苟能一心虚静，寂寞无为，不生一念，不染一尘，则自能虚灵不昧，而得神化通矣。程明道于"静后见万物皆有春意"时，曾为诗曰："闲来无事不从容，睡觉东窗日已红。万物静观皆自得，四时佳兴与人同。道通天地有形外，思入风云变态中！

富贵不淫贫作乐,男儿到此是英雄。"盖人生无论处任何境况中,能静观万事万物,则不但可无入而不自得,且亦得见"道心"与"天地之心"于无形也。

洗心要诀

原始太极心法有一定的方法,即将人后天获得的感性和理性认识全部抛开,重新回到婴儿那种无思无识的状态中去,如同胚胎状的小鸡,尚未出壳,在蛋壳内与周围液体溶为一团而不分彼此。生命保健就是不断地培养这种主客浑然一体的心理状态,我将此功夫称为"洗心"。

人们在日常生活中,都会注意个人卫生,清洗身上的污浊。于是每天都要洗手、洗脸、洗脚、洗澡,但往往却忽视了心灵的洁净,而这恰恰才是最重要的。所谓"洗心",就是要人念念省察自心,清除那些在现实生活中因名利物欲所生的"尘垢之心"。道家经典著作《清静经》称此为"澄心遣欲"之功,练太极内功者应将"洗心涤虑"之功细细品悟。欲不可纵,纵欲成灾;乐不可极,乐极生哀。

人为什么要洗心呢?因为人是受思想意识支配、指导的。任何一个善、恶、贪、舍、正、邪等念头,任何一个行为,都由心念决定。禅宗六祖慧能大师在《坛经》中指出:"心正即是佛,心邪即是魔。"心能造福田,心能造地狱。洗心即是去垢、止恶。《三字经》言:人之初,性本善,性相近,习相远。古人这样说是有道理的。人出生之初,秉性是善良的,理性心灵都差不多。只是后天所处的环境不同和所受教育不同,彼此性情习性才出现了巨大的差别。譬如厨房中的灯泡,本来是光明的,但外表蒙上了一层油污灰尘就掩盖了光明,要使其复明,应该把油污去掉。那人心上的污垢是什么呢?贪、嗔、痴三毒之念。修身炼性,首先即是要革除这三种根本不善之心,根本不生,枝末无从而起。戒嗔怒,省烦恼,寡嗜欲,是从心性上祛病法。宠辱不惊,肝木自宁。动静以敬,心火自定。饮食有节,脾土不泄。调息寡言,肺金自全。恬淡寡欲,肾水自足。此为养心、肝、脾、肺、肾正法。

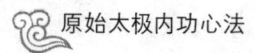

正心要诀

学做人,第一要在于正心。心为神主,亦为贼王。存心正则一切皆正,存心不正,则一切不正。何谓正?止于一之谓正,一者,道也,亦即止于道之谓正。凡合于道者为之,不合于道者去之,则自存心正矣。心正则行正,心邪则行邪。心本无恶,因物惑而恶,去其所以恶者,则自正于中矣。学道贵有信心,有恒心。以道非骤时可得可成者。古圣先贤有云:"长生必可学,第不能遇至人,授真诀。即得诀,未必能守之终身。"此语最得其要!世之学道者如牛毛,而成道者如麟角,一在不能尽人能到遇明师。

人心所动,故要随时调整,在所必需。正如行船有舵,时时加以调整方向。人心扭曲,即使一时受外力影响,也得随时复归于正。"正心"的关键重要性就在此。一般人以为有了财富,人生就有价值;有了名位,人生就有意义。其实,人生的真谛并不在此,有了道德的人生才是重要的,才有实际意义。什么是道德,什么是不道德?世人首先应该明白地加以认知与分别,生活中凡是举心动念对别人有所侵犯,甚至危害到社会环境的就是不道德;相反,对社会大众有益的就是道德。两种德行的不同,也从本质上显示出其心灵气质的不同,例如:善心与恶心、明心与垢心、真心与妄心。

人有诸多的烦恼心,这些都可以归纳为受污染的心,佛家将这种污染的心态称为"尘劳"之心。面对种种污染之心,佛家又称其为八万四千种"尘劳"之心,佛家将其归纳为以下三种:一种叫贪心、其二为嗔心(对别人嫉恨),还有一种叫痴心。如果人心念不为上述的"尘劳"病心所困扰,那么智慧就会经常出现,自己的良心本性就不会埋没。佛经有说:心生种种法生,心灭种种法灭。佛说一切法,为度一切心,若无一切心,何用一切法。六祖慧能大师在《法宝坛经》中指出:"离心说法,名为邪说。"

心的方向常常因情感而导致有所偏差,例如:恐惧、忧患、好乐、忿怒等心理,大概在人的日常生活中难以避免,而所产生的影响也挺大。恐惧使人心痹,忧患使人心碎,好乐使人心迷,忿怒使人心狂。狂与迷使人心极端膨胀,痹与碎使人心极端消缩,无论消缩或膨胀,都属心理变态,可使人失其自主的力量和中正的心态,这是人之大患。如果不加以控制,就如同船触礁石、汽车坠崖、再希图补救，难了。

圣人孔子自己常做正心功夫，择中庸而守之。故凡有妨碍中道的心理状态，如故意、专断、固执、自私等，均予戒绝。现代人常为如何驱除因为生气、着急、悲伤、忧郁、恐惧、绝望等造成的多种心病、身体病患而烦扰，试问：有一男青年经过半年的热恋，突然女友与他断交，青年人即刻处于失恋痛苦中，心烦意乱，精神恍惚，导致整天吃不下饭、睡不着觉、上班无精打采，你说叫他练哪个门派的功、学什么姿势的掌、还是练哪氏的太极拳能解决这种失恋人的心烦问题？身体上的病痛可以请求医师医治，但心理上的疾患、心灵的创伤，再高明的医师见了也会束手无策。"心病还要心药医"，心灵之疾患须靠心理调节、精神解脱，这是医治心理疾病的根本。因为，每个人的心灵是自己身体的主帅。

劝真诚的求功者，不要在身体动作、姿势、套路、形式上下功夫，应以自我心灵为核心基础，立足于自我身心，只有认识自我身心本能，才能立基于千功万法的根源，勤修苦练，认自觉为师，自参自悟，自强不息，养神威，树正气。

佛家最上乘经典《金刚经》有云："凡所有相，皆是虚妄。"意思是告诉后来修炼者，凡是你能看见的形相，都是虚空不真的。人肉眼只能看见有形相的"色身"，不能看见无相的"法身"。人体是父母所生，都是暂时存在，又称"幻化身"。练功人在此"幻化身"上下功夫，培种秧苗。种错、果也错，结果是什么都没有，什么功夫都得不到，也就是说没有结果。

禅宗六祖慧能大师说：你要观察自己的本心，不要执着于外在的现象。世人若修道，一切尽不妨，常自见己过，与道即相当。这就是说，世俗的人如果修道，各种环境都不会形成障碍，时常自我反省、认识自己的过失，这样就与道相契合了。古有偈语说：生来坐不卧，死去卧不坐，一具臭骨头，何为立功课。此言人应当明心见性，一悟即至佛地，何必在暂存体上强立动课，而使之常坐不卧呢？佛家称人身体为臭皮囊，现如今不能认识自己心灵的人，与不承认此道理的人，都是在其臭皮囊、幻化体上下功夫、做文章，真可谓是以砖磨镜，团沙做饭，水中捞月，到头来全是一场空。

人生百年期，人身是暂存体，幻化身。人的身体如同一座房屋。道家的修炼理论说，我元神（精神）是借以暂住，若无此屋，则元神（精神）无所倚附。但身是身,而元神是元神。到死时,元神(精神)离身体归自然,而身体则坏损。《孟子·公孙丑上》说:"吾善养吾浩然之气。"此句有两个吾字重复出现,其含意是:前个"吾"字指的是色身之我,就是假我;后个"吾"字指的是法身之我,才是真我。借假修真养我所有浩然之气。若不分别色身(身体)、法身(精神),可以不要前一个吾字或后一个吾字。浩然之气由精神而生,人应及早修炼保养自己的心灵。但是世人多不明此道,皆是亏不知养,衰不知救,日复一日,只待阳尽气绝。多少人生于天地间,不具备自己保养自己的知识,甚至还在无休止地做着损害自己生命的事情。俗语讲,谋事在人,成事在天。但是,掌握自己生命的权力也靠自心,后天修真起着决定的作用。

修心要诀

人能管理自心叫修心,修心才能明理明心。在生活中克制思想意识,才能达到禅定。如何得定呢?那就要克制自己不强调外因,要悟到心,须有自知,认自本性,知本,修心到位,而不能靠文化知识见解。听和看都是心在听在看,这只是见闻觉知,是知识见解,要真正悟到,加深认识,行使智慧。不管读什么经典,是客观事物在影响你的心,如果你被外物所牵所转,是心有挂碍,被污染了。

我们每个人都有思想意识,这个思想意识影响自我不去不来的如来心,要以智慧去排除干扰,用心观察处理才能修心到位。生意识、起意识都影响如来心,使自心不能达到如如不动。人要保持永久的平衡心,在日常烦琐的事物面前做到如如不动才叫到位、有功夫。要知道,是自我的"后天意识"干扰得不能到位,其实质是自我内心世界,不要埋怨客观外界。

修心为了能放下心,须用智慧参悟内心世界,内省自心为什么不安定。每个人所处的环境不一样,要加深思考,保持平静,不受外界与思想意识的干扰,才能悟出真空妙理,修心必须实实在在。每人都有智慧,诚则灵,灵则明。

关于心如何得清静?在释迦佛祖的《金刚经》开篇中就提出了这个人生大问题:"云何应往,云何降伏其心?"也就是滚滚红尘中的芸芸众生如何才能降服心中乱七八糟的想法?如何才能使得自己身心清静?这其实是所有的学科想要解决的人类终极问题，是需要每一个人好好思考的。

人生之所以感到痛苦烦恼，是因为人们心中有太多的欲望。一旦欲望得不到满足，便会感到烦恼、自卑、痛苦。即使欲望暂时实现了，又生怕会失去或者又有了更大的欲望。因此，人们的身心永远在苦海中沉浮，永无出头之日。在现实生活中，人是不可能达到完全没有欲望的，因此怎样驾驭自己的欲望，是一种大智慧，是提高自身生存质量的大智慧。

俗话说：心病还需心药医。要实现自己的心灵宁静，还需要靠自己的力量。其实佛学是心学，是关于人生智慧的哲学。人生在世，有许多疑问和困惑会给人带来痛苦和烦恼，如何活得更快乐、更充实、更安心，在人自身能力感到无所企及的时候，往往会向外求助于神佛的启迪和保佑。但是佛祖说：心正即佛，心邪即魔。不需要求神拜佛，要求你自己修心、静心、明心。通过参悟，启发智慧，感悟生命，开发自己生命能源本能。

炼心要诀

修行者讲炼心，皆以参修心学一事。所谓人心道心，实只一心而已。顺欲逐物，向外驰求，便为人心；逆欲循理，向内守中，便为道心。此心一动，便即人欲纷扰；此心不动，便即天理盎然。人之神在心，而心之机在目，用目向内反观，心亦随之内守而不外驰矣，故孟子以"求放心"为教。一心内守，寂照虚无，自然静定。人在定中，无思无虑，无欲无念，自然天清地宁、神明在躬。另一方面，心火自然下降，肾水自然上升，自然心肾相交，水火既济。由斯而可性命俱得矣。摄欲归理，摄情归性，摄神入炁，摄心入道，此为千圣不易之十六字真言，而三家亦无不可以此为修持之轨范也。

《唱道真言》谓："炼心者，仙家彻始彻终之要道也。心地茅塞，虽得丹道，亦是旁门。虽成顽仙，不登玄籍。"又云，"炼丹先要炼心，炼心之法，以去闲思妄想，为清净法门。仙家祖祖相传，无他道也。吾心一念不起，则虚白自然相生，此时精为真精，气为真气，神为真神。用真精真气真神，浑合为一，炼之为黍米珠，为阳神，而仙道成矣。"故张紫阳亦云："欲体至道，莫若明乎本心。心者，道之枢也。人能时时观心，则妄想自消，圆明自见，不假施为，顿超彼岸，乃无上至真妙觉之道也。"炼心之法，或于动处炼之，或于静处炼之；或于有事中炼之，或于无事中炼之；或于念头起处炼之，或于念头未起处炼之；或炼其有闻有见之心，或炼其无闻无见之心；或炼其痴迷之心，或炼其知解之心；迨炼至意无其意，心无其心，且又无心可证时，则自可清虚澄澈，如如常寂，慧性常空，而得顿超直入圣真境界矣。

　　炼心习静要功夫，故炼心者有以静坐为下手法门。古真谓：静坐至无思无念之时，则真息绵绵，元神见而元气生矣。良以静极则阳生而阴消，一阳独长，则元精自充；元精充盈，则真炁自足；真炁饱和，则元神自全。精气神三者充全无亏，则形亦随之而可久存矣！此道家静坐所以有异于儒释两家，修性而兼能修命者之有以也。唯欲得此元精、元气、元神，须以真心为用。真心者，人欲未发、识念未起前之本来心也。故全须在静定中下手，若人欲一生，念头一起，便落于后天为用矣。道家常谈火候，真火即自元阳中生；常谈药物，药物即自元气与元精中生；常谈烹炼，烹炼即自火候中作用；常谈周天，周天即自气脉中流行；常谈交媾，交媾生于阴阳；常谈结胎，结胎源自交媾；常谈温养乳哺，温养乳哺为有结胎一事；常谈出神入化，出神入化为有脱胎一事。凡此各种境地，步步工程，均有秘密天机，一向不轻泄轻传。以上诸境，此心不能得"虚极静笃"境界，便一切无由生起。而老子"致虚极，守静笃"功夫，则又全在炼心一着，故《炼心诀要（上）》曰："炼心法门，为入圣登真之彻始彻终法门也。"又曰，"炼丹而不炼心，犹鞭马使驰而羁其足，何能使达也。炼心为成仙一半工夫。心灵则神清，神清则气凝，气凝则精固。丹经所谓筑基、药材、炉鼎、铅汞、龙虎、日月、坎离，皆从炼心上立名。至于配合之道，交济之功，升降之法，烹炼之术，此其余事。若心源未能澄澈，情欲缠扰，则筑基难固，必复倾；药材虽具，必多缺；炉残鼎败，龙战虎哮，日蚀月晦，坎虚离实；此时欲讲配合，则阴阳不和；不明交济，则水火不睦；欲升而反降，欲降而反升；三尸害之，六贼扰之，一杯之水，难救车薪之火。故曰炼心为成仙一半工夫。兹以世人多昧于此义，特详为引录，欲使不忽其本耳。"老子云："圣人无常心，以百姓之心为心。"此即是说：圣人无心为用也。修道以无心为要，无心则与物冥，而无对于天下万物。居其枢要而全其玄机，则可应无方而用无穷。人一至无心于物，无心于事，无心于名，无心于利，亦无心于人，无心于我，无心于道，无心于用，于一切无心，亦无一切心，于一切无用，亦无一切用！则自可与道合真矣！唯须知，修道贵无心，然非无心即道。古哲言："莫谓无心即是道，无心还隔一重关。"儒门重无思无虑。无思无虑，亦即不用心耳。不用心，有心即无心矣。"学者遇事不能应，总是此心受病处。只有炼心法，更无炼事法。炼心之法，大要只是胸中无一事而已。无一事，乃能事事，此是主静工夫得力处"。学者炼心，贵能清、能虚、能静、能定，"清虚静定"四字诀，乃炼心入道之门。修行既以炼心为本，故人而充其愚昧之心，则炼之使明；充其偏颇之心，则炼之使正；充其邪恶之心，则炼之使善；充其外驰之心，则炼之使收；充其浮动之心，则炼之使静；充其攀缘之心，则炼之使定；充其放诞之心，则炼之使一；充其痴迷之心，则炼之使悟；充其人欲之心，则炼之使圣。此炼字，全是入道工夫，全是治心正法！

"恬淡虚无，真气从之。精神内守，病安从来"。"真气"、"精神"这两个名字都指的是心灵，所以，练原始太极内功根于心、源于心，千功万法的出生地都源于心。心是一个真实的存在，千功万法、千经万卷本此而生，本此而有。经典、理论、方法都是为心而设。若找到心，就找到了千功万法的根源。真空灵源一本散万殊，心是灵源之一滴水。此水圣人称之为甘露，此水为滋润万物之母，人得此水为养生之源。确有起死回生之术，返老还童之功，养生健身功效无比。比如，树得一点甘露入根，枝叶花果俱鲜茂。人得甘露，一点灵源浇灌身心。所以说一法圆、法法圆；一窍开，窍窍开；一窍通，窍窍通。古人说"得一万事毕"，因为心灵是灵源的一滴水，通万灵、知万化。佛教称心灵为智慧海，简称慧根。慧根成长起来产生智慧果。智慧果即是智能，智能之水是聪明、理智，这个水流出来就是知识。人人流汇就成了知识的海洋，海洋之水即是书、是经典，所以说千经万卷是妙明心中所现之物。炼心不但能使身体健康还能增强智力，因此说心为万法之根源。太极内功的基础、根源就是炼心。

什么是心？具体说就是人身三宝：精、气、神。精气神自如，内五气自然平衡发展、协调运动，也就是神安气宁。心灵平静气就合，简称心平气和。炼心就是要这么做，必须这么做。就是心平气和，神安气宁，心安理得。这才是随心所欲，顺乎自然，自由自在。心灵平静、安定自如，这才是真正的自由功。离开心，自由就失去了主心骨，自由一秒也不能离开心，心是自由的根源。

什么是离开心？什么是不离开心？比如走路，心思放在走路上，注意来往车辆、行人，心情平静、精神集中，注意安全，一心不二地走路，即是没离开心，也即是炼心。走路东张西望，不注意安全，这就是离开心、没炼心。你是看热闹呢，还是走路呢？既是走路，思想不集中，眼看物，心动起意识，走路时被看热闹的思想打乱了，这是在集中精神走路时心生二念。一念纯诚走路即是不离心，二念看热闹即是离心。一念纯诚即是心平静，心安气宁；二念即是妄，即是离心。神不外驰即是安神养心，打坐、站功、卧功、练功、劳动、吃喝拉撒睡，心稳神安，都是在炼心。因为一切事都得用心去做。比如集中精神看书就没离心，看书时又看电视又闲聊天，就是离开心。比如你刷碗时别人说你刷得不干净，你说：是。这就没离心。假如你发脾气："***，你刷！"这就叫离开心了。再比如，打坐时不断百思想，静思，如同过电影一样，一幕接着一幕，这就是没离心，就是炼心。

　　人皆可以为尧舜，可以为仙佛圣人，此心成之也；人皆可以为桀纣，可以为盗贼禽兽，此心败之也。人为天地万物之灵，而心又为人之灵；故人人都是神圣，只在此心之不放失！人人都是禽兽，只在此心之放失！故孟子以求放心为教。慎独之要，在慎此心；念佛之要，在念此心；参禅之要，在参此心；修道之要，在修此心，而炼丹之要，亦在炼此心而已，岂有他哉？

　　学原始太极宜从根本起修，心为根本，亦即宜从心起修。吕祖云："千言万语，只不过发明炼心二字。"心本虚无湛明，寂然不动，其动者，感于物而动。不动则无善恶亦无差失，动则有善有恶、有得亦有差失。欲使心不为外动，不为事迁，不为物蔽，佛家用"明"字工夫，儒家用"正"字工夫，道家则用"炼"字工夫。下字不同，用旨则一。总在求复其初心，保其良心，毋失其本心，得证其真心而已。心本无心，动则生心。心生识生，心灭识灭。心生念生，心灭念灭。生于其心，害于其道。使知见念识，浑沦不生，一生即灭，以致不有不无，不生不灭；此为三家用功处。儒家常言"不动心"言"收放心"，佛家亦尝言"制心一处，无事莫办"，此则更显得是炼字工夫。务炼至内心清净，一念不生，而至一切处无心，亦无一切心。庶乎近道，须知"一念动时皆是火，万缘寂处即为春"！

　　《道德经》曰："虚其心。"又曰，"道冲，而用之不盈。"又曰，"心善渊。"盖心虚则能应万物而不盈不伤。道体至虚，心法道，亦虚而已矣。以一虚寂，则自心不滞物，心不滞事，心不滞理；活活泼泼，干干净净，空空洞洞，心无一物，得大自在；此为要着。佛言"应无所住而生其心"，即言心不住一切处，不着一切相，一尘不染，一念不生；湛然常寂，淡然常明。无知见亦无不知见，无中间亦无二边；无事物心，亦无理法心，无过去心，无现在心，亦无未来心。无是一切心，则住亦无住，无住亦住。"不依有住而住，不依无住而住"。以无所住之心行于天下，则无住而不自得矣！住色而不住于色，住空而不住于空；住染而不住于染，住净而不住于净；住有而不住于有，住无而不住于无；住法而不住于法，住道而不住于道。一切无住，则自生清净心；自心清静则合道心。斯时欲见自心，亦了不可得，自心了不可得，则天人物我，一切亦了不可得，天人物我一切了不可得时，便即大得矣。

庄子曰："至人之用心若镜，不将不迎，故能应物而不伤。"永嘉大师曾云："恰恰用心时，恰恰无心用；无心恰恰用，常用恰恰无。"吾亦尝说："有心常不用，便尔是无心；无心自无用，无用亦无心。"亦如程子所谓："天地之常，以其心普万物而无心。圣人之常，以其情顺万物而无情。"无心无情，用而不用，不用而用；有而不有，不有而有；则近道矣。

道学与圣学工夫，最上乘最简要最直接之坦途，是在教人从心地法门入手，从心地法门练达，从心地法门圆成。大学讲正心诚意格物致知，其实是一个工夫。故《唱道真言》谓："炼心两字，乃入圣成仙一贯之学。苟非坐破蒲团，磨穿膝盖，岂能不起思为，一无染着，洞见本来面目，证彻无上根源。故炼心实为仙家铁壁铜关，攻得此关破，打得此壁穿，所谓圆陀陀，赤洒洒，黍珠一粒，阳神三寸，自在玄官，周通法界矣。"学人之所以难成者，只在无毅力、无恒心，透不过此关耳！

修行首宜明心、炼心、正心。人人所同者此心；人人所不同者亦此心。以此心同故，圣凡平等，毫无差别，此在本心（本体）自同也。以本心同故，人人皆可为圣人，人人皆可为仙佛；圣凡无别，仙凡无别，佛与众生亦无别。以此心不同故，圣凡有异，差别天壤，此在习心（作用）不同也。以习心不同故，人人皆可为圣人仙佛，而不能尽人皆能成圣人，尽人皆能成仙佛。圣凡有别，仙凡有别，佛与众生亦有别。本无别，先天也。终有别，后天也。明心者，明此先天之本心。炼心者，炼此后天之习心。正心者，正此后天之习心。人人之本心皆同，然自离母腹，一入后天，即不知不觉而日增其习心，日失其本心。习心增一分，本心即减一分。佛家认明见本心，可立地成佛，故重参究，重悟证。道家认炼去其习心以复其本心，可立地成仙，故重修炼，重工夫。儒家认正其不正之习心，以归于正而复其本心，亦可立地成圣，故重修养，重化育。用名不同，下手有别，实则三教圣人教人，皆只此一心法门耳。

修性只此一心地法门，修命亦只此一心地法门。万法唯心，万道唯心。心为人之主宰，亦为精气神之主宰。炼精炼气炼神，均须先自炼心始。心涵动静，未动之先，即是本心，即是先天；既动之后，便属习心，便落后天。不动为本体，动为作用，故孟子承尼山以"不动心"为教，老释二氏修持，亦以此心不动为要门。心不动，即是虚极静笃，此时，不但情识俱泯，人我两忘，且亦心无其心，而无心可见；无心便近道矣！孟子尝言富贵不能淫，贫贱不能移，威武不能屈。三者均为正气所致，亦即浩然之气所致，也就是不动心工夫。此中贫贱不能移易，威武不能屈难；威武不能屈易，富贵不能淫难。进之，富贵不能淫易，生死不能易难。设能无富贵心，无贫贱心，无威武心，无生死心，又何心之动？

人能一心向道，不为功名动其心，不为富贵动其心，不为财色动其心，不为生死动其心，终必有成。郝太古真人谓："境杀心则凡，心杀境则仙。"心杀境，即能不动心工夫也。心一至虚极静笃时，便自见性天。性天见，自会识得主人翁。不失主人翁，即可得真宰矣。静则虚，虚则灵，灵则神，神则化。修虚极静笃法，先须用收字诀，即收放心者是；次须用息字诀，即息妄心者是；再次须用净字诀，即净凡心者是；最后须用空字诀，即空圣心者是。这即是说：放心妄心凡心不可有，即圣心亦不有。无圣凡心，无仙佛心，方可希圣希仙希佛。《定观经》有言："唯灭动心，不灭照心。但凝空心，不凝住心。"此为修心工夫下手要言。欲不动心，须灭动因。外缘不入，内缘不生。外闭六尘，内闭六根。便可稍得此心无念无动。其次，可用聚心一处法，念起即觉法，心息相依法，神气相注法，均可得心静、心定、心空妙用。万般易淡，名心难淡；万般易断，欲心难断；万般易忘，情心难忘；万般易灭，生心难灭。修道人稍有生心，便难有进境。不大死去一番，便难有受用。一学道，即先须将自己当已死人，自可无事莫办。初学道时，妄心最难降。有一分妄心，即障一分真心，也即是障一分本心。如何降伏其心？禅宗教你参话头，净土宗教你念佛号，道家教你凝神寂照玄关窍，教你守中守一守丹田，均是栓心猿、锁意马，截断意识根下妄想的法子，亦就是息妄心、死偷心的法子。达摩祖师谓："外息诸缘，内心无喘，心如墙壁，可以入道。"斯时，内外双绝，物我两忘，进而心超象外，人法俱舍。即一切相，离一切相。即一切法，离一切法。即一切用，离一切用，离一切心，亦不离一心，空空如如，佛来佛扫，魔来魔扫，仙来仙扫，圣来圣扫，将一切扫得干干净净，万有皆空，一尘不染时，自能得见自己本来心性，不失自己本来面目，而得识主人公矣。

心法是上古明君圣贤的炼心之法，是最上乘真功正法。儒家孔教宗旨：存心养性。佛教释迦宗旨：明心见性。道教老子宗旨：修心炼性。三教圣人立教传法都以炼心为本，历史时期不同，法有差异，但是万法一理，炼心为万圣之纲。能得真诀，尤在不能尽人能守之终身一点耳！欲作不死人，须有至死方休心！此言得之。学道以无心无念为体，以忘情忘言为用；以清净恬澹为宗，以柔弱谦下为本。

必须先对"自心"有明确认识。上古时代，有道明君大舜传禹王的炼心之法，被记载为最早的心法，曰十六字心法："人心唯危，道心唯微，唯精唯一，充执厥中。"这十六字载于《尚书》，此十六字心法的真义是说人有三心；一是道心，二是人心，三是血肉心（即心脏）。道心也叫良心，人心也叫妄心、识神（就是常人日用的思维）、禀性、习性，后天而有，前两"心"均属人的精神范畴。血肉心脏是物质体，是人的肉体血液循环的动力泵。

当人心对声、色、货、利，的欲望追求而产生贪、嗔、痴、爱的念头，极大地危害着至善本性良心，昧天良于昏暗不明之中，使妙明良心的明度逐渐微小，如乌云蔽日，暗淡无光。从而丧失理智，有时候一念之差，悔恨千古。所以说：人心唯危，道心唯微。唯精唯一：此句话的意思是思想集中养精神，守先天一性（即道心）。老子叫抱元守一，抱是守持，元是精神，一也就是理性。充执厥中："充执"就是平心静气、"厥中"就是其中，就是守性不移，永恒的平静。练功为什么要执中、守一？因为，"中"是人的良心，人的良心与自然是息息相通的，如同母与子的关系，宇宙是"母"，人的良心是"子"。人是小自然体，能通天彻地、通晓人生社会、自然万物的真理，这个小自然体，如果没有色利的追求，就能与大自然真空理气合而为一，就叫作天人合一。

人的贪欲妄想膨胀，这是最可怕的事，私心杂念和贪欲妄想会使人们的心灵受到污染，人格降低而卑鄙。于是，争、贪、夺、抢，造成心态和生态的破坏，使人道层次本来幽隐微弱的道心更难开显。"人心"是贪欲妄想之心；"道心"是无私无欲、无为自然的本性之心。顺着人心必然导致文明衰落；回归道心则再现心态与生态的平衡景象。治理人类社会、昌盛文明与和谐，就在于净化人心，开显道心。上古时代尧、舜、禹就是以此十六字作为为政的方针。古圣先贤皆认为，自然社会的根本就在于教化民众的心态平衡。一个人心态不平衡的社会，就谈不上和谐社会了。十六字心法，简之仅仅是一中字而已！中即道，道即善。道心人心，只是一心，岂有二哉！此心不动，七情六欲未发，即为道心；此心一动，七情六欲已发，即为人心。精一是工夫，所以约心也。执中是抱道，所以须臾不离。约心即约人心复归于道心，亦即天心，亦即本心。此即减字工夫，将一切人心，减而至于无，便合道心，而本心亦见矣。此一约字，也就是孔颜心法，克己复礼，天下归仁之学仁工夫也。学人宜以治心为首。《定真玉箓》曰："治心之最，不忘须臾，时刻抱一，心神乃定，定则入道。其状在外，慎其言语，惧触物也。节其饮食，虑贪生也。衣粗而净，存素淡也。居陋而隐，守静笃也。恭谨一切，避凌辱也。不敢为先，免嫉谤也。诚敬淳信，潜化导也。进止和光，密行教也。挫锐解纷，明道有时也。出处变化，见神应之速也。"能乎此，则初功尽矣。

安心要诀

"凡喜怒哀乐爱恶欲，与乎劳苦忧患恐惧之事，只以五官四肢应之；中间有方寸之地，常时空空洞洞，朗朗惺惺，决不令之入，所以此地常觉宽绰洁净。予制为一城，将城门紧闭，时加防守，唯恐此数者阑入。亦有时，贼势甚锐，城门稍疏，彼间或偷入，即时觉察，便驱之出城外，而牢闭城门，令此地仍宽绰洁净。久之，自能有海阔天空之象矣。"此为经验谈，亦是吃紧语！修道之人，名不可邀，利不可争，功不可居，便宜不可得。善则让之于人，恶则归之于己。斯近道矣！或问希夷求持身之术，希夷曰：得便宜事不可再作，得便宜处不可再住，凡名利场不可久住，遇是非窝，务宜早脱。便过半矣！人生处世，多一分谦下卑退，便多一分受益；少一分矜伐狂傲，便减一分挫败。圣凡之分，只是谦傲之别而已。《易》谓一谦而四益，实则一谦招百益，虚心纳万祥。举凡谦恭、谦让、谦和、谦退、谦逊、谦虚，百般美德，俱莫不以谦为首也。

安静可以医浮气，守默可以医躁气，守谦可以医傲气，守敬可以医矜气，守一可以医妄气，守柔可以医刚气，守弱可以医暴气，守道可以医俗气。宏兹八守，斯近道矣。修养最重缄默，而忌多言。多言伤气，尤易多失。《呻吟语》谓："一言之发，四面皆陷阱也。喜言之，则以为骄。戚言之，则以为懦。谦言之，则以为谄。直言之，则以为凌。微言之，则以为险。明言之，则以为浮。无心犯讳，则谓有心之机，无为发端，则疑有为之说。简而当事，曲而当情，精而当理，确而当时；一言而济事，一言而服人，一言而明道，是谓修辞之善者。其要有二，曰澄心，曰定气。"此说得最好，唯总不若"无言"之妙。多言多失，寡言寡失，不言不失。菩萨之所以灵，在"菩萨不说话"一点耳！《唐书》曰："多记损心，多言耗气；心气内损，形神外散，初虽不觉，久则为弊。"

养心要诀

养心之要，在养得此心一团寂寞恬澹，虚静无为；养得此心一团活泼真机，生趣盎然；养得此心一团廓大无伦，性天浑然。心不可不虚静，心不可不廓大，心不可不活泼，心不可无生趣。易曰：天地之大德曰生。又曰：生生之谓易。养心即在养此天地之真机生趣耳！明道窗前草不除，在"欲观造物生意"；又为盆池以蓄鱼数尾，在"欲解万物自得意"。此即为欲借以养此心之生趣与真机。《养真集》云："人心要死，其机贵活。死谓死其欲念，活谓活其理趣。"故学道之人，即使终日危坐俨然如泥塑人，然绝不可无"满腔生气"。生生之机为易，生生之用则神，否则便为真死人！何能入道？一般人不能体此生生之机与用，于是坐是坐，行是行，静是静，定是定，内中毫无关捩子，又何能有结胎生神等无穷之变化与境界？明道当教人"解天地生物气象"，即在借外观以资内养。又谓"观鸡雏可以识仁"，即在教人以仁存心、以仁养心。仁无他，只是一片生意！儒家一个仁字心法，只是此一生机与真趣。此一些子机趣，确是"卷之则退藏于密，放之则弥六合"。大而充乎天地万物者，只是此一生机，小而充乎吾人之身心性命者，亦只此一生机；养吾生生不已之机，以合天地生生不已之机；复援天地生生不已之机，以充吾生生不已之机。则天地之生无穷，而吾之生亦无穷矣。此机为何？曰：即气耳，即炁耳。古真曰："扩得生机充天地，妙用全在一炁中。"又曰，"一炁无穷化，此生万万年。"故黄帝《阴符经》以"盗天地之气"为教，这便是吾人养心与修道枢纽，而世人很少能体会到此，总是忘生以徇欲，舍生以赴死，又焉在其可以入道。

凡事都有个根本，人之生命根本，不在养形养体，而在养神养心。学以养心，亦所以养身，盖邪念不萌，则灵府清明，血气和平，疾莫之撄，善端油然而生，是内外交相养。养内即所以养外，根本健则枝叶自无问题。心为身之主宰，神之凭依；舍此心而不养，只事形体之健，则无益。白发老人曰："少年要用心，中年要养心，老年要息心。"此言甚是，虽言息心，实也是养心。

延命要诀

首在养心。却病之要，亦先在却此心之病；心病一除，外病自远。昔有云："或问长生不死有术乎？曰上寿不过百岁，长生不死，吾未见其人，不知其术，无已则有却病延年焉！世之所云却病者，咸曰薄滋味，节淫欲，寡言语，戒嗔怒，保形炼气，数者而已矣！然此犹治表之术也。吾之所谓却病者，欲吾心之不病焉耳。盖人心本自定静，本自泰然，何病之有？唯遇货财则思争夺，遇功名则思挤排，遇势焰则思趋附，遇睚眦则思报复，遇患难则思推避；未遂则心病于患失，已遂则心病于患得，是以外物日攻于心，则内病日入于膏肓。虽有外之所养，终不胜其内之所扰。此扁鹊之所以望而走焉者。寿焉得不促！苟欲治病，先治其心，一切荣辱得丧，俱不足为吾心累。即小之而疾病，不以疾病累其心；大之而生死，不以生死累其心。使清明之气，常在吾躬；将见心日以广，体日以胖，不期寿而寿益增，他又何术焉！"故曰延命必要养心。

《天玄子》曰："养心之法有六：心广、心正、心平、心安、心静、心定。心广所以容万类也，心正所以诚意念也，心平所以得中和也，心安所以寡怨尤也，心静所以绝攀缘也，心定所以除外累、同大化也。"以此治心，虽不证道，亦不远矣。又有言："心药一味，小可以却病防老，大可以入圣超凡。"诚不诬也！

寡欲要诀

养生之道，自以绝欲为第一义，然欲不可卒绝，故始之以寡欲。寡欲者，一切求有节而毋纵毋极也。不但忧不可极，即乐亦不可极；不但劳动不可极，即坐卧亦不可极。凡事以少为得，以适度为妙！《元始真经》曰："喜怒损性，哀乐伤神。"奈何欲可纵乎？养生切忌过用，五脏六腑，四肢百骸，过用则伤，而病生。善养生者，适其情性，守其常分，秘其精神，保其真元，则外邪客气，自不得而干之矣。葛仙翁曰："夫人心虚则湛，神定则静，寡言希听，存精保命。盖多言则损气，多喜则放情，多怒则伤肝，多悲哀思虑则伤神，多贪欲劳困则伤精。"再能将名利看空，一切不着，不着一切。上焉者着于名，中焉者着于利，下焉者着于情，最下者着于色、着于欲。情、色、欲，一般人甚难打破，而名利二关，中上乘人士亦极难打破。人世间不少英杰之流、圣智之士，不死于利，即死于名。利关固不易打破，名关尤难。

修行之要，首破三关。一曰色关，二曰名关，三曰利关。色者，人之性也；名者，人之情也；利者，人之欲也，皆为道障。破三关之道，在死心一药。死色心则性尽，死名心则情尽，死利心则欲尽。唯此看似寻常事，做到甚难。正所谓"举世尽从名利转，谁人透过美人关"者是。

儒学心法养生要诀纲领

中庸之理是人类自我生命保和的至高无上的真理。它直接关系到自我在社会生存与自然生命归宿的一切至关重要的命运。生命寻根天地探源，明至极真理，可谓大事。因万象无实终归虚幻。天无绝人之路，大自然天地生人而后，原始祖先伏羲继天立极，替天之行，代天宣化，立无极〇为至极真理；炎黄继之，尧舜一脉相承，倡宏心法于天下，苍生始得返本还原之路。回归自然之功，是人人自我生命本能之天赋。自尧舜禹汤文武周公而后，宗教之大圣，都以自我生命自我保和，立为万圣之总纲。中庸是从原始直贯而下的至极真理，原始至今理无更改，方法因时因人因地之不同可以变化万千。继往开来净化心灵，开发妙智慧，古今文辞不一，初学难懂。保和生命，大义真理，通俗易懂，一闻便知，书中之理绝无神秘。人生住世，人海航行，处于风口浪尖，中庸之理真可谓：航海乘风破浪之宝珠，宝珠在手安然无恙渡过人海的一生。心外觅法，穷子舍父。生命保和，天赋本有家珍，自然法则千宗万教千功万法源自心性，产于命根。离开自我心性为真宗的一切功法，通为旁门异端，无一正果。差之毫厘，谬以千里，稍有不慎，遗恨千古。

中庸继承至圣真宗一脉，传世之作，圣圣相传。复圣颜回，宗圣曾参，述圣孔伋，一脉相承。至圣之孙，三代宗师子思唯恐后世众生误入旁门、步入歧途，留书济世作为鉴证真宗正教与左道旁门的万古箴言。中者性也，庸者恒也。因此书是儒门性理心法真宗，离性说法名为邪说，中庸有离性非道之章文。守性不移，万因不迁谓之中。万念相续，无动于衷，始终如一，恒之自然谓之庸。中不偏，庸不易，自然自如自我自觉之天赋是无上道体。大舜执中精一，无二法，万法通；老子抱元守一，归无念，万化通；文王黄中通理，穷理至性，守性真一，唯独无偶，达天命。大学至道，中庸至理，开发人类大智慧，是大彻大悟大觉的明心指南，非一般的古典文学与一般的宗教经典，实是航海之宝筏，实践必获得真知。读者为文，识者为路。

【《中庸》原文】天命之谓性，率性之谓道，修道之谓教。道也者，不可须臾离也，可离非道也。是故君子戒慎乎其所不睹，恐惧乎其所不闻。莫见乎隐，莫显乎微，故君子慎其独也。喜怒哀乐之未发，谓之中；发而皆中节，谓之和。中也者，天下之大本也；和也者，天下之达道也。致中和，天地位焉，万物育焉。

【释义】天命即自然自在之恒性，性即人之生命，人之生命恒居于自然，了无生死，谓之衷，唯皇降衷厥有恒性。恒性在天叫命，赋人曰性，法名明德，又名道体。道体虚无，妙觉灵明，纯善无恶，仁爱是本。施自性之仁德至善，是光明大道，所以率而行之。明破已暗，光照苍生，已明人明，大明于天下，所以人人自我明明德于天下，则天下平。性是妙觉灵明体，能自照，能自明，能自觉，能自教，而后可以教天下。修性谓之道，修心性之道，自教教人，自觉觉他，自明普照苍生，一灯点燃万盏灯，由自心性之觉悟能使人人觉悟，而教化天下普济苍生同登觉路。三教圣人皆以性理心法，立为教宗的宗旨纲要。老子修心炼性，孔子纯心养性，释迦明心见性，皆以心性为本，方法名词有差异。

第一章 原始太极内功心法要诀纲领

中庸至理，万教之法则。鉴别正教邪教，离性说法名为邪说，树自我心性为宗是正教，树诸法缘相，觅偶相，离自我心性立外相为宗，即是非道。君子之行，路在觉悟，不知性本，谈何为率？不识正根，以何破邪？本立而后道之行也。己之不明用自心照，己之不悟用自觉教。先悟性本，再觉正根，是自我独立思考，辨别正邪、善恶本末、真假的思想意念的一场彻悟，是切磋琢磨的自我思想的感觉、观察、省悟、智慧的内圣功夫。自问自答，自智自觉，而后自明，这是初行必经之路。要展开思路，必有博学、慎思、审问、明辨、笃行的独立思考功夫，不思不得，思想过虑，虑而后能得，是故君子慎其独也。独立静思，求理悟真宗，一念纯诚，即是慎独。独自知而后理明心清走向自觉。障蔽明命之一切，孰视无睹；蔽智慧之一切，听而弗闻。社会人生，眼不可闭，耳不可塞，千听百看，无动于衷。心不在焉，视而弗见，听而弗闻，食而不知其味，此谓诚于衷行于外，即是中。持之以恒，即是庸。隐显微威，中之用也。理明透彻心自明。当喜则喜，当忧则忧，居尘离尘，在欲出欲。喜怒哀思悲恐惊人之常情，世俗大道理，社会人生规律与我本性无关，不可能完全避免抗拒一切事物，智者应酬而已，无动于衷即是谓之中。喜怒哀思悲恐惊皆可发作，智慧不迷理智清醒，本着自然自在的节奏性，没有过头，没有不及，恰到好处，平定自安、安人，即是皆中节。不外乎中，不离中，即是和。人的心性达此地步，即是自在自如自我心体的万物纷然。中和在心性，心性同自然，自然天地人，万物同体，致中和，天地位焉，万物育焉。

孔子著《大学》以正心教人，其言有曰："心有所忿懥，则不得其正。有所恐惧，则不得其正。有所好乐，则不得其正。有所忧患，则不得正。"广而言之，心有所贪痴，则不得其正，有所爱憎，则不得其正。有所私利，则不得其正。有所攀求，则不得其正。即是说，欲正其心，必也无忿懥心，无恐惧心，无好乐心，无忧患心；复无贪痴心，无爱憎心，无私利心，无攀求心；以致无一切心，寂然不动，方可不失本心，而自得其正。欲养其心，使自得正，首须自不用心始。有心不用，便即无心。无心之谓，非无心体，在无心用。心用一止，自能内守，而不外缘。既不缘物，亦不缘境，外物不入，外境不扰，外诱不引，外欲不侵，则本来心自即现前。故又曰："心不在焉，视而不见，聪而不闻，食而不知其味。"必如此，方能居尘出尘，住境离境！

不求入圣而自入圣，不求合道而自合道。此亦为养心要法。

《大学》讲诚意，此为孔门入圣之头脑功夫，阳明谓此为圣人教人用功第一义。通书更认"诚"为圣人之本。何谓诚意？心未起念之谓诚，心一起念之谓意。故当一心不动、一念不生时即谓诚意。故静坐，实乃诚意之下手功夫！本此静坐，如能于日用常行中，省察此心，检点此心，收敛此心，验其动否？如有所动，验其动之为善为恶，为是为非，为道为欲，当制则制之，当止则止之，使其复归于静，寂然如如。做仙做佛做圣人，全在此一着；养生之大要，亦全往此一着。

《大学》言正心，儒门宗为无上圣功。何谓正？"止心不动"之妙。言制心，不着意即着力，尚有强勉意。言止心，则有不加功力，自然而然之境。心本不动，其动者，或动于物，或动于欲，或动于情，无论内外之动，皆非其本心矣。复其寂然不动之本心，何用功夫加乎其间？本来如是，便即自然如是，不假人力修为，自高一着。不动心，乃收心、制欲、止念之不二法门。

心一有念即是动，心到无念即是诚。喜怒哀乐未发，念在何处？心在何处？在此未发时下手修为，即是圣门功夫。一发则不可收拾矣！禅家重观念头未起处，即此也。在利害中可以制心，在祸福中可以炼心，当无事时可以省心，当静坐时可以养心。心为生命之主宰，为善为恶，为圣贤为小人，全在此心之一动。能养得此心寂然不动，如止水之平静无波，自有一番天地气象。

孔门言谨独，言慎独，此即入圣之门。谨者谨此心之动，慎者慎此心之动。一心不动，则自一念不生。如此则自意不诚而自诚（自诚明是本体，自明诚是功夫），欲不待灭而自灭，理不待存而自存（灭人欲，存天理），圣不待修而自圣。人生本来是圣人，入世而不染尘，老子教人以损字诀，禅宗教人以减字诀。损之又损，自至于无；减之又减，自归于零；此返归与本来法也，老子言归真返璞，无非此意。

君子之心，无时不存敬畏。《大学》示以戒慎恐惧，戒慎其所不睹，恐惧其所不闻。此皆为使人从人心入道心之最吃紧处。

孟子心学有三纲领

曰无失其赤子之心，曰求其放心，曰不动心。此为其一生修持工夫之最得力处。守此三纲领以为"养心"之准绳。纲领虽三，实只一心。赤子之心无失，则本心得；放心能收，则本心得；一心不动，则本心得；本心现前，无染无加，无亏无缺，则顿超圣地。而三者中尤以求放心为本，求其放心所在，收而存诸腔子里，不再向外驰求，则此心自寂然不动。心住心位，不为外境外物及欲念所动，则赤子之心亦自得；此即所谓收心法。心能收而寂然不动，则自得其养。养心与收心之要，下手处只在寡欲而已。故孟子曰："养心莫善于寡欲。其为人也寡欲，虽有不存焉者寡矣。其为人也多欲，虽有存焉者寡矣。"嗜欲少，则心不为外物所诱。能不为外境所动，则心自内守；能不外驰，则心自内存；存而不失，则自得其正，自得其本来之心。故又曰："人能无以饥渴之害为心害，则不及人、不为忧矣。"寡欲之极便为无欲，人而无欲，则心自清虚灵明而近圣！此心一无贪求欲念，则自不放。心放于名则伤于名，心放于利则伤于利，放于饥渴则伤于饥渴，放于声色则伤于声色，放于天下则伤于天下；无所不放，则无所不伤，而亦无所不役，此心又安得宁静自养，清闲自适？

又次，孟子学问，有一大纲领，即"先立其大者"。大者立，则小者不待立而自立矣。所谓大者，指此心而言。圣凡之同为人也不二，圣凡之心亦不二，然而有圣凡之分者，即在一不失其本心，一失其本心而已。故孟子答公都子问："钧是人也，或为大人，或为小人，何也？"有曰："从其大体则为大人，从其小体则为小人。"从其大体者，从其本心之正；从其小体者，从其身目口体之欲。又答："钧是人也，或从其大体，或从其小体。"有曰："耳目之官不思，而蔽于物；物交物，则引之而已矣。心之官则思，思则得之，不思则不得也。此天之所与我者。先立乎其大者，则小者不能夺也。此为大人而已矣？"其所谓先立乎大才，即先立其心，此为入圣之门。

所养者大，则所成者大；所养者小，则所成者小。是故内养吾心使与天地同其大，则其所成者，亦自与天地同其大矣！修道人应存天地境界。有天地气象，视尧舜事业，犹如浮云过目；则帝王将相富贵功名等尘沙事业，又焉能动吾心于毫发！你能视黄金如粪土，等帝王如草芥，以如此高远眼孔以自养其心，自期其成，而不能高明配天，博大配地者，未之有也。良以天地人物，其条件全不富贵功名。故曰："欲有所立，先立此心；欲有所养，先养此心。养其博大高明之心，则其所成者亦自博大高明而万古不朽矣！"道家之养心，尤在于极高明而极博大，故能清静恬淡无为，寂然自守，大不为天下动其心，小不为一己扰其神，而一以"独与天地精神往来"为自得，故鲜有如世儒中人之栖栖惶惶，于役终生。

千古来，儒家、佛家、道家，百家万派，对人生修养之最高境界与最后归趋，无不以心为全始全终之下手法门。学者大病痛，只是不诚，不诚无物。学道之要，以诚字为不二法门。"至诚所至，金石为开。"不但金石为开，天地亦可感格。世人总认"诚"字为儒家入圣之门，殊不知诚字亦为道家入道之门。诚则实，诚则真，诚则信，诚则神，诚则纯一不二。入圣登真，全在一诚而已。古语云：尽天地只是一个诚！良以"不诚无物"。

　　　　认吾自心识根源，道体无形是真诠；
　　　　炼心明理效贤圣，心正圆通达乐园。

3. 学太极内功者必重道贵德

在中国传统文化宝库中，上古圣贤设法教人修道，太极一阴一阳即是道。其实教人修道就是修心，修心即修道，也就是修真，是修人道以合天道，人道是指人在社会生活中所应具备的道德规范，从而在修炼过程中体悟、彻悟宇宙自然真理，不断地修正自己的思想和行为，道家所追求的得道成神仙包括真人，实际是人经过修炼而成的，具有优异功德功行的杰出人物。

现代社会中人们对于"修道"一词的理解都带有浓厚的神秘色彩。在他们心目中的修道者或是在深山野岭之上，或许是隐居于洞府之中，应远离世俗而不食人间烟火。其实这些都是历代文人墨客的艺术描写。实际修炼者却不都是见得如此。《中庸》首章说"修道之谓教"（说的是施教的方法，因受教者气禀各有不同，根智有上下，迷悟有深浅，顿渐有差异，不得不因材施教，但教其基本层次不变，简言说：道是本，艺是末）。"道"即为人类共生、共存、共进化之大路，应为人人时时刻刻所必行，此大道的建造所用原料是"仁"（孔子与孟子认为有仁才是人。故说人者，仁也。人要能够爱人，有爱心）。所以说，修道以仁。孔子说："道为德之原，仁为德之基，义为仁之行。"

现时代的人，没有必要因修炼什么功夫而贪迷进深山、住古庙，丢弃家庭不顾，舍弃父母不管，对社会工作不敬业。佛祖指出："出世匿菩提，恰如求兔角。"我曾见过一位想成佛的居士，其人把脑袋剃得净光，身常披皂服，手捻珠子，口中念念有词，说女人是祸水，他的床不让自己妻子坐一下，说会污浊了他的床，以致后来升级，将其妻轰出家门，爱去哪儿去哪儿，甚至连人性都没有了，不但没有丝毫夫妻情分，也置老父老母和未成年的儿子不管不顾，痴心贪求成佛。七年后我再问起他，他朋友告诉我说住在精神病医院里呢。佛家有说："有求必有苦。"看来，这说法是真的。像这样自私自利、整天痴心妄想的人，有失人伦与做人之道德，做人恐还没做到位，欲想与人类绝缘，还谈什么成佛成道呢？这种人有厌烦自然社会的心、厌烦家庭的心、厌烦妻儿父母的心，没耐心、不安心。不知自心清净即种佛因，即是净土。自心不净，到净土也是个污浊物，也不能入净土之流。佛法就是世间法，不要越乎其外，人的生活规律就是自然之道。在《六祖法宝坛经》中，惠能佛祖这样说："佛法在世间，不离世间觉。""迷即众生，觉即佛。"学佛者首先应该认知三破：一破迷，二破相，三破无明。

尽人道、尽天道，人道是天道的枝干，所以修天道的人，得先从人道上立足，为起发点，孝悌忠信，礼义廉耻，自然中最重之事。如果连生身父母都不知孝敬，手足兄弟不知亲爱，对于亲友敷衍了事而无忠，心口不一无信、无礼、无义，寡廉鲜耻之人，恐其修什么功也无益。人道即失，妄论天道，所以修天道应以尽人道为先。孔子说过"下学而上达"，能尽人道，则近天道。先地地道道地做人，就是修真。

中国传统文化思想以伦理孝道为中心，无论是国还是家，无不以孝为基础。儒家有曰：孝悌也者，其为仁之本欤？《孝经》曰：夫孝，天之经也；地之义也；民之行也。说孝顺父母，是人子之本分，是一切德行的起点，也是天经地义之事。古人在行孝方面主张善于奉养尊长以安其亲，认为作为人子，就应该随时尽心奉养服侍老父老母之左右。孝养父母亲应出诚心恭敬赡养。孔子还讲："今之孝者，是为能养，至于犬马，皆能有养。不敬，何以别乎？"意思是说，对于父母只是提供物质上的奉养，而没有恭顺和尊敬，这与养犬马等宠物有什么差别呢？在我国民间有这样说法：孝是人道第一步，孝子谢世即为仙。自古忠臣多是孝，君选贤臣举孝廉。天地重孝此当先，一个孝字全家安。孝顺传家是真宝，孝字门深孝心宽，孝顺子弟必明贤。可惜有人不识孝，不知孝能感动天。福本皆由孝心得，天将孝子另眼观。诸是不顺因不孝，回心复孝天理还。人人都该孝父母，孝字不分女和男。孝子口中出孝语，孝妇面上有孝颜。孝在乡党人钦仰，孝在家中大小欢。孝在齐家全家乐，孝宗治国万民安。能孝不在贫和富，善体亲心是孝男。兄弟和睦就为孝，忍让和谐承亲颜。人生万善孝为首，人有孝心是根源。

人欲养生及学仙修道，必先修人道之孝行，人道未了，仙道难全，哪个不是由父母所生呢？

　　孟子对于人性说得很具体。他说人之性有四端，也就是说，人有此"四心"便称其为人：一是有恻隐之心便能仁爱怜恤，这是仁的开端；二是有羞耻之心便知礼义廉耻，这是义的开端；三是有辞让之心便会恭敬谦让，这是礼的开端；四是有是非之心便会知去取正误，这是智的开端。人有这四种开端就像是有了四肢，才能称为是一个完整的人。

　　古往今来，特别是在当今盛世，人们更加寄望良好的社会环境、崇尚精神文明与高尚的道德情操。传统文化教育理念历来重视德育，所以，对于习武练功、修心为首重培德的功课，有着深厚的文化基础和历史渊源，在修道学术中占有重要的位置。东方传统修炼理论主要继承于儒、释、道、医诸家，都是从不同的角度强调重德。儒家注重品行的修养，释家注重功德的积累，道家注重道德的培养，医家注重医德的完善。修炼的功法源于各家，首重修心培德，基本上为同一宗旨。老子的《道德经》着重于尊道贵德，"道"即自然之道、养生之道、处世之道、事业之道，还有很多非常言之道（自然中所存在的说不清的道），即无所不包，无所不含。"包罗天地，养育万物"，是以万物莫不尊道而贵德。尊道贵德为修行人之最高行为准则。

　　《道德经》说："大道无形，生育天地；大道无情，运行日月；大道无名，长养万物。吾不知其名，强名曰道。""有物混成，先天地生。寂兮寥兮，独立而不改，周行而不殆。可以为天下母，吾不知其名，字之曰道。"由此可见，老子所谓"道"，实为阴阳未判之前的混元无极。宇宙之起源，天地之本始，万物之根蒂，造化之枢机。它无形无象，无色无味，无所不在，无所不备，充塞宇宙，遍满十方，不增不减，永恒常存。它本无形而不可名，但却真实存在，老子为了使人承认它、研究它、掌握它、运用它故以"道"名。道的体性是无，无形无象，无声无色，不阴不阳，不上不下，空空洞洞，杳杳冥冥，似有非有，似无非无，一切皆无。然而万类咸仗，群生皆赖，无所不生，无所不造。这说明"道"的体性和功能是无为而无不为。以此类推，人若法天地自然之道，使其体性合于大道，虚无自然，无私无欲，无执无偏，恬淡无为，以"道"的"无为"原则修身合道，必可无所不治，无所不达，修身身康壮，益寿必延年，收到最佳之效果。

　　老子指出"道"这种虚无妙气虽无形象、无端倪、不可见，却无所不在，无所不备,体性圆满,妙用无穷。它深不可测,广不可量,似有非有,似无非无,却是万物生化之母,主宰万物的宗主。宇宙从无到有、从有到无而演化的纵向关系。无极一动,化为太极。太极中含着阴阳二气,二气合和,化生万物。独立无偶的混元大道,是虚明静体,它不上不下,不明不暗,阴阳由此而判,清浊由此而分。所以,在上而不见皎皎之光明,在下而不觉昧昧之黑暗。连续不断,无法命名。它"即色是空,即空是色",不是一个具体的物象,它似空不空,无形无状,无体无象。可谓恍恍惚惚,杳杳冥冥的真空妙象。大道在九霄之上不为高,在六极之下而不为低,在上古之先就存在,将来永远不毁灭。它无头无尾,无前无后,三界十方遍处皆是。所以,行之于前,而迎不到首,随之于后,而见不到尾。

修心养性的根本在于清静无为。必须清除心界一切杂念,使先天圆明的体性重现。《清静经》中说:"常能遣其欲,而心自静。澄其心,而神自清,自然六欲不生。"又说,"净扫迷云无点翳,一轮光满太虚空。"皆强调修道之人的首要功夫是清静神心,还其人之先天本性,洞观无碍。常人因私欲妄念所扰,心神散乱不能专一,在无意之中导致其气粗暴、神气不合、母子失守、阴阳不交、坎离分居、先天与后天脱离关系。因此,人在炼养时,必须心神专一,调和呼吸,由粗浅到深长,由强硬到柔和,若初生之婴儿。

修太极之人,身虽处于世俗之中,其心若不被世情染着,举止自如,常顺自然,其身自安,安之久而心自定,心定而神自清,神清而性自静。如此这般,人身的真炁自然缓缓而发动,神气自然充沛。真修太极者,处事接物,谦恭谨慎,不敢肆意妄进,相似冬天履冰过河一样,时时小心,步步谨慎,唯恐冰凝不坚,一足踏陷入水中。《论语·泰伯》中说:"战战兢兢,如临深渊,如履薄冰。"与此义相近。

真修太极者,心德纯全,动静自然,处处谨慎小心,无论独居一室,还是行于野外,他们举心运念,一言一行,唯恐违背天道,逆物失理,犹如四邻在身旁监视一样。修学者的行为,必该端方正直,严肃认真,常常好似宾主互相恭敬一般。修太极者,处于尘俗之中,贫而不谄,富而不骄。不贪不染,不留不滞,其心性如冰之遇阳光,释化而不留任何形迹。修太极者的本来天性,未经人间世情历练,与人相处出于真诚之心,与物相接本着忠厚之意,如同木之未雕,朴然浑全。

真修太极者，心地虚明，胸襟开阔，没有贵贱之分、上下之别，相似空谷一样，无所不容，无所不纳。修炼太极者不可外露机智，追逐物情，而应时时检点素日的言行举止，是否违道失德，举心运念，是否有邪思妄为。心地若动，一念不纯，持行敷衍，有一事不正，应立即改正，似同斩钢削铁。为降念定心，凝神、入静的主要功法。修炼太极者必须看淡世情，视功名货利为身外之物，知足知止，身虽贫困，但性体不亏。修炼者千磨不退志，百折不回心。固守勿失，坚强不屈，至死方休，久持不懈。天上地下唯道独尊，大环宇内唯德最贵，唯有修道建德，复我本来的真本性才是应止之所，长居之地。待成正果，与太虚同体，与造化同寿，与天地为一，形神俱妙，与道合真，形质虽化，性体永存。

有偈曰：

无为真机寻真理，别把精神视等闲。
天地万物同一母，精神永恒在自然。

第二章 原始太极内功法则宗旨阐真

中国传统古典养生文化文献中记载，在春秋战国时期，人们就已经开始运用精神心性调摄养生了，《黄帝内经》是最早的、极其罕见的养生学术巨著。从古至今，都有人在探求着长生与修真之道。传统养生文化极其重视人与自然的和谐，肯定了人是自然的一分子，称天地人为"三才"，确定了天地人是不可分割的整体。传统养生原理、道德规范、自然规律、法则宗旨是一致的，天人和谐是人类的理想、追求和愿望，古代的修炼者都把天人合一作为人生的最高追求。那么人如何修养才能够健康长生呢？人怎样才能与自然天地合为一体？这也是有志者关心和思考的问题。

古圣先贤们通过自心的修炼体悟，总结留下了许多"修真"（又称修行）、摄生、养生、延命、修神仙、卫生术、修养之道、修浑沌术、生命保健、内功心法的实践经验，其实质就是指导人修人道以合天地自然和谐，从而彻悟自然真空妙理，修成真人，这也是我们现代人所说的修行好、德行高、心灵美的人。

1. 原始太极内功修学法则

内功到底炼的是什么？首先应该知道，称谓不同，实指一也。真宗原始太极内功心法练的是人身根本精神、谷神、虚灵。那么，必须明白什么是虚灵。

人的精神又称谷神，老子在《道德经》中说："谷神不死。""谷"是空虚之意，"神"是变化的妙用，真空是虚无之体，变化的妙用是不生不灭，不记年劫，永无止期，故称"不死"。

心灵即是虚灵，也称先天虚无一炁、元神、圣胎等（何为虚灵？心虚则灵，不虚不灵，灵出于虚，亦名谷神）。神者，无形无相，灵而不可测度之义。所谓寂然不动，感而遂通者，此神也（何为谷神？空谷之神，俗名崖娃娃。

因其两山高耸,中间一谷,人声喊叫,各中传声,故名谷神)。修炼原始太极者借此以喻人身虚灵之神。此虚灵非色非空,即色即空,在恍惚杳冥之中,视之不见,听之不闻,搏之不得,乃道心人心之界,真知灵知之根,刚情柔性之本,生天生地生人。

儒家所谓太极,又谓至善、至诚;释家所谓圆觉,又谓法身、舍利;道家所谓金丹,又谓虚灵、谷神。其实就是人生来原本的良知良能,空谷虚灵之神。这个谷神,落于后天,阴阳分判,假者用事,真者退位,谷神埋藏如死矣。修炼太极者,静而生阳,专心致志,绝其杂泛之念,以求先天一炁,必须委志归于虚无。达至虚无,气之所生,故曰先天一炁自虚无中来。虚无,非虚无寂灭之谓,身居恍惚杳冥之中,六脉俱停,真息自住,混沌大定,则神明自来。古有诀云:"若问先天却也无,后天便要下工夫。"然而,世人追逐染习七情六欲,业累牵缠,皆落后天之相,对先天之妙有一无所知。后天一蒙,则先天之心遮蔽。

原始太极拳之运动,以虚灵为本。拳谚云:"心君泰然,百体灵动。""神为主帅,身为驱使。"行动历来是心动形随,意发神传。就是说心之一动,百骸无有不动,即所谓一动无有不动。足见人身主宰的灵动敏慧,是习太极者排除行功走架动作滞涩之根本。

自然之道,在于静。静而不动,天地万物生,此为自然之道,也就是太极。自然之道从虚静之道而来,静则万化自然而生,至静之道为历律所不能契合。天道的变化在至静之中,能静到片刻之间,可以攒簇一年之气候。阳生即是冬至,阴降即是夏至,此为工夫之冬夏,而非时候之冬夏,能虚极静笃即可得造化于恍惚之间,万物都由此生就是太极。在世界为生天、地、人、物的太极,在人间为神气合化的太极,阴阳相克之术,为人所共见,而不是隐怪难知的,其象可见,虽有理不易明,而其象则易知。此即人身之太极,与天地之太极相同。人当知虚静、恬淡、自然无为是生万物之本,静是动之本,动是静之用,动静之间成生生不息之活力,所以练太极必以内修静功为基础法则。

原始太极内功心法修炼法则,应该是使人的身体后天返先天修炼的过程。太极拳的养生功能在于此,太极拳的技击功能也在于此。拳本无法,有法也空。功法只是过河的"筏子"。太极拳练法讲的是"道法自然",练到高境界讲究"虚灵无相、透空无形"，人需要完全脱离任何有为方法及形相拘限，不受任何形式的制约束缚。修炼在无为之为，步骤先主修心，不执着身体，速求意不得。

人心智有上下等差、迷悟高低境界，淡泊名利者，不为欲望迷。心是根，法是尘，两种犹如镜上痕，痕垢尽除光始现，物我两忘性即真。住我有执，生根尘障碍，如胶似漆，难解难分，形成前尘缘影的表层意识，迷失真我，浑忘本来，犹如明镜有痕，障却本明。金屑虽贵，在眼是病，当知染法如此，净法亦然。若能去除前尘缘影之妄心，一切具足，万法俱备，一切不染，离诸法相，岂不自在自如？技击之道，有形态之强者非真强，其人气散于外，未能归藏故也。无形态上之强而堪为强者，乃是真强，盖已炼气归根者，不见形态之壮，不见颜色之威，气不骜，心不惊，但见柔弱，此得内家之正。断人功夫高下，可以望而知之，不在其形，而在其气，此亦在己之学之精深，愚人求于皮相为无学浅学。古来精于此道者，以炼气为根本，此内家正传正学。安心定性，呼吸自然，久事养气，则精自化气，此气即为炁，也称真气。得天地之气。善用之，内气合而鼓荡，为合体之气。此即炼精化气，气若车轮，如九曲珠，气遍全身，敛而入骨，贯顶为神，此为炼气化神。神安而定，心境平静，自然清轻上浮，渣滓沉降，久而明心见性，光明顿生，性灵毕现，此为炼神还虚。此是自有而至无也。

自无而至有，即是由松入柔，积柔成刚，极其之，而为至刚。然此刚非硬，自有而至无，即是刚复归于柔，运柔成韧，极其之，而为至柔。然此柔非软，无中有，有中无，即阴中有阳，阳中有阴。静中寓动，动中寓静。虚中有实，实中有虚。柔中有刚，刚中有柔，化刚为柔，运柔成刚，刚复归柔，致成至刚至柔，刚柔相济，刚柔相推，从而生变化。而变者愈变，化者愈化，以致变化无穷。自此，方始成就，臻于化境，豁然贯通，阶及神明。

由此可见，心境泰然，思想集中，全神贯注，是武功升华化境的不可缺少的重要条件，所以初学者从开始之日起就要认真求理体悟修炼。圣师创拳，初始实为修心养性之道，非为斗勇者而设，虽可防身，不可逞强。圣慧不可辱，明者鉴之，智者行之，德者得之，上天佑之，福与善人。

正确认识和体验修炼原始太极不仅仅是强身健体，而更重要的是能认识自我生命本质，达到修心养性、返本还源，与自然和谐的目地。

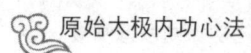

2. 原始太极内功宗旨直解

原始太极内功修炼宗旨是"虚静自心""修心炼性"。下手功夫即是凝神。古拳谚说:"练拳不练功,到老一场空。"太极拳作为内家拳的典型代表,内功修炼是核心,即提倡老子道学理念,弘扬圣传修炼之精髓,以养人精神入虚静状态、修心炼性、达形神合一,与天地自然本性融合。

《易外别传》曰:"内炼之道,贵乎心虚;心虚则神凝,神凝则气聚。"精神深叛寂天而不外散乱,心不牵挂世俗之昧,炼去俗心以复其清静心,使心不为外物所扰、不为人事所迁、不为物欲所蔽、不为外境所移、不为外情所惑。存中道之观想,绝诸念之纷争,使我心清洁净,以澄明愚昧之心,纠正偏颇之心,收敛云游之心,静谧浮动之心,安定攀缘之心,清除蒙蔽尘埃,求其放心,纯正本心,炼性觉悟。虚静才能沉着,凡武术一道急者败。诚能不动心,则敌之进攻,我静以待之。若心急气浮,不但难以破敌,且反足致败。身以机敏为第一,心以沉着为主。持此自修,虽不借器械,而敌以武器攻袭,我亦心守沉静而巧胜敌械,是皆沉着虚静效。

不动心为"内功"之要素,所谓不动心,如苏洵所说"泰山崩于前而色不变,麋鹿兴于左而目不瞬"。心有所守而不移,则真气充塞全身,视白刃而不见,闻炮声而不撼。外物勿扰,独立不惧,以如斯之心胆,运用所学,若行所无事,大敌当前,亦不见怯返顾,斯真能不动心者也。敌欲攻我,任其用何种进攻之势与恐吓,我心仍木然无所动,一若无与人争胜。其心既正大光明,其气亦整暇不迫,从容得体,故恒占胜。心壮魄强,心魂即吾人之精神力,为人心之基,有强有弱。有精力者有气势,见敌而起制胜之心,则势满,此为心魄之作用。由心生胆,由胆生力。力以身体为基础,身体虚弱,虽有此心,亦属白运心魂,无效也。身体强壮,方能不为物动,基础方立,故练身亦是要事。有心，有体，即当平心静气。呼吸皆自心中起，切勿使气息闭止。若气息闭止无自然，便不持久。故求养气调息，而后心自静，魄自坚，强毅之本立！

内修功夫概而言之，无非是"清、虚、静、定"四字。心怀无垢为清，心中无物为虚，心平无浪为静，内心不乱为定。清为清其心源，虚为虚其心斋，静为静其气海，定为定其慧心。心源清，能在红尘之中，坚定道心，清幽致远，和其光，同其尘，挫其锐，解其纷，才能使心定而生慧，慧通而深达；心斋虚，则虚旷为怀，明通公溥，方可容纳万物；气海静，则身心融汇于杳冥之中，就会精全命固；内心定，则外息诸缘，内心无惴，种种境界，无所执着，就能融一分境界，证一分本智，清一分妄念，得一分法身，无内外，无形相。

老子《道德经》中"无为而无不为，柔弱胜刚强，以天下之至柔，驰骋天下之至坚"的思想，是实践太极拳的核心指导思想，是太极心法之纲领。太极拳之众多流派，乃是一本散于万殊。

原始太极内功修炼，是开发人体先天本能，积精垒气，虚空心灵，自滤澄心，认识自我，安心定性，敛神聚气为宗旨的过程。在这过程中，自身神、气、形相恋，使神有所凝，气有所聚。通过修功，神不外驰，气不外逸，日久凝炼，神气相抱，内修醇厚，而得形神永固。天地为大自然，人身为小自然，人能与天地自然沟通，直接吸收大自然之能量。人体能量聚积到一定程度，则"身心松净气腾然"，自然就实现了人体内五脏：心肝脾肺肾（金、木、水、火、土五行气）的充实。内外相合一家亲，意为媒引相配成。眼耳口鼻外五行，手足四梢并顶心，久练内外如一气，迅雷电雨起暴风，拳无拳来意无意，无意之中是真意。诚心炼养精气神，近在眼前变化中。固灵根而动心者，武艺也。养灵根而静心者，是修自然也。动则为武艺，静则为神仙。

太极内功心法主张"六腑五脏神体精，皆在心内运天经"，即认为五脏六腑均为精气神形的统一体，其所有的功能活动均应以心（元神）为主宰，即拳论之所谓"神为主帅，身为驱使""意气君来骨肉臣"。正如《讲义》所说："人身脏腑所以能有功者，皆神为主宰也。心与神共为物，其静谓之心，其动谓之神。"所以只有当六神（有意识）让位元神（无意识），六神无主（去意识），元神自主，才能总统五脏，协调六腑。太极拳炼心才能合于自然天道，养气柔体，养神存真，进入虚无生妙有、可与元始相比肩之境。修学太极者

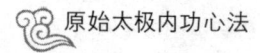

不可不识不悟。

没有正确的理论，就没有正确的行动。真宗原始太极拳内修理论指导依据是依照老子《道德经》之宗旨，效法天地自然无为之道，畅自然柔弱之用，人在松柔舒顺、不用后天拙力的太极运动中，体悟动中之静，静中之动，由静得悟，而豁然贯通，阶及神明，使自身阴阳气平衡，内五行气圆合强盛，心之所至气即至，意到气到，气到劲到，自然而然能达至"得心应手"的功夫，不须依赖使运后天拙劲、拙力。

今学太极拳技者，能动以神而随以心，以心神动而身随之，明理后也需数年，至于身能忘达透空者寥寥无几。言之神行，必依顺天理，其动静，疾徐，刚柔，进退，趋避，反侧，屈伸，开合，起落……莫不因其自然而然，学至此方可臻上乘之境。立命在人体，气为血之帅。气率血而行，气随心而行，随心静宁而顺畅。如思想散驰，则气滞结障，而致血瘀。故摄心入静，专心致志，可使气顺，气顺则血融；血融则血畅；气血顺畅，则血旺。极其至，筋脉和同，骨强髓盈，精神充沛，病安从来。

太极拳作为内家拳的典型代表，注重内功训练。太极拳内功的表现是："绵里藏针，绵里裹铁，身如百炼钢，发劲似放箭，无坚不摧。"有内功者，极柔软，然极坚刚。无内功的人，非软即硬，失之于偏，而不能刚柔相济。内功是人体内在功能的强化和能量的积聚，内可强身，外可御敌。真正的内功是内外合一的功夫，即所谓形神意气力，而非内是内外是外。俗话说：内外合一，鬼神难欺，只有内功备方能拳艺成。

关于太极拳内功修炼，首先是要明白道理，也就是道家所说的"穷理"，理不明则事难成；其次要调整好心态，要平心静气，心态平和，即所谓的"尽性"；其三是姿势要正确，即方法要科学，符合动作要领和规范；其四要呼吸顺畅，即合生理顺自然，自然而为。所谓的功有内外之分，更有筋劲骨力之说。内功洗髓，外功易筋。内功者，内劲也；外功者，外力也。无论内功外功，都不能离形而为，形是载体，功是基础。净心则静，虚则生灵，虚灵清静则生慧，慧生意乃真。意真则内气鼓荡，神意合一，形神不二。虚静之为感悟为主，不必考虑具体的经络走向，没有思想负担，不执着则不易出偏。

《易外别传》曰："内炼之道，贵乎心虚，心虚则神凝，神凝则气聚。"所以说"昔日遇师真口诀，只是凝神入气穴"，"参透阴阳道乃成，证得虚无便是仙"。《听心斋客问》中也说:"心归虚静身入无为,动静两忘,到这地步,三宫自然升降,百脉自然流通,精自化气,气自化神,神自还虚。"练太极拳不同于一般单纯的养生,拳是内外兼修之学,对拳理要有正确认识,内功修炼不是成仙,唯求理明法正,勿求神功秘法,要相信科学,不要迷信,更没必要弄得神乎其神。

《道德经》曰:"致虚极,守静笃。"二句可浑讲,亦可析讲。浑言之,只是教人以入定之功耳。析言之,则虚是虚无,极是中极,静是安静,笃是专笃,犹言致吾神于虚之间而准其中极之地,守其神于安静之内必尽其专笃之功。

人心者二,一真一妄。故觅真心者,不生妄念,即是真心。真心之性格最宽大,最光明;真心之所居最安然、最自在,以真心理事,千条一贯。以真心寻道,万殊一本。然人要用他应事,就要养得他壮大,就要守得他安闲,然后劳而不劳,静而能应。丹诀云:"心走即收回,收回又放下。用后复求安,求安即生悟。"谁说闹中不可取静呢?

游方枯坐,固非道也。然不游行于城市云山,当以气游行于通身关窍内。乃可不打坐于枯木寒堂,须以神打坐于此身妙窍中方可。

凡人养神养气之际,神即为收气主宰。收得一分气,便得一分宝。收得十分气,便得十分宝。气之贵重,世上凡金凡玉虽有百两不换一分。道人何必与世人争利息乎?利多生忿恚,忿恚属火,气亦火种,忿恚一生,气随之走,欲留而不能留。又其甚者,连母带子,一齐飞散,故养气以戒忿恚为切。欲戒忿恚,仍以养心养神为切。功名多出于意外,不可存干禄之心。孔子曰:"学也,禄在其中矣。"修道亦然,不可预贪效验。每逢打坐,必要心静神凝,一毫不起忖度希冀之心,只要抱住内呼吸做工夫。

炼心之法,自小及大。如今三伏大炎,一盏饭可也,不可再求饱。一片凉可也,不可再求大凉。数点蚊不足畏,必求无蚊不能。自微及巨,当前即炼心之境,苦中求甘,死里求生,此修道之格论。

修学之士,须要清心清意,方得真清之药物。毋逞气质之性,毋运思虑之神,毋使呼吸之气,毋用交感之精。然真精动于何时,真神生于何地,真气运于何方,真性养于何所,是不可不得明辨以晰而细言之。

凡下手打坐,须要心神两静,空空寂寂鬼神不得而知,其功夫只宜自考自信,以求自得,所谓诚其意者,毋自欺也。诚于中自形于外,是以君子必慎其独也。

　　打坐之中，最要凝神调息，以暇以整，勿助勿忘，未有不逐日长功夫者。

　　凝神调息，只要心平气和。心平则神凝，气和则息调。心平，平字最妙。心不起波谓平，心执其中谓平，平即在此中，心在此中，乃不起波。此中即丹经之玄关一窍。

　　当今，有诸多所谓的修学养生者，使用心机，巧思妄求，百般作为。根本不知养神，千方百计地却是在劳神。战国时代《庄子》称那些以"劳形怵心"形式修为者，是学练"胥易技系"（学习乐舞与占卜一类的技艺）。此类技艺与修道有本质的不同，技艺修有为，修道修无为。舞蹈必须巧动，故而劳累形体；占卜必须巧思，故而惑乱心神；巧动巧思都是有为之举，不能与无为之道相提并论。今人试图用巧动巧思，以有为的手段来获得无不为的效果，那只能是背道而驰。今人应该知道，学道必以无为为宗，有为是出于无为。无为二字，天之体，道之原。欲于无为之外另寻枝节，是为旁门外道。练功炼无为之功，行法行无为之法，为真功正法。

　　"胥易技系"形式的技法是所谓雕虫小技一类的技巧，而不是修道，技巧只能使人的神疲形衰，故不属养生的范畴。由此而论，人们不可将搏击一类的技巧套路与修养生之道相提并论，二者本不是同一概念。修养生之道又称为修神仙，是调养心神的手段，从调心静定的功夫过程中达到治理身体，使身心和谐而达性命双修，以合天道为宗旨。

　　有句话说："师父引进门，修行在个人。"此话确实不假。许多学道者可能有种感受，入门容易深造难。这是因为凡是初学入门的方法，都是"有为"的方法，所谓"有为"是指人特意强加的思想意识和动作，为达到与实现预设的目标与目地所采取的具体方法。而"无为"是指在修炼中，思想上既没有预设目地也不增加具体的方法和动作。道家修炼宗旨的指导思想是："为学日益，为道日损，损之又损，以至于无为，无为而无不为。"这是修炼者所要把握的要领和将取得的效果。人的后天意识是有为而有所求的，修炼者的先天元神要用无为而无所求，这是进行后天返先天的功夫。无论修道者采用什么样的有为法入门，待入门之后都必须修无为之法，只有无为，才是万法归宗的唯一之法。不修无为就永远不可能深入到"得道"的高深层次。比如：人借助船过河，上船过渡是必要手段，当船已经渡过河到了彼岸就要下船，但是你不愿丢弃船又不愿下船，或背上船行路是不是执着？执着有为法不放的人不仅不能深造，反而会因执着而出偏差。所以，释迦佛祖说："一切有为法，如梦幻泡影，如露亦如电，应作如是观。"

《黄帝内经》记载：黄帝生来十分聪明，很小的时候就善于言谈，幼年时对周围事物领会得很快，长大之后，既敦厚又勤勉，及至成年之时，登上了天子之位。他向大臣岐伯问道：我听说上古时候的人，年龄都能超过百岁，动作也不显衰老；现在的人，年龄刚至半百，而动作就都衰弱无力了，这是由于时代不同所造成的，还是因为今天的人们不会养生所造成的呢？岐伯回答说：上古时代，那些懂得养生之道的人，能够取法于天地阴阳自然变化之理而加以适应，调和养生的方法，使之达到正确的标准。饮食有所节制，作息有一定规律，既不妄事操劳，又避免过度房事，所以能够形神俱旺，协调统一，活到天赋的自然年龄，超过百岁才离开人世。现在的人就不是这样了，他们整天能把酒当水喝，滥饮无度，使反常的生活成为习惯，醉酒行房，因为恣情纵欲而使阴精竭绝，因满足嗜好而使真气耗散，不知谨慎地保持精气的充满，不善于统驭抑制精神，而专求心志的一时之快，违逆人生乐趣，起居作息毫无规律，所以到半百之年就衰老夭折了。

在我国古代，深懂太极内功心法的人，在教导普通人的时候，总要讲到对虚邪贼风等致病因素应及时避开。心情要清静安闲，排除妄想杂念，以使真气顺畅，精神守持于内，疾病就无从发生。人们应使心志安闲，少有欲望，情绪安定而没有焦虑，形体劳作而不使疲倦，真气因而调顺，各人都能随其所欲而满足自己的愿望。人们无论吃什么食物都觉得甘美，随便穿什么衣服也都感到满意，大家喜爱自己的风俗习尚，愉快地生活，社会地位无论高低都不相倾慕，所以这些人称得上朴实无华，任何不正当的嗜欲都不会引起他们注目，任何淫乱邪僻的事物也都不能惑乱他们的心志。无论愚笨的、聪明的、能力大的还是能力小的，都不因外界事物的变化而动心焦虑，所以符合养生之道。他们之所以能够年龄超过百岁而动作不显得衰老，正是由于领会和掌握了修心养性的方法，身体不被外来邪气干扰危害所致。据记载，上古时代，有称为真人的人，掌握了天地阴阳变化的规律，能够调节呼吸，吸收精纯的清气，超然独处，令精神守持于内，锻炼身体，使筋骨肌肉与整个身体达到高度的协调，所以他的寿命同于天地而没有终了的时候，这是他修道养生的结果。这些，都是现今人们应该学习效仿的。

宇宙之大，无奇不有，茫茫人海，其理万千，若愈悟道，必先知自然之理，多练功不如道理清，须通晓自我生命之根源，认清什么是耗气伤神损失真源。如何才能攒神聚气积蓄生命能源？应该如何入手守静还虚复本然？人应该怎样做才能与天地自然融为一体呢？

这里将人的身体比喻为大手电筒，眼睛比喻为手电筒的灯泡，人如果不知节省电力，将开关长时间开启不知关掉，时间久后电量不足，不亮了，手电筒的照亮功用报废。人身体也是同理，比如，如果让人两天两夜，睁着两眼不睡觉，试试看，是不是会有特别疲倦、疲劳、精疲、力尽的感受，这就是耗"神"的结果。人如不知保养生命能源，一味地耗损精神，岂不早亡。若想要身体永保精力充沛，日常生活中人应禁忌六种"久"：眼睛看的时间久了，会损伤心神与气血；坐的时间久了，会损伤脾脏与肌肉；走的时间久了，会损伤肝脏与筋脉；站的时间久了，会损伤肾脏与骨骼；听的时间久了，会损伤精力与神气。人多有不知者，每天不由自主地浪费、丧失着自己的生命能源。人长生的根本，在于精气神三者相助为治，三宝共一为神根。神者受之于天，精者受之于地，气者受之于中和，故人欲长生，当爱气、尊神、重精。三者之中"神"最关键，人不知守神，会加速病亡。

至于天道与人事之间的关系，只有靠一气相为开合、互为联系，而别无他法，只要凝神入气穴。气穴就是人的祖窍，佛教称此穴持善不失、持恶不生为总持，这是佛家修行总的门径。"总持之门"与"万法之都"都是祖窍的比喻。空洞无涯是玄窍，知而不守是功夫；此句前句讲玄窍（祖窍）的特点，后句讲对此窍应知而不守，知而不守是修炼的功夫，即是避免"着相"与"落空"的秘诀。仙家谚语说："要想长生，先要久视。"久视上丹田，神就能长生。《见道歌》中有说："祖窍位于天地中，神气往来自西东。"紫阳真人《金丹序》说：这一窍不是一般的窍，乃是天地共同合成。他名字叫神气穴，里面有元神与元气。《参同契》说：元神深藏于深渊之中，要如同浮游一般持守祖窍。以上都是古圣先贤与修炼家阐述祖窍的奥妙。

安神祖窍，翕聚先天，修炼者如果不明此窍，便谈不上修炼。关于祖窍的真实情况，举世极少有人知道，不得师传简直就像在黑暗中射靶一样。祖窍就是老子所说的"玄牝之门"。若要想让"谷神"永远不死，就要靠玄牝（实为神府，三元所聚，玄牝之门，是谓天地根，即黄庭，即先天一气，即至善之所，即玄关一窍）来确立根基。修炼的人如果真能知道这一窍，那么金丹（丹即道，道即虚无之体）大道也就都明白了，"得一而万事毕"。

三国时期魏国著名的医学家华佗，在他著的《中藏经·劳伤论》一书中说有六种"过度"人应该禁忌：过分的饥饿和胀饱，会损伤脾脏；过分的思考忧虑会损伤心脏；过分的色欲会损伤肾脏；起居过度不正常，会损伤肝脏；喜怒悲愁过度，会损伤肺脏。看来都是病起于过。《内经》有说："春秋冬夏，四时阴阳相生，一切疾病都发源于过度的消耗真气。"因不适合人的本性，而极力勉强去做实在做不到的事，追逐逞强的地方，也是生病的开始，五脏所受之气，大约有常规限度，过度消耗使用就会生病。善于养生的人，既没有过分消耗的弊端，又能保守真气，哪里还用担心外邪的侵入呢？

古语说："预做长明灯，须知添油法。"在道家养生心法中"安心定性，敛神聚气"之说，即是为人增添生命能源、筑本培根基的方法，当为修学者入门之首要。人应多静以养神，思虑纯正而不杂乱，清静专一而不改变，性情淡泊、清静虚无、听任自然，每一行动都要遵循自然的规律，这是颐养精神的基本方法。断绝一切视听，守住精神而归于沉静，身体自然而然就会正。一定要使身心保持绝对安宁和清静，不要使身体劳碌，不要使精神躁动，这样就可以长生。

人一般都不知道，用力伤气，伤气耗神，耗神则殃的道理。俗话说人强健叫作"有气力"，可见力与气本自相联通，"力"从"气"中来。凡是叫喊、跳跃、歌啸、狂舞、奔跑、赛跑之类，凡是用"力"做的事，都能损伤"气"。古代善于养生的人，呼喊不大声，走路不扬尘，不长时间狂舞，反而模仿猴攀挂树枝、鸟伸转脖颈；不长声呼鸣，反而呼吸吐纳保护生命的本原元神。这些都是为着减少用力来培养元气。人在世俗无论如何安闲，总不免有劳心劳力之事。一有所劳，其精神就不免损失，势必用方法以补偿其损失。

养一分神、攒十分气，养一分气、蓄十分力，现时人们多在消耗，而不养神。《黄帝内经·古天真论》说："恬淡虚无，真气从之，精神内守，病安从来。"为养生正法。天地有质，真气了无终始。真气指的是心，并非呼吸调息之气。真气也指人的精神而言。神者是气，神气十足才有神威神通广大，精神百倍，气贯长虹，正气浩然。

人身的精气神都要在眼睛上表现出来，五脏六腑的精华也聚集于眼睛上。所以，《阴符经》说：人身的枢机在于眼睛。《道德经》说：不看可以引起某种欲望的东西，心就不会迷乱。因此，内养的方法，要常常垂下眼皮，返观内视，塞兑关闭欲望之门，眼、耳、鼻、舌、身、意六根清净。使神气不外耗，是关键功夫。睡觉是眼睛的食粮，如果人七天无睡眠，眼睛就会枯干。凡是看五颜六色都会损害眼睛，都是在不知不觉中点点滴滴地伤害着人的神气。"心"是精神的简称，儒曰灵台，道曰灵关，释曰灵山，三教同一法门，总不外灵明一窍。心、眼、耳、鼻、口对应之脏腑分别为心、肝、肾、脾、胆。心之神发于目，谓之视；肾之精发于耳，谓之听；脾之魂发于鼻，谓之嗅；胆之魄发于口，谓之言。五官是人体的物质性感观，是适应物质世界交流的，人类的感知学识往往来自五官。然而某种意义上说，人的失误就在于低水平的感知器官，耳目等五官对人的制约束缚和封闭，从而使感觉水平局限停留在这种只知有物，不知有气的愚昧状态。只知用心去求静，一有用心，则就不静了。只知用眼去观察，见真是真，见假是假，则真假难辨；只知用耳去察听，听是皆是，听非皆非，则是非难分；只知用鼻去嗅闻，闻香是香，闻臭是臭，则香臭难分；只知用口去说道，说道是道，说理是理，则道理难明。缘因其所知所能，所有皆是幻相，心必为见色闻声的幻相所动而牵去，若一向去则心便坏了。诸事缘于心，心一乱，什么都乱。方寸既乱，做不到一尘不染，万境皆空，心法双泯，物我两忘，则不能修身以正其心。所以太极拳修炼要求含其光明，凝其耳韵，匀其鼻息，缄其口气，逸其身劳，锁其意驰，一意冥心，静思明理，抱元守一，渐至泊然不动，精神附于守而不外驰气，维蕴于中而不旁溢。以求魂在肝而不从眼漏，魄在肺而不从鼻漏，神在心而不从口漏，精在肾而不从耳漏，意在脾而不从四肢孔窍（涌泉、劳宫）漏。直至真续力久，日月已足，效验既形，然后引达，以至于无漏。此即《老子》所谓"塞其兑，闭其户，终身不勤"，亦即"五官不用"。原始太极拳采用"恬淡虚无、精神内守"的心法，进行内部环境的净化、平衡、自调和锻炼，为的是让五官渐渐少外用，以至不外用。眼不视（视而不见）而魂在肝，耳不闻（听而不闻）而精在肾，舌不声而神在心，鼻不香而魄在肺，四肢不动而意在脾。经过多年的炼养升华，一旦用不着耳目口等器官，就开启了大道之门，超五官的功能，超五官的全息感知，超级的"天人感应"现象就出来了，此即所谓"闭住五官天地通"。通则灵,"灵"这一先天的自然之能,包含了灵通、灵察、灵知等灵感和机灵。正是这超越了五官感知的灵感灵应,体证了太极拳"真空化妙有"的灵机妙用,应验了太极拳"一羽不能加,蝇虫不能落"的灵应之能。此皆"五官不用"虚灵不昧之精神象征。古代大德之人说:心是关键,眼是盗贼。要制伏心,先收回眼。弩的发动全在于机关,心的牵引全在于眼睛;机关不动弩就不会发射,眼睛不动,心就不会外驰。心不外驰,观照本心,培养根源,既简单又直截,时间长了,自然而然,心就会清新,神气就会充盛而顺畅。《淮南子·精神训》:"五色乱目,使目不明;五声哗耳,使耳不聪;五味乱口,使口爽伤。"老子在《道德经》十二章指出:五色(红、黄、蓝、白、黑)缤纷使人目盲;人如果过度追求视觉享受,贪淫美色,会导致视力衰退以致失明。五音(宫、羽、角、徵、商)令人耳聋;这里又指靡靡之音,五音铮钪使人耳聋。五味(酸、甜、苦、辣、咸)腥膻,使人味觉麻木;驰骋围猎,使人心发狂;贪图珍宝,使人德行败坏失常。因此圣人实腹养气,不为耳目耗损精神,所以弃物绝欲,但求养心养神。防止心、神、形、气的损伤,就要不能用之"太过和太费"。世上任何事物都有其一定内在的质和量的规定性,气力用之太过就会损失,身体使之太劳就会虚弱,精神用之太过就会萎靡以致完竭。所以,善于养生者,就应该重视护养心、神、形、气,知得也知失,知存也知亡,知取也知丧,要善于自正其心,保养自身三宝精气神。

古圣先贤都是从修"心"这个方便法门进道,得以成祖成佛。一般人之所以不能这样,是因为不认识自己的心的缘故。所以有说:"海枯终能见底,人死却不知心。"虽然心法是最上一乘的修炼之道,但若是禀赋聪颖的人,可以一跃而直入如来圣地;若是禀赋愚钝的人怎么办呢?一定要经过不断学习明理,自参自悟而求得进步的功夫,逐渐入门径,走一步自有一步的效果,这也像走远路,必从最先的第一步开始,认识自己的心,充分发挥心的作用是关键,又要时刻用好的修持方法来扶助自己的心。古有真人说:"心内观心觅本心,心心俱绝见真心。真心明彻通三界,外道天魔不敢侵。"

天下事物,都有自然之理。顺自然之理而行,则事不烦;若逆之,则生荆棘。身无为而身自安,心无物而心自闲,寂寞者静,旷然者虚。《参同契》说:"内以养己,安静虚无。"修太极内功之士,须优游自适,守我身而独养,其秘要只是内守虚无。仙家初步功夫，贵在返老还童。若身中精气亏损，肌髓不充，必渐渐用功修炼培补，使其固复原状。欲修长生之术，最宜戒慎房中之事。无奈何世人冒死而作，致令精枯气竭，神无所依。精气神乃是人身三宝物，彼此有连带的关系。试以灯油比喻，人身所藏之精，譬如盏中所贮之油，油量充足则火炎炽盛，火炎炽盛则光亮倍明；反之，则油干火息致光灭。火比如人的气，光比如人的神，精满则气旺，气旺则神全。今人因贪淫欲之故，使精枯竭，精枯则气散，气散则神亡，而祸不旋踵。但是人如能痛改前非断绝淫欲，假以时日修炼则事尚可。如人贪享房中之事，液漏气亡，其趋势如海决渎倾，其现象如树枯叶落，绝不是我们修炼人所宜行之事，必使专闭交接之路才可长享康宁之福。泥丸得养则脑髓盈，精气常凝则神魂定，所以修炼家最首要在于闭精勿泄，如是则生命可长存。永久闭精勿泄，虽然是修仙人第一要义，然而在已破体之人实行此事，则极端困难。如若听其欲不加遏止，所惜修仙之志愿付诸流水了。道书所谓：男子㞗中无聚精，妇人脐中不结婴。又说："男子修成不漏精，女子修成不漏经。"的确具此功效。

儒释道三教原是一理所生，虽分门别户，言论各有不同，然而究其宗旨，概属一理。因为三教都是因时而设，应运而兴，无非代天宣化，挽救人心化恶为善，化莠为良而已。道家以虚无为本，注重保养虚灵返回无极；释家以寂静为根，注重返观寂静消除杂欲；儒家之明明德，是注重私欲净尽天理纯全，天理就是至善，也可说是寂静，寂静便是无极，无极就是真理。三教宗派都由无极一理而生，佛讲万法归一，道讲抱元守一，儒讲执中贯一，虽然三教的传法不同，要旨皆以一为本原，以心性为入手，自是由一理而化为三教，唯独人的一身而分为精气神，今修心法，三教合一收圆，返本还原，都为不昧之灵性又合为一。

今人欲学真宗太极，必读千古名著《道德经》。《道德经》不仅是一部内涵东方文化大智慧的绝代奇书，也是养生内容极其丰富的经典著作，是中华民族之至宝。对于老子阐述养生的观点就是尊道贵德、虚静自然、少私寡欲、抱一守中、无为而治、道法自然等一系列理论思想，使人的生命活动符合自然规律和社会道德规范，从而达到增智开慧、益寿延年、返璞归真、天人合一的目的。

特别提示尚武者戒

"机巧生于内,名利扰于外,犬马声色之事乱其神,富贵荣辱之系其心,思想意念时起波澜,心无片刻宁静,神无片刻安定,行拳走架,好比行尸走肉",此必阳寿无增立减。

道真理真修真心,呼唤缘人悟自真;
迷途知返归大道,智者真诚养自心。

第三章 原始太极特色定律本质区别

1. 特色定律与本质根源上的区别

原始太极拳以独具特色的定律从本质上区别于社会上流传的一般太极拳，本文旨在阐明：原始太极拳练的是人身主宰精神，是人体的先天一炁。太极拳姿势动作源起于守精神、肌肉若一的养神功夫。精神达到真空纯至静的自然虚无境界，它与一般体育意义上的太极拳有着本质的区别。

为了把难以言表的太极内功心法根本内涵具体化，以便于比较、鉴别、认识，对习练者精神与身体动作的主要关系做如下八个方面特色定律分析表述。为了方便叙述，以"甲"表示原始太极拳，以"乙"表示社会上流传的一般太极拳。

从思维方法分析

甲：教者与练者思维方法均走"恢复本能"之路。把明理摆在首要位置，强调理正才能路直、好种苗、才能出好材、结好果。因此，不惜时间、精力，千方百计地从明白根本拳理、体验精神在太极拳运动中的主宰地位入手，遵循静极生动、无极生太极、太极生两仪、两仪生皇极之规律，体悟太极拳内感外应所产生的动与静的自然演化规律。整个习练过程都在明明白白的拳理指导下进行，从根本上下功夫。

乙：教者与学练者的思维方法均走"塑造形象、追求功能"之路，偏离、异化了太极内功修炼的灵魂和指导思想。从学固定动作、套路入手，经过一定的时间练习，只有部分人能进入表演的层次；悟性极好、慧根深厚的极少数人才能在漫长的探索中偶然有些气感。若不遇明师点拨，永远无法识别明白真假，整个习练过程都缺乏透彻明了的理论做指导，在形式上下功夫是徒劳的。

从心理状态分析

甲：习练者明理后，没有任何思想意识的束缚，实练中自觉、自主、自由、自然，便于领悟精神主宰和一切顺应自然的内涵，恢复天赋本能，收效快，有病去病，没病强身，易出高层次人才。

乙：习练者照葫芦画瓢，思想意识保守，不管身心具体状态如何都不敢越雷池半步，实练中不能自主、没有自由，更谈不上自觉、自然，身心被固定的套路模式所束缚，压制了习练者的天赋本能，容易把习练者培训成没有自主权的"机器人"。这是社会上一般太极拳极少能练出功夫的致命伤。

从动作来源分析

甲：张三丰在《以武事得道论》中说："盖未有天地先有理，理为气之阴阳主宰，主宰理以有天地，道在其中。"拳之所有动作均是自生的。由于拳理根达源头，练者以养自我精神筑基，身体动作产生于练者自身阴阳五行之气的自然运行，随觉而应，身体动、神气之变化，动作千姿百态，快慢刚柔，升降开合，都根植于清静无为的精神本体，与大自然浑然融合，形神合一。

乙：所有动作是学来的。拳理根本不达源头，练者的身体动、是比画，动作招式等是向外学来的或用意识导引出来的，不管男女老少、身体状况，千篇一律用同样的速度做同样的动作，不符合无极生太极、道法自然的原理，形神脱节，精神做了动作的奴隶。有为离体，此乃练太极拳之大忌。这就是当今练太极拳者多如牛毛，有内功者凤毛麟角的关键原因。

从练拳过程消耗精力分析

甲：整个实练过程是聚气养神的过程。精神处于自然自在的境界，意根归无，不执着于身体内外的任何部分和动作，愈炼愈觉轻松自如，精神饱满，内气充实，舒适得力。若条件允许，一次连续演练数个小时也不觉得体劳神疲。

乙：多数人练的太极拳仅是身体动作和意识，整个实练过程是散气耗神的过程，精神不自在，特别是那些处于表演与竞技比赛的人群更是如此。精神执着在动作或气感上，容易导致体累神劳，即使条件允许，一次演练连续不了几个小时。

从练拳的时间地点分析

甲：时时处处都可修炼，"行、站、坐、卧、练"不拘形式。

乙：需要有整段的时间和一定宽度的场地，习练受空间限制。

从健身效果分析

甲：一切顺其自我的自然，达到阴阳气平衡，心、肝、脾、肺、肾（金、木、水、火、土）内五气圆和贯通，利于恢复人体天赋本能，健身效果极佳，尤其对那些因生活习惯不良和性格、心理因素不顺应自然而造成的慢性疾病有神奇的疗效。

乙：因练功者走"塑造形体之路"，不合自然，所以虽有太极拳的形态，健身效果也确比一般的体育锻炼好，但不能与甲的作用相提并论。

从武术应用分析

甲：能练出没有时间差、全方位的神速反应功能，和神、意、体浑然合一的整体爆炸力，抗击打能力强大，用于武术有极强的威力。但是，原始太极拳修炼理念倡导太极拳的武术功能只能用于自卫和化恶息暴，坚决反对、扬弃刻意追求武术竞技功能及对抗比武。张三丰祖师说："予及此传于武事，然不可以末技视，依然体育之学，修身之道，性命之功，圣神之境也。"在我国古时，德艺双修，修身养性，健体防身的太极拳就已经盛行了。

乙：向外学来的姿势都用意识指挥动作，反应速度有时间差，只能有少数人练出身体的局部爆发力。但是，却有少数人好"比功夫"、"比武"，把"武斗"当作练太极拳主要或唯一目的，这是不明"理"的后患，是不合乎正宗传统修炼要求的。

从社会效果分析

甲：由于从精神这一主宰、本着精神文明的内涵着手，通过练功能自然而然地净化人心灵，化除不良习气和禀性，能与个人道德、家庭美德、职业道德、社会公德相结合，促进精神文明发展，利于人类的团结与和平。

乙：由于整个练功过程都是做有形有相的固定动作套路，未能触及精神文明内涵，所以虽然要求练功者讲"德"，但大多仅停留在拳术竞技、争斗对抗，与社会生活脱节，对社会精神文明建设贡献不大。

仅从上所述，足以看出原始太极拳理正法简，真修者必得正果，实是太极拳爱好者人人能修的真功正法。衷心希望广大同道和有志于发扬光大太极拳文化瑰宝的人们，对"原始太极拳"审问之、明辨之、慎思之、笃行之。

虽然隔行如隔山，但隔行不隔"理"。神州大地上契悟太极拳真宗者大有人在，衷心祈请隐士高贤都能现身说法，为中华民族优秀文化伟大复兴建功立业、为祖国兴盛人民幸福多做贡献。

中国太极功夫源远流长，历代传播不断。今逢盛世，国泰民安，追求身心健康的人越来越多，故习太极拳者日众，这是一件大好事。但是，由于太极功夫在长期的传播中"明师"少而学者多等诸原因，导致当今社会上绝大多数太极爱好者只求知太极拳动作外形，认假为真，而不知本质，舍本求末，这莫不是一大憾事。有感于此，余公开传拳理，意在揭开原始太极内功的神秘面纱，给有缘的初学太极者，以及虽习练多年诸家各式拳套路但仍拳理不清，在练拳的指导原则、训练方法等重要问题上乃处于迷茫中艰苦探索或在十字路口辨不出正路者，指明一条直截了当的方便之路，以有助于习练者走出迷区，进而正确地认识和体验修炼太极不仅可以强身健体，更重要的是能认识生命本质，达到延年益寿、返本还源、与自然合一的目的。

生命保健为研究人生真谛、解决人生的根本为题，求得安身立命之地，这是哲学及宗教所要解决的问题，也是宗教及哲学的主要任务。而现代的生活节奏已不适应用前人的隐秘潜修，所以，入世修炼是一个极好的方便法门。我们把社会和家庭当作练功场，把工作当作练功，在生活中悟道修行，堪称大道之捷径，亦是"生命保健"之真谛。

有人说释家是以养性为主，道家是以炼命（精气）为主，这种理论是不确切的。佛家所说的无我、无相（佛家修炼的高级境界），必须消除贪欲、不被外物所迷。道家所说的守母（炼命蒂成玄牝）主要就是依靠那不可名状的无极来实现，不知道什么是性，又怎能知道命呢，知道了"命"为何物，"性"就不言而明了。因此，说到性的时候不能落于空洞，应以命为基础，守母（炼命）回复到那原始的状态，要以性为主导。这就是所说的"修命"必须以"养性"为前提，这样就很巧妙地达到了形与神的完美统一，才能与道合为一体。

金丹谕本性长存，是名金刚不坏，即《悟真篇》金丹妙色之身，证真金慈相，昔龙女顿悟心珠，乃此法。学者罕明本性，向外驰求，说龙话虎，便为命学，无为之道，便为谈空。何见之偏？是未知尽性以至于命也。

性即命，命即性，空劫之先，性命混然，无名无字，才堕语言，便分为两。但静极不能不动，动则天命流行，动极复静，天命之性归根，依然空劫之体，无所亏欠。动静循环，曷有止息。是知出于命者谓之性，归于性者谓之命，性命同出而异名。安得性外求命，命外求性也？若不明动静之机，便指性命为二事，一言之，又是错认。紫阳张真人云：性命之道未备，则运心不普。紫清白真人云："若晓《金刚》《圆觉》二经，则金丹之义自明，何必分别老子释迦之异同也。"

有问：那么性表现在具体的人身上又是什么东西呢？可以看见它吗？

答说：性本来是看不见摸不着的，如果刻意追求它或想看个究竟，那它就会离我们更远。这是为什么呢？因为，性虽是一种具体存在的东西，但仅可在恍惚、混沌的虚静练功状态下感受它，而不可刻意、执着地去追求。老子曾经说过，太朴是无名无状的东西，黄帝就是在这混沌、恍惚的无名状态下获取金丹的。古代圣贤们的比喻确有深刻的道理。

那么人又是凭借什么产生的呢？

就是凭借那不可名状的无极之真性与二五之精的巧妙结合凝结而产生，

所谓真性（先天之性）就是指无极，所谓命就是指二五之精。两者巧妙结合，而人得以产生。人将产生之前是处于一种所谓的无极、混沌鸿蒙中，没有什么形象、名称、声音、香臭等，只是等到与二五之精巧妙结合，即所谓的"得其一"后才得以显现。以后的什么有为、无为、思虑等，就是指后天之性的本体。

人自出生有了情欲和辨别能力，先天之性就转化为后天之性了。张真人说：先有形体而后有后天的性（思虑、情欲之性）。如人能反其道而行之，后天之性就能转化为先天之性。所说的情欲、辨别能力就是指气质（后天）之性，所说的本体就是指天地（先天）之性。老子说：回复到那原始的状态，回复到那刚生下的婴儿状态，回复到那无可名状混沌的无极状态，就是指反其道而行之。因此，修养生之道，首先是炼性，性平和了，才不被世俗的私心杂念所动摇，才能显现出先天之性。吕洞宾在诗作《百字碑》中说：不被外物所迷，性才能平和。性平和了，元气才能归顺。元气归顺于丹田，在身体里面自然形成抽坎填离的周天运动。这是后天之性回复到先天之性在方法上的巧妙运用。这就是炼命（气、精）必须以养性为前提的道理。

进一步说，人的生命是什么？能明白原理及根源，修炼才可有的放矢。

丘处机在《大丹直指》书中指出："金丹之秘，在于一性一命而已，性者天也，常潜于顶，命者地也，常潜于脐，顶者性之根也，脐者命蒂也，一根一蒂，天地之元，祖也。"头顶即指脑"脑神经根字泥丸"，"脑为一身之灵，百神之命窟，津液之山源，魂精之玉宝"。脑藏神，宜清，何为清？在道家十三虚无养生要点中指出"抟精积神，不为物杂"谓之清，脑得清静，才能生智慧，"慧观，如天长照"，"慧照无边"。性根泛指人的精神、性格、思维，也是古人所说的"灵性"。

命蒂常潜于脐，脐为胎儿在母体摄取营养精华、成长发育的重要部位，出母体即停其作用，就由口鼻来代替了。肚脐眼在人体外表，在内实为命门，前人有"脐为命门"之说。《道枢·黄庭篇》云："夫命门者何也？生命之门，非独右肾而已也。"命门内藏肾精，是生命繁殖强盛的源头，如何能使命蒂坚固呢？古云："根深则蒂固。"北宗祖师王重阳说："性者神也，命者气也……性命是修行之根本。"

应该认清楚，"性"是指人的性格、精神、理智；修持在于提高思想认识，升华精神。"命"是指人身体的肺呼吸（或叫后天呼吸）和肌肉组织细胞的呼吸；

修持在于强化人体，使体内气质向高层次转化，反过来促进思想认识的提高。命（物质）是性（精神）存在的基础，同时命又依靠性认识事物，能动地改造客观世界和事物本身。这种"生命"最后能达到什么境界，完全取决于修持的方法是否正确。《道书十二种》云："修后天性命者顺其造化，修先天性命者逆其造化，大修行人借后天而返先天，修先天而化后天，先后天混而为一，性命凝结，是谓丹成。"

古圣先贤还提出了"动处炼性，静处炼命"的良法。按解释为："动"，并非动而不停，而是在生活实践中的意义，即于亲友往来应酬、待人接物有事之时，"视听言动必求中礼，喜怒哀乐必求中节"，不患得患失而顾虑计较，不脱离实际而空谈空想，这样便可心定，心定而性自定。"静处炼命"，"静"并不是不动，而指无事独处之时，无论行住坐卧，总不忘独立守神，使精气聚而不散，融汇一团。将修炼生命融贯于日常生活之中，就不愁事情繁多而无空闲时间来专门进行养生锻炼了。

每一个人都本自俱足产生太极的内因素，不必外求；习练者应在根本上下功夫，决不能本末倒置。对众多同道而言，只要能以实事求是的科学态度在"理"上寻根探源，悟懂参透，就一定会认同、接受《原始太极内功心法》的理论，通过亲身的体验必可印证，习练效果必然会产生飞跃性的提升。

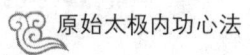

2. 初习者当知原始太极源起

　　自然育化天、地、人之后，天命伏羲立世，述自然至极真理，宣自然至上之德。伏羲第一位拿起笔来，绘制自然育化天地人万类万物的演化规律：一画开天显无极〇。无极是不生不灭，无形无相，无始无终，无大无小的大自然真空，是不易之气。〇化一气生太极。太极是无极真空纯至静化生先天混元一气，是分阴阳、判天地、一元周而复始的变易之气。太极一动分两仪，即混元一气静到极致清浊阴阳分，重浊者属阴，成尘凝聚为大地；轻清者属阳，成气上升为青天。阴阳分天地成，天地交泰育皇极。天之阴气下降，地之阳气上升，即是天地交泰，阴阳五行之气颠倒化人伦、生动物、育万物，它有形象、有质变，属交易之气。如日、月、星、火、水、风、山川海河、人类、动植物等统属暂存体、幻化身。

　　总之，大自然真空育化万物万类生生不息，周而复始：无极生太极，太极化两仪，两仪立三才，三才定四相，四相分五行，五行通六弥，六弥分七宿，七宿分八卦，八卦定九宫，九宫满十又归圆。一本散于万殊，万殊仍归于一本。色不异空，空不异色，色即是空，空即是色。

　　伏羲对大自然一元复始的演化规律了然贯通，著《易经》用高度概括的**符号和名称：**

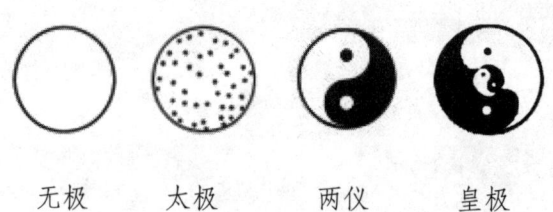

　　　无极　　　太极　　　两仪　　　皇极

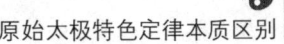

无极、太极、两仪、皇极来教化后人明白大自然的演化规律，遵从规律办事，奠定了中华民族五千年的文明根基。承伏羲之后，炎帝黄帝发明三分吃药、七分养神的养生之道，《黄帝内经》即是教导我们养天赋精神，通自然万化的法典。尧、舜、禹、汤、文、武、周公有道明君引导万民正心修身养神安天下。老子、孔子、释迦、三教圣人继往开来续心传。道感应，儒忠恕，佛慈悲，六字都不离心。道三清五行，儒三纲五常，佛三皈五戒，说法虽不同，归宗同是一个养神功，即是人人自身本有之三宝精、气、神、五官、五脏、五气都在心性中。"性"、"命"两字都依此三、五之理数定八笔。

老子说大道无形，育地生天；孔子说理天真空纯至静，真空非空生有形；释迦说天地日、月、河海湖沼、一草一木都在人人自我如来性海之中。这些与伏羲所说的无极生太极都是同一理。因为中华始祖、有道明君、三教圣人都同对大自然演化的规律通达明了，他们在不同时期针对人类不同的思想觉悟，用不同的语言共同述说这一真理。

无极无所不极，无所不用其极。无极是万圣真宗，万理真源，万象尽包罗。太极是先于天地的混元一气，简称一元化，一元复始。天地万物生生息息，永无了期，因而太极是天地万物万类之根，无极则是太极之源。太极是无极育化万类万象，即一本散于万殊的一个必经过程，也是万类万象复归无极真源的必由之路，正所谓一本散于万殊，万殊归于一本。这样理解就不会被名相和文字所困惑。

要使太极拳归于道，必先超脱凡心。人生在世，处杂纷扰，有几多喜乐，几许哀愁。一生之荣辱富贵，百岁之悲忧悦乐，备尝于一梦之间。其去而不还，激而不返。只要至道在心，心即是道，六根内外，一般风光。就会打开金锁玉关，举步自然无碍，见万里是无尘之境，作千年不朽之人。解脱尘俗之缚，跳出天地之外，方可名为得道之人，所练之拳才是真太极。

何为太极？太极为道之所生，阴阳之母。顺则换变阴阳天地，左右虚实，万千变化；逆则来自无极，混沌一气，根本在道，自然虚无。道者空虚杳冥，无大小上下，看不见摸不着，只能以心契之，是以知心即道。故曰："本来无一物，何处惹尘埃。"这就是道心。道视之寂寥而无所睹，听之杳冥而无所闻，唯以心视之则有象，以心听之则有声。"太极拳所练在神"。形以心为君，心者神之舍，以心行拳，便是太极。以为有形有为，而不能顿悟者，终难入太极拳之道。

　　无极真空生太极，自然一本散于万殊，万殊复源仍归一本。天地神圣仙佛人、万灵苍生俱是万殊之一，即是无极真空之灵气所化生。黄帝称真空灵气为精神、真气、真人；老子称之为道体、元神、玄中妙、紫气；孔子称之为天赋之明命、天良；释迦称之为无上正等正觉之心、觉性。此乃生命的真本质。

　　思想意识、呼吸调息之气，以及身躯都是此真本质所显化的作用和形象。换言之，人即是一个小自然。人的真本质——心灵真气与无极真空同体相通，是小无极。人的阴阳五行之气与太极同源，为小太极。人的身体与天地同质，为小天地。心灵与无极，呼吸调息与太极，人体与天地都息息相通，本为一体，因此人有通向自然之功能，故《黄帝内经》曰："有真人者，提挈天地，把握阴阳，呼吸精气，独立守神，肌肉若一，故能寿敝天地，无有终时，此其道生。""君子务本，本立而后道生。"此乃天人合一的至极真理，千佛万圣唯传此真宗。《金刚经》云："一切圣贤皆以无为法而有差别。"无为无所不为即是无极无所不极。《大学》曰："自天子以至于庶人，壹是皆以修身为本。"此实乃人类人人自我必修之课。执着物相，心外求法必然走向迷茫，此理古今皆然。所以，世界人类正在大力提倡精神文明建设，连广告词都说："沟通从心开始。"足以说明人类逐步走上追本溯源的觉悟之路是必然的。

　　真宗太极的理论必然以明白人的真生命，循小无极生小太极之理，依大自然生太极的规律为宗旨。否则即是舍本逐末，不配称太极拳。不明白自我小无极，不生真太极拳。不得真金矿，万炼不成金。

3. 原始太极以养神筑基为定律

　　以神为基，此是太极真理。真宗的太极功夫必以养神为根本。而养神必先明白何为之神？《孟子·尽心下》云："大而化之之谓圣，圣而不可知之之谓神。"伏羲、炎黄、尧舜禹汤文武周公、老子、孔子、释迦对大自然育化天地万物之理皆了然真知，是"大而化之"的圣人觉者。无极真空能化生一切，包括圣人觉者，其神妙莫测，故称之为"圣而不可知之"的神。无极真空即是神，人的心灵真气——小无极即是神。理致迷除，原来大自然真空即是神。明晓此理，迷信之事无半点，养神之路可登程，此即是树立起自我的小无极，平息骑牛寻牛的攀缘心。

　　黄帝内经告诉我们的养神之道是"恬淡虚无，真气从之。精神内守，病安从来"。"独立守神，肌肉若一"。精神、真气均是指人类天赋本具的小无极、元神。人的先天元神本与大自然真空无极母体感而遂通，无阻无隔。一本散于万殊，有了身躯以后，先天元神变化为后天思虑之神，先天元气变化为后天呼吸调息之气，先天元精变化为后天的交感之精。人们在欲望海、名利场中随波逐流，迷了归源证真的路途，精气神外耗，五气不和，阴阳失调，若不遇明师正法指点，则永在沉睡中不觉醒、迷途中不知返。黄帝所传恬淡虚无守神之道，即是指明返后天五气回混元一气，复归先天元神无极自然体系，也即是摄眼、耳、鼻、舌、身、意六根归元神调遣，念念不离神，不让神随意欲奔波而身心纷然。让"真气从之"、"肌肉若一"，自然能"提挈天地，把握阴阳，呼吸精气"。

　　三教圣真讲得更具体：

道保金、木、水、火、土五行之气；
儒守仁、义、礼、智、信五常之德；
释立杀、盗、淫、酒、妄五戒之律。

其目的是为了保气养神返无极。守仁戒杀保肝木气；守义戒盗保肺金气；守礼戒淫保心脏火气；守智戒酒保肾水气；守信戒妄保脾土气。五气圆和自朝元，元神元气元精三花必聚顶。

明白先圣三教真义理，家庭生活、单位工作、社会活动中心常平、气常和，应付万事、调和万物无执着，"应无所住而生其心"。仰不愧天，俯不愧地，中不愧人，无所恐惧，无所忿恨，无所忧患，无所好乐，无所挂碍，这就是孟子所讲的"善养吾浩然之气"，也即是黄帝所说的"恬淡虚无，真气从之"的体现，这是养神的真义。不要以为两眼一闭，盘腿一坐才算养神。

养神的过程也即是立德的过程，这也是古时武术明家所强调的武以德为本的原因。神养则小太极根基不求自筑，养神达到自然清静无为处，静极一动即是真太极，此即无极一动太极生。全身应一神，一神领全身。身神合一处，才是自主人。我神主我身，我身自有神。神机应万变，妙道化真身。

修行人要求对境无心，心如止水。所有后天识性，必须去掉。倘若扫意不净，功夫出现良景之时，念头即起，如云蔽月，其景自失，寻之难矣。故平时须当注意止念定心，磨炼性情，所谓："人心不死，道心不生。"人心退去，道心方见。佛家讲大彻大悟，见性成佛，是心性之功。道教讲长生久视，生道合一，是性命双修。

天机应于人机，人机合于天机，独有道者知之。道不远人，修至妙处，人身自合道机。此中玄妙，功到自知。修至妙处，道义自明。心地豁然开朗，疑迷一通俱通。山重水复之中，忽见柳暗花明。得其一而万事毕，明其一而万化安。倘若只求开悟，开悟之后，不再下功。功夫断绝，知行脱节，则入魔道无疑。只有内外合一，即内修与外行一致，才是大道境界，才能守道不失。道在自然，行功之时，不可用意念。当用微意，微意就在有意无意之间。意重则入后天，非道也。所谓："差之毫厘，失之千里。"微意之把握，全仗性功之澄澈。

养静之际，恍然无念，不由自主，入于虚无。此时万象皆泯，唯我一灵独存，所有人间事物，与我恍如隔世。迈入此境，乃可脱俗。修为不可过于执着，用意太过，反易出现障碍，欲速则不达。老子曰："大道甚夷。""夷"者平常之意也。当平平常常而为之，贵在坚持，功效自见。盖平常之中出非常，此至理也。老子曰："为道日损。""损"即减少之意，减少一切负担，逐渐放下，每天比每天减少，自然感觉轻松自如，心中安静舒适，而渐入于大道之门矣。老子又曰："吾言甚易知，甚易行，世人莫能知，莫能行。"若能"损"之，则是易知易行，否则就是莫知莫行。修道之"损"，就是减去心中的欲望，扫除后天识神之性，甚至包括后天的知识，都是修道的负担。多一层知识，就是在心上多一层障碍，犹如明镜上面蒙了一层灰尘。因为一切语言文字，都有一定的局限性，与宇宙和生命的真实都有一定距离，无法等同。所以后天知识，会使修道的智慧受到一定程度的蒙蔽。因此在修真之时，应当放下一切，不以后天知识作为障碍，才能培养出生命的智慧之果，获得无边道力。

功入妙境，神炁太和，生意盎然，身心甜蜜。反观周围物象，皆与我心心相通。烦恼自失，怨嗔顿消。心火自然下降，欲发躁火而不能。此乃命功与性功相辅相成，互相促进之效力。意净，至为重要，意净则道自归身，而入于先天妙地。倘若炼意不净，导致念起扰心，堕入后天，则必失道。道诀十二字："扫万象，求心安，合天地，得自然。"先须扫除万象，了却外缘；再求内心安定，淡泊宁静；于是可以放下一切，诸虑皆空，心如明镜，莹彻光华，空空洞洞，合于天地；再去应接万物，而与自然为一，则大道已归自身矣。

修真有进，忽觉心地大开，一切迷惘顿然消失，好像暗室之灯，照烛昏暗。此时不明白的事情忽然明白，不了解的物象忽然清晰，许许多多的道理，忽然开朗自明。这是一种开慧的境界，绝对不可因此变得张狂，否则易入魔。更有种种神通，偶现其间，尤其不宜惊世骇俗，道家之大忌也。道者机也，得其机则昌，失其机则亡。进道之人，最怕心火上升，难以自制，扰动真炁，伤身害命。其危过于常人，不可不慎，故而性功至要。

有时有心静坐，感觉平常，有时无心静坐，蓦然入静。总以自然为好，但无论结果如何，皆宜多坐，则效验易得。人能时刻保持不灭元神，退去识神，返归先天，则随时随地皆在道中。盖道无处不在，德无时不修。不修自修，方为妙境。心清炁自清，炁定心亦定。处于纷纷扰扰的尘世生活之中，欲求功夫之效验，归根结底决定于静定之力，以性功带动命功之进步，又以命功促进性功之拓展，性命一体，相得益彰。性功之修习，首先在于止妄去念。心中放下一切，然后才能不断超越。无事之时，应当舍去心念，摒弃万缘，心地虚空，方得自在，乃至无处不自在，道自归身。

应当时刻使心性得到滋养、增长和更新，在现实生活之中不断升华自己的心态，永远保持生生不息的精神源泉，这样随时都会有新的境界产生。如此则新"我"不断出现，而又不失我之本真。永远是我的新生，又永远是新生的自我。达到这一境界，则道心渐生而人心渐消，阳渐长而阴渐去，心无所住，自合于道。

道何在？人在道中而不知也。鱼在水中而不知水，人在道中而不知道。《太上老君说常清静经》曰："虽名得道，实无所得。"《庄子》曰："目击而道存矣，亦不可以容声矣。"悟得此中微奥，可入大道之门。

大道无为，妙在心悟。须知一切语言文字，乃为悟道方便而设，不可有执守或分别之心，则偏离大道远矣。如中、虚、一、炁、意、神、性、心、命、生、机、无、静、德、玄、真、常、清、先天、无为、无中生有、道法自然等义谛，均须贯通为一，而又得其意而忘其言，庶乎可明大道本体矣。修道就是真"我"的不断新生，道无止境，真"我"亦生生不已，长生久视矣。彻悟大道之人，内在与道为一。则处处皆道，处处为修，大道无在无不在，吾人无处不自在也。

体合大道，每时每刻都有新"我"之产生，旧"我"之消亡，亦即每时每刻都有"我"之生死。修道之人，明白乎此，守定真"我"，则一时一刻之间，足以了却生死大事矣。人之肉体存在新陈代谢，人之心性亦存在新陈代谢。唯须勿失其常，掌握得中，方合自然大道。人体之新陈代谢失去常道，则不健康；心性之新陈代谢失去中道，则不自在。中者，勿堕于太过不及两端。若人之心性系于旧境，是有不及之弊；若人之心性系于妄境，是有太过之患。皆不得中道，而为失道。非得合于中道，心境为一，则可随心所欲，真常应物。所谓想什么有什么，要什么来什么，非为无稽之谈，功到自然如此。悟得道妙，随时随地都能感觉到生命在流动、交融、欢畅，体会到生命的真实，获得真正的自我。

修真之人，理宜胸怀开阔，以无量之心，化尽浊恶之念。除去世间一切恩怨是非，归于和乐升平的道德境界。使天无氛秽，地无妖尘。所谓道在万里天，善在万人心，美在千江月。常人之身，非偏于阴即偏于阳。修真之妙，在于能够调节阴阳。首先收心入静，即养阴也。阴极而后生阳，即静默中出现炁之动机。采取之后，复归于静，阴极返阳。如此循环，动静往来，阴阳反复，直至达到阴阳平衡，归于中和。中和之体，乃脱胎换骨，由凡躯而入于仙体。此时跳出阴阳圈子，不受造化播弄。

直悟先天，乃由中道入手，舍弃阴阳动静之执着，顿悟直超。其法以"先天地生"为体，自然而然为用，存神养性，与道合真。心念澄清，炁机顺畅，自然胸怀开阔，恢宏坦荡矣。炁定心自静，心静意自闲，意闲体自安。炁发神至，神领炁机，神炁相合，乃真道机。此时炁为先天真一之炁，神为先天不神之神，方为人体之真气候，人身之大自然也。所谓修道，必须体合自然，顺应天地，会得太空中虚无之生炁，以立丹基，则功成而道备矣。

今人都是在后天之中摸索用功，而对天地自然大道茫然不悟，如盲见日月，致道日晦。丹经之中，或有歧义。盖做功景象，因人而异，悟道境界，各不相同。必须验之实修，方可明其真义。内动外静，是真内动。炁动意静，是真炁动。修真之磨性，就是磨去后天识神之性，使其化为先天元神之体，则元神为一身之主，方保丹功精进无差。感觉阳炁旺盛，即以微意收摄，免其散逸。神与炁合，炁即归身。养至虚极静笃，再看周围物象，恍如隔世一般，见如不见，此乃"视之不见"之真景象。功夫到处，自然可知。心合于道，无论入于何境，均可外却物象，体合虚无，无挂无碍，自在优游。须把日常生活中之一切烦恼，看作磨炼性情之良机，不为外物所动，方获超拔。

道祖老子观念，是以人与大自然的融合，求得身心的平衡圆满，以弥补人生之缺憾。因为大自然是最完美的存在，唯有回归自然，才有可能铸造完美的人生，大自然是人类真正的归宿。

修道者，先须淡泊外缘诸象。外面的世界淡化了，内在的心境才会光明。做功之时，先要达到外在的身体如如不动，形体大忘，则内部之炁机才会真正发动。

心火不起，下元无漏，真炁自然上行。功夫时刻在于循序渐进，推陈出新，随着时空发展不断变化，故曰"道无止境"。所谓命功，只不过是为了促进性功的证悟，保住自己的躯壳，而躯壳早晚是要坏掉的。若悟性极高者，即可顿悟直超，不愿长生，无须修术延命。

所谓苦与乐，颇可参悟，并非劳动强度大叫作吃苦，真正的苦是对内心深处的磨炼。修真之士，敢于去做本心不愿去做的事情，以磨炼自己的性子，符合修身立命的要求，这样才是最苦。比如刘长生真人为了除去欲心，不惜到烟花巷中，就在欲心与道心之间磨炼自性，可想而知这是很难的一件事情，这才是真正的吃苦。过去的修士外出化缘，也是为了磨炼自性。所谓："一瓢千家饭，孤身万里游，为了性命事，乞化度春秋。"化缘之时，有的人家可能热心对你，有的人家可能吝啬对你，有的人可能戏辱于你，有的人可能伤害于你，皆须低声下气，恭敬一切。这样磨炼，当然很苦，但却能够磨去心中的障碍，达到心性圆明的高尚境界，犹如中天宝月，光满太虚。当然在我们今天的社会环境之下，并不提倡一定按照过去祖师的办法行持，但是他们的吃苦精神，却能给我们以有益的启发。故言真金不怕火炼，经得起火炼的才是真金。正是这样，修真之人才能具备超过常人的能力，忍人之所不能忍，行人之所不能行，达到修炼的崇高境界。如此之苦，最后的结果是无极之乐。

今有人才闻修道，便欲入山，是不符合修炼的。因为自觉山林之中无牵无挂，能够了道成仙，是为自心仍受环境摆布。既然自心不能自主，如何能够修炼自身？想当然地认为一入山林，就可以万念俱消，一了百了，事实上这是不可能的。所以古来大修隐士，提倡："未炼还丹莫入山，山中内外尽非铅。"故言：大隐居尘。修真之初，先须和光同尘，磨炼自性，待到对境无心，功夫自然进步。具备一定基础，则居尘世可也，入山林亦可也。少年之时，无所谓认识红尘，因其对人世间阅历甚浅，难以得出正确结论。只有中年之后，对于人生有了充分体验，古云四十而不惑，五十而知天命，六十而耳顺，才有资格参透红尘。随着年龄的增长，愈加认清人生苦短，无常迅速，性命事大，从而趋向修真悟道，以求了结生死。亦有少年笃志修为者，则是前世根基所定。道教人士，立足现实人生，不讲看破红尘，要在红尘之中励志修真，故曰今生现得。道无时不行，德无处不修。以俗观道，道亦是俗；以道观俗，俗即是道。

日常悟道，先求内心世界的宁静、平和、踏实、坦然，于是可以摒却外缘，放下一切，做到一尘不染，获得内心世界的无比莹净明彻，如同净空澄月，明镜无尘，此谓真空。再去反照现实，观察万象，乃有可能得到开悟。好像现实生活中的一切，都不再迷惘，一切都是那样明确、安详、自然，而我与万物皆可沟通，此谓由真空进入妙有。有此体验，逐渐可以超脱于万事万物之上，乃近道矣。

天人合一见玄关，玄关显象造化生，造化生处识妙有，妙有万象余心同。

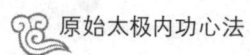

4. 原始太极以明理为定律

原始太极内功心法是以明理为基础，须自参自悟，彻悟宇宙人生。学者若能远取诸物，近取诸身，以有象穷无象，以有形辨无形，求理求真往深研究，志念不退，功力日久，必自有得。为使人人皆有悟，是余所深望！有问？没的求理？悟什么？那就请看下面，慢慢悟清楚吧！

所谓"悟"，一是心悟，一是体悟。心里要明白，还要在身体上实际修证，方为真悟。故曰知行合一，方为真知。

悟效天法地之理

人能度量宽宏，无物不容，恤老怜贫，扶危救困，施德不望报，有怨而不结，人我同观，彼此如一，即可与天为徒；人能柔弱自下，谦卑自处，燥气全无，火性尽扫，有毁谤而不嗔，有凌辱而不晓，艰难困苦随时，疾病灾害顺受，一切大险大危，不顺境遇，绝无烦恼怨尤之心，即可与地为配。崇效天，卑法地，即与天地合德而与天地并长久！

悟用明之理

人能用明于外，谨言慎行，非礼不履，非义不行，非道不处，不为酒色财气所迷，不为富贵功名所诱，不为尘缘世情所染，是能如日月之外明矣。人能用明于内，闲邪存诚，去妄归真，惩忿窒欲，烦恼不生，嗔恨不起，伐三毛，除六贼，扫七情，净八识，消灭人心，振发道心，戒慎恐惧，无丝毫之妄念，是能如日月之内明矣。内明外明，无一不明，与日月同光，养到极处，圆陀陀，光灼灼，万物难瞒，一灵妙有，法界圆通，即与日月同功运！

悟刚柔中和之理

凡人修道立德，应事接物，一味刚急好强，而过于躁，做事不久，其锐必挫；一味柔则逡畏不果，而失于懦，做事难成，其柔无用。若能刚以果决，柔以渐行，不急不缓，不躁不懦，刚柔相济，得其中和，则攸往攸利，以之学道，终必明道，以之修道，终必成道。故《圣经》云："中也者，天下之大本也。和也者，天下之达道也。"致中和，天地位焉，万物育焉。中和之道，岂小焉哉！

悟损益相因之理

夫损者损其刚燥之有余，益者益其柔弱之不足，刚不使太过，柔不使不及，刚以柔接，柔以刚用，刚柔相济，阴阳相当，可大可小，可高可低，可进可退，可顺可逆，方圆不拘，曲直并行，即与四时合其序，变通无碍。吾身自有一天地，吾心自有一造化，而不为天地造化所拘！

悟借阳化阴之理

人本一身纯阴无阳，须借他家之阳以为阳。所谓他家者，对我家皆是，天地也，日月也，万物也，万事也。所谓他家之阳者，先天虚无真一之气也，即不死之人也。有生以来，此气本具，交于后天，渐次散于天地日月万物万事之中，不为我有，属于他家矣。知的此气在于他家，随时盗来归于我家，无而复有，失而又得，亦如月借日光而生明。此乃窃夺造化、颠倒阴阳之天机。彼世之迷徒，误以女子为他家者，真地狱种子也。

悟以阳制阴之理

人心易动，出入无时，莫知其乡，见景生情，随风扬尘，如水银见火则

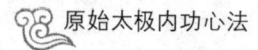

飞。若道心常存，防危虑险，随时觉察，则人心无隙而生，如水银见铅凝结。再加勤修增减之功，增其道心之阳气，减其人心之阴气，增之又增，减之又减，到得无所增减处，则人心死而道心固。真种到手，可以为圣，可以为贤，可以成仙，可以成佛，而性命之大本已立，于是做向上事业，未有不深造而自得者。

悟避祸致福之理

举世之人贪图无厌，谋利而得利，求名而得名，自谓足以养身荣身矣，殊不知日夜劳心，费精耗神，因假伤真，有时气血衰败，大限一到，有财买不得生死，有敌不得无常，唯有罪业相随，来生各受报应而去，与童子弄影、狂夫侮像何异？若是明哲上士，别有高见，以性命为重，以道德为贵，俯视一切，惜气养神，绝不以假伤真，虽阴阳造化且不能迁移，而况于他乎！

悟造作因果之理

人之一念为善，则所作所为亦善，必受其福；一念为恶，则所作所为亦恶，必招其祸。夫善念恶念者，事之因也，受福招祸者，事之果也。有因必有果，未有种善而果不善，未有种恶而果不恶，善恶之报，如影随形，一定不易，只在种善种恶之间分别好歹。故君子做事谋始，谨之于始，自能全之于终。

悟人老栽接之理

人之老也，皆由恣情纵欲，百忧感其心，万事劳其形，费精耗神，以假作真，以苦为乐，一点生机斫丧殆尽，性乱命摇，根本不固，由是壮而老，老而死，非可委之于天，实自取之耳。若人自知悔过，改头换面，斩断恩爱牵缠，离去酒色财气，视富贵如浮云，以势利为寇仇，万有皆空，千般不着，专气如婴儿，守约若处子，蓄精养神，去妄归真，时时在根本上培植，步步在正道上行持，增其正念，减其妄念，内外真诚，浑然天理，可以尽性，可以立命，可以返老，可以还童。是亦嫩枝接老树之法。古仙云："七十八十，一息若存，犹能还丹。"实不虚也！

悟固本凝命之理

人之阳气属火，阴气属水，阴阳和合，水火之气相济。其中有一点生机，由微而著，生生不息，衰者可以旺，弱者可以强，无命者可以凝命，无寿者可以延寿，此深根固蒂，长生久视之道。

悟延年益寿之理

人能自卑自下，柔弱朴诚，不耗气而常养气，则气足；人能无私无虑，寡欲少谋，不劳神而常存神，则神全。气足神全，根本坚固，基址稳妥，久而不衰，延年益寿，理有可决也。彼鹤龟者，一全其神，一全其气，尚能长生，而况神气兼全者，岂有不能长生的？

悟为圣为凡之理

人之初，性本善，原无圣凡之分；因积习之气，即有凡圣之别。习于善，不失天赋之性者，即为圣；习于不善，失其天赋之性者，即为凡。若不善者而知改过迁善，去邪归正，习之于善，复其天赋之性者，虽凡亦圣；若本善者不知戒谨恐惧，随风起尘，习于不善，迷其天赋之性者，即圣亦凡。善如水也，不善如冰也。圣可作凡，凡可作圣，亦如水能成冰，冰能化水。故《大学》之道，在明明德，在止于至善也。

悟护持根本之理

人身之元精、元气、元神，即性命之根源也。元精不亏则形全，元气不伤则命坚，元神不昧则性明。形全、命坚、性明，则万物不能移，造化不能拘，

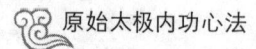

性命由我不由天，亦如木之根深叶茂，水之源远流长，本立道生，生机常存而不息矣。但人多不知在根源上护持，乃于枝梢处做作，妄想成道，如缘木求鱼，终必落空，岂不愚哉！

悟修持立命之理

人能无愧无怍，主敬存诚，大同无我，则心实。心实则富贵不能淫，贫贱不能移，威武不能屈，临事不惧，遇难不忧；吉凶福祸，境遇在彼，造命在我矣。人能持身制事，止于其所，立不易方，则节坚。节坚则非礼不履，非道不处，非义不行；可苦可甘，可上可下，可生可死；常应常静，不为物移。心实节坚，可以处平易，可以处危险；可动，可以静；可以变通无碍，方圆不拘；纵横逆顺，莫遮拦矣。

悟修真锻炼之理

人之不能成道，以其未在大造炉中锻炼也；若在大造炉中，步步脚踏实地，事事经历闯过，在生死关口，不动不摇，如真金愈炼愈明，似宝镜愈磨愈亮，炼磨到圆陀陀、光灼灼、净倮倮、赤洒洒之处，有无俱不立，物我悉归空，形神俱妙，与道合真，亦如木炭坏（坯）砖，经火煅成，永久不能伤损。

悟脱离大患之理

人身上下内外，无一物非邪崇鬼魅也。外而眼、鼻、口、舌、身，朋党以招客邪；内而心、肝、脾、肺、肾，牵连以起妄念，内外交攻，斫丧天真，不至于倾丧性命而不止，其伤人迷人，尚可言哉？先祖云："吾之所以有大患者，为吾有身；吾若无身，患从何来？"可知此身为吾大患，若能脱去此患，自有无患者存。无患者，方是真我。去患之道，先要认得真我。认得真我，方知此身是他，他与我两不相关，以我而去他，易如反掌，绝不费力。奈何修道者，多以他为我，以患为真，爱之恋之，与鬼为邻，而不肯舍去。

更有一等愚人，在大患之物上，搬东弄西，采下补上，推前运后，妄想成道。此等之辈，皆是以奴作主，认贼为子，不但不能去患，而且更增其患，无怪乎一生忙迫，终落空亡矣。

悟阴阳生机之理

阴阳相合方有仁，有仁即含天地之心；阴阳不合即无仁，无仁即无天地之心。天地之心，为生生之本；得此心者，为圣为贤，作佛作仙；失此心者，为人为兽，为鬼为魔。有此心无此心，总在阴阳离合之间耳。学者若能调和阴阳，不偏不倚，归于中正，则天地之心复见；随手拈来，头头是道，信步走去，步步皆真，而造化枢纽，皆在掌握之中。

悟明心见性之理

人之心不清、性不定者，贪嗔痴爱，般般皆有，喜怒哀乐，件件皆全；加之历劫根尘，积习客气，蛊惑心君，茅塞灵窍，如水之混，如镜之垢；本来真心真性，全然迷却，一任三尸搬弄，六贼猖狂，无尘不染，无物不纳，其胸中秽污，不堪言矣。若能顿悟回头，涤尘洗垢，把有生以来诸等偏病客气，样样妄念邪行，渐次而炼磨，愈久愈力，炼磨到无可炼磨处，矿尽金纯。本心本性，自然全现，慧光顿生，即照见三千世界，如在掌上，绝无遮碍；亦犹混水澄之仍清，垢镜磨之复明，而本性依然无亏也。

悟深造自得之理

性命之事，为天下第一大事；保全性命，为天下第一难事；非可容易而成，非可躐等而求；必须脚踏实地，一步步走去，一事事阅历；自卑登高，由浅入深；渐次用功，不计年月；不堕志气，终必到得意之处；万不可因循过日，半功而止，自贻伊戚。特以经久不易之事，必须经久不已之功而方成。倘始勤终怠，或悬空妄想，而欲保全性命，以成天下稀有之事，万无是理。故圣人云：

人而无恒，不可以作巫医。而况性命大事？！

悟损益虚实之理

人之自高自大者，恃才恃能，予圣自雄，人多厌恶，每每因满招愆，终必落于人下而不高，亦如地突日久，践踏而自消。人之自卑自小者，黜聪毁智，低心下气，人多敬爱，每每虚心受益，终进于人上而不低，亦如洼低日久，上积而自实。故君子道愈高而心愈低，德日大而心日小，傲气全无，躁性尽化。

悟神通变化之理

彼鱼狐者，得天地之偏气，不过所恃赖者，含灵之些子。唯人亦为万物之灵，得天地之正气，五行皆全，五德俱备，居三才之中，有天地之全能；若能养天地之正气，保五行之和气，不偏不倚，浑然一气之流行，即有天地之造化。可以变而为圣，化而为仙，形神俱妙，与道合真，方且千变万化，化化无穷，岂仅化形而已！

悟神化不测之理

人之所以得为人者，神也。神存则生，神去则死。神之为物，通天彻底，达古知今；无微不入，无处不在；入水不溺，入火不焚，入金石不碍；大则量充宇宙，小则细入毫端；视之不见，听之不闻，抟之不得；不可以言传，不可以笔肖；善于用之，变化随时，可以与天地合德，与日月合明，与四时合序，与鬼神会吉凶；先天而天弗违，后天而奉天时；亦如神龙变化，不可以形迹窥。

悟变化气质之理

人秉气质之性，为害最大，稍有触犯，暴躁无忌，伤天害理，蹈水火而不知，入窟井而不晓，性命不顾，生死不管，其为祸不一而足。若能克己复礼，反刚就柔；扫去万般慎恨烦恼，除去一切好胜心肠；变化血气暴躁之性，归于温和平静之性；专气致柔，虚心养神；无我无人，无彼无此；远观其物，物无其物，近观其身，身无其身；内观其心，心无其心，无识无知，空空洞洞；亦如枯木焚之无焰，寒灰拨之不热；可以在造化之中，而不为造化所移；处阴阳之内，而不为阴阳所拘。

悟善恶习染之理

人与善人居，则常闻者善言，常见者善行。善言善行，闻见于耳目，日久种之于心地，不期善而自习于善。人与恶人居，则常闻者恶言，常见者恶行。恶言恶行，闻见于耳目，日久种之于心地，不期恶而自习于恶。善恶之人，虽曰秉性则然，大半由习而成，故君子居必择邻，交必择友。

悟返老还童之理

人能猛醒回头，脱离万有；居于无事之境，处于无色之界；拔去历劫根尘，扫尽现世习气；头头放下，空空洞洞，清清净净；形虽老而性复初，外虽弱而内实壮，即是返老还童，即是婴儿本面。否则天真已丧，形强体胖，如豕如牛，有何益哉！

悟修真体用之理

人能中虚以为体，心直以为用；无私无欲，天理流行，则刚柔相当，动静合宜，曲直得中，潜现随时；可以与虚空同气机，与天地同造化；亦如橐籥中空干直，一来一往，呼吸自然，气机不息，焉有不能长生者！

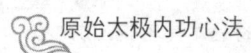

悟扭转气机之理

人之刚气,如天上之罡星,刚气运外,则外吉而内凶;刚气运内,则内吉而外凶;如罡星所指处吉,而所坐处凶。有生以来,交于后天,刚气尽用于外,争胜好强,认假弃真,内而三宝受咎,是吉气散外,凶气聚内,年远日久,阳尽阴纯,不死岂能之乎!故至人者,扭回斗柄,运转魁罡;刚气用内,斩三尸,除六贼,绝万缘,扫诸尘;不以假伤真,不以外动内,吉气日生,凶气日消;生而又生,消而又消;吉气纯而凶气化,未有不能长生者。

悟养生全形之理

人之所赖以生者,精、气、神三宝。三宝聚则生,三宝散则死。欲聚三宝先要无我;无我则心虚;心虚则三宝无渗无漏,无消无耗,只有增而不能减;有增无减,增而又增,则内实;内实则生机不息而长生。彼癫汉醉人,仅一忘形,尚能不死,而况神全气足精固,未有不能保生者。

悟修真根本之理

人心为一身之主。乃成圣成贤、作佛作仙之根本;心静则万缘俱寂,心动则杂念乱生。若能心无一物,空空洞洞;内念不出,外物不纳;常应常静,常静常应。虽日在纷华闹热之场,如镜之明,如水之止;无尘无波,自不为境遇所迁,亦如整网提纲,叠衣提领,左之右之,无不宜之。

悟虚实两用之理

人能虚心而下于人,则必受益,中实而上于人;愈虚愈下,愈实愈上。虚之不已,实之不已,下之不已,上之不已;虚而实,实而虚,下而上,上而下;上下相通,虚实相应,道德充裕,未有不登于高明之境者。《易》曰:

"巽在床下，用史巫纷，若吉。"盖言道愈高而心愈低。

悟与时偕行之理

人生之所依赖者，神气也。事来不得不应，物来不得不接；因事制事，随物付物；未来不迎，已过不留。神不伤而气不耗，如草木随时花实，此致生之道。如贪财好色，图功争名，日谋夜算，事未来而预谋，事已过而不舍，神气消耗，如草木非时花实，此取死之道。故君子惜精神如惜宝，用之则光而不耀，藏之则寂而不动；可行则行，可止则止，行止而不失其所，绝不以假而伤真。

悟起死回生之理

举世之人，以假为真，以苦为乐；日游于尘缘之中，夜入于梦幻之乡；日用夜作，尽是死路，并无生活；身虽动而心已死，形虽存而神早丧；日复一日，年复一年；阳气化尽，唯有阴气，不死岂能之乎？若知世事尽假，猛醒回头；诚一不二，无思无虑；只在性命上打点，戒慎恐惧，防微杜渐；日久功深，心自明，神自灵，内念不起，外物不入；有真无假，即可动天地，服鬼神，夺造化，胜万物；平地狱，上天堂；开生门，闭死户；延年益寿，理有可决。

悟用明是非之理

人之聪明智慧，如灯烛之光。其光误用于外，争胜好强，图名求利，日谋夜算，千思万想，遂于假境，迷失本宗，明于外而暗于内，不至伤身丧命而不止。若有丈夫弃假归真，黜聪毁智，以性命为一大事，回光返照，炼己持心，俯视一切，万有皆空，不为外物所移，不为诸尘所染，明于内而暗于外，可以希贤希圣，作佛作仙，不明之明，进于高明矣。故古云：大智若愚，大巧若拙。

悟性命同类相依之理

性者天性，非气质之性，乃气质俱化之性；命者天命，非夭寿之命，乃夭寿不二之命。修真者欲修性命，须寻性命之种，得其种而修之，性命可了；非其种而修之，性命反伤。此种，外而非一切金石、草木、滓质之物，内而非一切血脉、精气、津液之物；特以有形有象等之物，与我性命非是一类，如何了得性命？要知此性命之真种非是别物，乃本来所秉先天真一之气。此气视之不见，听之不闻，抟之不得；非可于一身求，非可于身外寻；不离乎此身，亦不着于此身；在恍惚杳冥之间，藏虚无寂寥之境；含之则为真空，发之则为妙有；不可以言传，不可以笔肖，强而图之，这个〇而已；强而名之，儒曰"太极"，释曰"圆觉"，道曰"金丹"。太极、圆觉、金丹，其名虽三，其物则一，这个物方是性命之真种子。所谓穷理者，即穷此真种；所谓尽性者，即尽此真种；所谓致命者，即致此真种。知此真种，逆而修之，以之修性而性可明，以此修命而命可立。故《参同契》云："同类易施功兮，非种难为巧。"亦如作酒必用曲，煮粥必用米。

悟真空妙有之理

真空者，如钟鼓之中空也；妙有者，如钟鼓击之而有声也。人若守此真空以为体，运此妙有以为用；常静常应，常应常静；寂然不动，感而遂通；感而遂通，寂而不动；空而不空，不空而空；灵灵通通，活活泼泼；在大造炉中，一一炼度过去；垢去镜明，云散月现；露出金刚不坏法身，超出乎阴阳造化之外，与太虚并长久矣。

悟人身动静神运之理

人身如傀儡风筝死物，神如人，气如线索。神运气而一身活泼，能动能静，如人用线索提牵傀儡风筝。神运气，气运身，所以能行能止，能言能离。

修真者若知的以神御气，以气养神，神气混合，恍惚杳冥之中，有物有精，其精甚真，采而复之，变化无穷，方且提牵天地，岂第提牵幻身而已！

悟求师访友之理

鹦鹉、石猴二物，皆禽兽。禽兽得人引导，且能言人之言，舞人之舞，何况人为万物之灵？若得明师指点，良友资益，未有不能进于高明之境者。果知拜明师，交良友，诚心辨明其义理，借彼之有知，以破我之无知；借彼之高见，以开我之愚见；则虽愚必明，虽柔必强，何不能仙？何不能佛？世间一切无知学人，师心自用，妄猜私议，自作聪明，不肯低心下气者，适以自误前程；虽曰欺人，实乃自欺，是视性命大事为儿戏，无怪乎碌碌一生，到老无成，可不悲哉！

悟去假修真之理

人之私欲习气皆假，假犹草；本性天良即真，真犹树。去假必须将一切私欲习气连根挖尽，方不复生，若稍有丝毫滓质存留，久而潜生，由少而多，为害最大。修真必须将固有天真原本时时照应，刻刻培植，神水浇灌，真火温养，不教动，不教摇，百般护持，万样顾救，培植到根本坚固、气足神全处，方能不为万物所移、万事所累，后患皆无。故去假必至于无一毫之假，如斩草必挖根尽绝；修真必至于无一毫不真，如栽树必固本深厚。古经云："一毫阴气不尽，不仙；一毫阳气不尽，不死。"实是真实不虚。

悟反朴归醇之理

人生本质，原有纯白无玷；交于后天，根尘俱发，知识大开；加之积习染著，好酒者迷于酒，好色者迷于色，好财者迷于财，好气者迷于气，好富贵者迷于富贵，好游戏者迷于游戏；千谋百智，以遂其心，明欺暗昧，以顺其欲；所作所为，尽逐于假，以苦为乐，以砒为药；原来本质，全然埋没，甚至丧身隳命而不顾，招灾惹祸而不知。故古圣教人明善复初，返朴归醇，以还本来面目耳。还其本来面目，净倮倮，赤洒洒，丝毫无染，尘缘脱尽，便是圣贤胚胎，仙佛种子，所谓真人者是也。

悟虚中养神之理

人能虚中，即谷也；虚中即有一点灵气，暗藏于内，即神也。是谷也，寂然不动，感而遂通，唯谷能神，无谷不神，神之为妙在于谷。

现世之人，私欲堆积，茅塞灵窍，秽污百端，焉得有谷？既无其谷，迷闷到底，如醉如梦，灵气全消，焉得有神？既丧其神，虽生如死。果能扫尽万缘，泻去积滞，净倮倮，赤洒洒的一无所有，自然空谷之中，恍兮惚兮，有物有精，不神而神，声叫声应，至灵至圣，放之则弥六合，卷之则退藏于密，可以上下与天地同流。

悟以术延命之理

术者，法也，修真作用之法也。人自阳极生阴，日凿一窍，六贼作乱，五行相戕；三尸搬弄于内，七情猖狂于外，将先天灵根，日斫日消，几于丧尽；不有降龙伏虎之大法，扭转斗柄之匠手，邪气如何消灭，正气如何复全？此法之所以必用。

夫大道自然无为，何待用法强作？其所以必用其法，盖除其弊。果而诸弊除去，则法无用，亦如渡河须用筏，河过则筏可弃；捕鱼须用筌，鱼得则筌宜收；此用法不用法之义也。亦即以术延命，命延则术不用。但未延命之先，必须用术夺造化，逆气机，换星移斗，方能性命由我不由天，超出乎三界五行之外。

悟修真功力深浅之理

有生以来，酒、色、财、气迷其心，思、爱、情、欲昧其性，内外尽假，全丧其真；修道者若有丝毫滓质未能化去，纵大道在望，未许完成，特以祸根犹未挖尽。何以验之？验之于梦。若入梦境，酒、色、财、气不能染，恩、爱、情、欲不能著，不动不摇，清清白白，明明朗朗，不为假惑，方是见真；若再功深，全无梦到，方是祸根挖尽；倘有些梦境，犹有些根尘未尽。故曰至人无梦。盖无梦者，功力至极；有梦者，功力未到。有梦而在梦中知是梦者，功力已进；有梦而在梦中不知是梦者，功力全无。果到功力已极，绝无一梦处，则造化在手，虽睡如醒，虽死亦生。特以所死者色身，所生者法身，所睡者眼目，所醒者元神。

悟正心诚意之理

人之顽心，出入无时，莫知其乡，如猿之癫狂，无有一刻宁静；人之妄意，起灭无常，忽此忽彼，如马之顽劣，无有须臾休歇。顽心妄意，两者朋党，滋其人欲，昧其天真，性命由是而渐伤，为祸最烈，为害最大。修行者第一着功夫，先要正心诚意。心正则万有皆空，意诚则诸念不起。万有皆空，诸念不起，以之修性而性可明，以之修命而命可立。然正心诚意之学，非容易而能，必须下一番实落功夫，方能济事。实落功夫，在于慎独。慎独者，戒慎乎其所不睹，恐惧乎其所不闻，时时觉照，刻刻省察，不使顽心妄意稍有动于宥密之中，亦如系锁癫猿，勤兜劣马，不使放纵其性。

古来仙真，皆以心譬猿、意譬马，实见的心意颠劣，其妨大道，而不容时刻放松。学者果能制顽心而归于正，化妄意而复于诚，性命之道，可了大半。

悟大机大用之理

世之修道者，入于旁门曲径，或闭目观空，或孤寂守静，或打坐思神，自负有道。殊不知道者，天地阴阳造之化道。是道散之于六合而不为多，聚之于一气而不为少；凡宇内有情无情，万有不齐之物，无不借之而生成；物物皆有，人人具足，特人在道中而不知道，如鱼在水中而不知水。欲修此道，需要在天地阴阳造化中做作，于万物万事上证验，于千人万人前行持，乃活活泼泼、脱脱洒洒、光明正大之事业，岂闭户静坐、寂灭顽空者所能成！欲以闭户静坐，寂灭顽空而成道，亦如闭门阖窗，内外不通，黑洞洞不见天日，成何道？如云成道，其必成黑洞洞之道！《悟真篇》云："修行混俗且和光，圆即圆兮方即方；显晦逆从人莫测，教人争得见行藏。"又云，"须知大隐居朝市，何为深山守静孤？"混俗和光，居朝居市，方是奋大用、发大机，修持大道之真作用也。

悟穷理辨真之理

性命之学，至幽至深，至精至细，倘知之不真，则行之不当，不但无益，而且有损。故必先穷理，穷得一分理，行得一分事，穷得十分理，行得十分事；尽性至命，全在穷理上定高低。穷理之法，由浅及深，自粗及细，拨去一层入一层，拨之又拨，入之又入，直到拨无可拨、入无可入处，见其根底，认得本原，方为极功；亦如食物尝出滋味，而后咽之。然虽自有会悟，若似是而非，未免误事，必须再证高明，扩充我之识见，是者就之，非者弃之，方能济事。《易》曰："穷理尽性，以至于命。"穷理即穷此尽性至命之理。倘不知性是何物，命是何事，而欲了性了命，了个什么？道中愚人，误认性在心，命在肾；或谓性在天谷，命在丹田；或守肾以修命，或定心以修性；或执顽空以修性，或行采取以接命；或神仵囟门以养性，或服食丹药以延命；是皆望梅止渴，捏目生花，终落空亡。如此等类，性命且不知，妄想了性命，岂不愚哉！

悟身体力行之理

夫真师难遇，大道难知，幸而遇之知之，务必真履实践，成就大道，以报师恩，而不容稍有懈怠者。

盖性命之学，为天下第一件大事，又为天下第一件难事，必须坚心固志，立不易方，朝乾夕惕，愈久愈力，而后有济；不得因些小魔障而改志，不得见些小效验而歇功，不得因衣食艰难而分心，不得因力量不及而退念，也不妄想成就大道，亦不惧怕路途遥远，死心塌地，念兹在兹，一直前去，自然有出头之日。亦如上山步步出力，终到山顶；渡河步步小心，终到彼岸。否则，逡畏不前，或始勤终怠，纵大道在望，未许我成；试思有生以来，一身内外，尽是阴气盘绕，虽有一些阳气，隐而不见，苟非立至死不变之念头，用金刚铁汉之大力，何能化阴返阳，上万丈高山，出无边苦海。

悟趋吉避凶之理

世人顺其可欲，争名夺利，贪酒好色，以假为真，以苦为乐，日夜操劳，朝夕忧虑，费精耗神，不到三寸气断之时，不肯歇心，犹如灯蛾扑灯烧身，蚯蚓图热丧命，是谓阎王不叫，自送其死。若有自知惜命者，处处屈己尊人，事事藏头退步；如鱼游于渊，龟入于泥，毁誉不到，祸福不侵；不求生而自生，不致死而无死；此趋吉避凶之善法。奈何愚人以外物为重，以性命为轻，自促其死。

悟利害倚伏之理

人皆怕死也，怕死即有求生之心。既有求生之心，则必为衣为食，日在羊肠路上劳心苦力，积蓄钱谷，以厚其生；在常人自以为能养其生，殊不知实不足以养生，乃促其死。何以知其然？凡人养生之心重，则必保身之心轻。保身之心轻，昼夜劳苦，精神暗伤，气血衰败，已入死路。更有一等不知死活之辈，百病临身，朝不保夕，舍不得吃，舍不得穿，愈老愈贪，至死不悟，迷闷到底，与蚕吐丝、蜂酿蜜，自致其死何异！若是大智慧人，别有个保生之法，不在衣食上留心，不于货利上着意；弃世财而积法财，轻色身而养真身；万物难移，何利何害。

悟接命养生之理

天地有好生之德，但愿人人长生，不愿人人促死，特人自至于死，而委之于命，岂不愚？试观万物春而生，夏而长，秋而实，冬而藏；至春又生，至夏又长，长生不死，顺其四时自然之序，而无分外做作，故能长生。唯人秉阴阳五行之正气，而不能顺其自然，分外习染，以苦为乐，以毒为药，贪欢顺欲，斫丧根本，久而精神耗尽，真灵消灭，亦如油涸灯灭，炭化火熄。至于殒而已。果是出世丈夫，以性命为重，保精神如保金玉，惜真灵如惜珍宝；不在大火坑中下脚，不在是非场中出头。时时在根本上留心，道义中着念；慎于内而谨于外，蛰其神而藏其气；所谓君子务本，本立而道生；亦如旋添油而灯不灭，续添炭而火长燃，无命者而可有命，不生者即可长生。生之死之，岂可独委于天？

悟修内御外之理

造化能以拘我，万物能以移我，灾祸能以伤我者，非造化果能拘，万物果能移，灾祸果能伤，皆由我之见景生情，遇物生心，随风起浪，知前而不知后，知强而不知弱，自拘自移，自伤之。果能万缘不起，一念不生，常清常静，外物不能入，客气不能杂；亦如出水之莲，而尘垢不染；果能收敛才智，大巧若拙，大智若愚，藏行晦迹，柔弱为先，祸福不能及，毁誉不能加，亦如三秋之菊，而经霜耐寒。修道，可不以清静柔弱为本？

悟无心妙用之理

夫人之不能成道，皆由于有心；有心即有我，有我即有人；稍有人我之见即图利己，不顾损人，机谋百出，神头鬼面，私欲纷纷，天良俱昧，德且不能积，何敢妄想道？果是真正慕道之士，急把人我山放倒，速将羊肠路离开；持身应世，彼此同观，高低一等；因物付物，随事制事，应而不纳，过而不留，万般境遇，皆以无心处之。无心则无私，无私则内净，内净则纯白无玷，浑然天理，是谓元德。元德无形无迹，不睹不闻，方且与天地合德，与日月合明，与四时合序，与鬼神合吉凶，造化不能拘，万物不能伤。

彼婴儿者，无识无知，一无心而虎鹰且不能伤，何况有体有用，道德两全之无心，一切外患，焉能侵之？

悟修真悟本之理

修真莫先于炼已持心。炼己则私欲去,持心则志念坚。私欲去,志念坚,则根本稳妥不动不摇,于是和合四象,攒簇五行;窃阴阳,夺造化;修性修命,一直前行,深造自得,攸往攸利;亦如基地筑得坚固,而木石砖瓦之重,无不负载也。若根本不固,志念不专,忽此忽彼,始勤终怠,旋作而旋失,欲向其前,反落于后,枉劳功力,亦如基地将就,虽房屋起立,而日久歪斜。

悟借假修真之理

人之色身,如丹房;身中之五脏,如器皿。色身中藏有真身,五脏中藏有五行。修真,非修色身五脏,乃修真身;炼五行,不过借此色身五脏之假,锻炼真身五行之真。

何为真?五行者,金、木、水、火、土。心同火,其德为礼;肾属水,其德为智;肺属金,其德为义;肝属木,其德为仁;脾属土,其德为信。木金火水土,五行之性;仁义礼智信,五行之德;此先天所具之真。至于心藏神,发而为乐;肾藏精,发而为哀;肺藏魄,发而为怒;肝藏魂,发而为喜;脾藏意,发而为欲;此后天所具之假。

有生以来,先天混于后天之中,后天混于先天之内,驳杂不纯,若非炼去后天之假,则先天不复。借后天炼先天,以先天化后天;后天化尽,先天纯全,脱出一粒光明宝珠,通天彻地,纵横逆顺,头头是道;功完行满,打破虚空,白日飞升,血肉皮囊无用,委而弃之;亦如烧炼家药成,而丹房器皿无用。愚人不知道中寓言,在丹房器皿有形有象之物上冒猜乱作,所谓"鼎里若无真种子,犹将水火煮空铛"。古仙云:"莫执此身云是道,须知身外有真身。"彼世间在肉皮囊上用功夫,与夫在炉灶金石上费心思者,岂不愚哉!

悟圣胎脱化之理

修真，攒簇五行，混合百神，浑然太极，一气凝结，混混沌沌，不识不知；圣胎有象，如毛蛆之结茧，蝌蚪之结胞；蛰神藏气，恍恍惚惚，杳杳冥冥，一些灵根由微而著，由嫩而坚；大功到日，忽地打破虚空，露出清静法身，跳出三界之外；亦如毛蛆之化蛾，破茧飞升；蝌蚪之成蛙，脱壳跳跃；身外有身，别一世界。故道成之后，或谓之羽化飞升，或谓之脱壳成真，盖言其肉身之中，又生出一真身。这个真身，人人俱有，个个皆见，但人为尘缘所迷，幻想所惑，当面不识；若有识得，勤而修之，无质生质，无形生形，脱化成仙，为金刚不坏之躯。

悟功力迟速之理

凡人性有利钝，力有大小。性纯者，而欲效性利之人；力小者，而欲效力大之人；是以鸦鹊而欲步大鹏，不但不能追随，而且伤其羽翅，呜呼能哉！故至圣曰："生而知之者，上也。学而知之者，次也；困而学之，又其次也；及其知之一也。或安而行之；或利而行之；或勉强而行之；及其成功一也。"此三等人，虽有难易迟速之分，皆能知道成道，特患人无志气。无志气不但不能行，而并不能知。若有志气，博学之，审问之，慎思之，明辨之，笃行之，人一能之己百之，人十能之己千之。果能此道，虽愚必明，虽柔必强，未有不到深造自得之地。奈何天下道人，多不能真心实意以性命为大事，口道德而心盗跖；又要想道，又要贪图；磕着撞着，即便动火；一言一语，皆不能受；聪明者自恃其能，心记几宗公案，耳听几句话头，自负有道，目中无人，不肯去求明师、访良友，自误前程。性钝者，不知穷理，不辨邪正，学些旁门功夫，曲径搬弄，亦谓有道；再不就证高明，终身守持，牢不可破。似此等辈，却不思性命之事为天下第一件大事，修持性命为天下第一件难事，岂是轻易而知，容易而成？所以学道者如牛毛，成道者如麟角。果是丈夫铁汉，万有皆空，俯视一切，举步直入，金刚百炼，一意不回，访拜明师，精研实理，不论性利性钝，终久有个出头之日，决不枉度岁月。

悟道德相需之理

　　道者，成己之事；德者，利物之事。修道者，内之功；修德者，外之行。自古抱道之士，未有不修德者。道如花，德如叶；花以叶扶持，道以德成全；花叶不离，道德相需。古之圣人，必先修道，而后修德；古之贤人，必先修德，而后修道。圣人者，上智；贤人者，中人。圣人者，一了百当，直趋道岸，修道易，故先修道而后修德，以德全道；贤人者，必须有为，修道难，故先修德，而后修道，以德扶道。

　　学道者，上智之人，万中一二；中下之人，不可枚数。因中下之人，根基浅，见识小，孽苦大，根尘深，必先积德；德重能服鬼神，能动天地，能感人物；以之学道，则道易学；以之行道，则道易成。盖道者，德之体；德者，道之用。德之极处，是谓元德，元德深远而不可测，即几于道矣，故学道行道易。今之学者，不积一德，不立一行，偶闻一言半语，不辨是非邪正，即便贸然下手，妄想成仙；勿谓不能得真，即得其真，自古及今，未有无功无行仙人；况大道非大忠大孝不传，非大贤大德不授，真师明鉴万里，岂肯将真宝付与匪人。更有一等糊涂愚人，不知脚踏实地勤行功行；即遇真师，又不敬心求教，谎言诡语，妄想哄人泄露天机，乘间偷取；又用不得长久，三朝两日即求传授，求之不得，即便远去；反出怨言，毁谤多端；如此居心，东奔西走，枉自费了麻鞋，碌碌一生，终无所成。殊不知道不离德，德不离道，岂可舍德而只言道，亦岂可去德而独修道！修道，不可不先积德。

　　　　劝君学道莫贪求，万事无心道合头。
　　　　无心始体无心道，体得无心道也休。

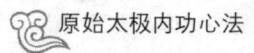

5. 真宗指导理论及实践方法

社会人生造成身心不健康的因素来自多方面，自然灾害及意外的发生，有些是难以避免的，姑且不谈。主观可以摆脱的结果摆脱不了，造成了身心不健康，这些因素通过心灵的智慧能量是完全可以解除的。首先就从危害身心不安的这些问题谈起，大致可分为两个方面。对练功者来说，造成危害的，有违反宗教真宗之理的自以为是的谬误宣传，给相当一部分练功者的身心健康带来了很大的损失。那些打着佛家功、道家功的而并不明宗教真理的传功者，最容易迷惑一部分不明宗教真宗的人上当受骗。

按照宗教性理心法的练功人，首先要知道宗教的真宗是什么。《道德经》《清静经》《金刚经》《心经》《坛经》《大学》《中庸》《黄帝内经》等经典中自有真理在。经书是古圣前贤走过的道路，经者路也，按路行。练功者每前进一步对照一步，读经不具眼，埋没古人心。道、圣、佛、医的经典是唯恐几千年以后的众生走入歧途，才笔之于书，留给后人作证的。现在有不少不明宗教真宗之理的人误入歧途，甚至还有走入迷信的人，以致到了不可挽救的地步。真是诚者可悲，见此不救者非仁也。道教道者，自然自在，万化之根源也，老子自然自在万化之源所化之灵，道教应自然之运天地之行，应时而降，应时而生，自然天地教化万民之显相。老子言，万化真源谓之道，真源所化之灵谓之德，德源于道，通更行于德。道德者，宇宙天地人生之大本也，《道德经》心通宇宙真源之路，道贯宇宙，天地万化之行。大道是指宇宙无生无灭无始无终自然自在永恒之实。通道者，是认识宇宙天地万物之自我心灵。心灵出生于大道，因此而贯通于大道，大道生心灵，因此而贯穿于心灵，道能贯人，是谓天道，人能通道，是为神道。老子通万化真源，是为天人合一。神道设教，代天宣化，万化真源之理，是为教化万民知道。知道、通道、行道，必从有教，因此老子兴教立说是为道教真宗之理。立于《道德经》《清静经》，此即辩证道家功夫的真假善恶邪正之真经圣典。佛教是宇宙天地运行自然之化相，释迦是宇宙天地教化万民之使。宇宙能生天地万灵万物，因此宗教所行的教化原理即宇宙自然之天道也。因释迦能通宇宙自然天之道，是心通宇宙真源的实践者，宇宙之大，具以通达，是为大圆觉、究竟觉，因此称释迦为大觉如来。自觉觉他是慈悲为之本，普度众生是教化之源，源远流长，因此儒释老君永流传，佛家的《金刚经》《心经》《坛经》，永续心传。练佛家功的性理心法，真假邪正，经中自有评证，自以为是离经妄说有违佛法。学功者，意诚心正求理悟真宗，不为其所愚，不为其所迷，靠心灵智慧之功能必达真源之理，身心自在。

另外，影响身心健康的要害，就是人类社会的水火刀兵旱涝疾苦，生老病死离别苦，喜怒哀思悲恐惊。在这些是非面前，有的人悲观厌世出家；有的人悲观绝望痛不欲生；有的人无所谓醉生梦死，流浪沉没度过一生，活着干，死了算，有的人忍气吞声，不求功名利禄，明哲保身；有的人争名夺利，贪而无厌死不罢休，究竟哪条道路是正路？

我认为，首先要打开您的心灵之窗，通观宇宙天地人万物，这一切都是自然千变万化，形形色色。人生就是这样快乐悲观，最后的结局都是一场空，这一切都是心灵的感受。对一个心灵修养者来讲，这就像根本不存在，因为好事多磨，悲观、急死气死也没用，若无其事倒是高招。怎样才能若无其事？

用太极内功心法修缮心灵。首先，从理论上下工夫，悟理求真宗，宇宙天地万物社会人生，究竟是怎么回事？绝对地、彻底地、认真地弄得清清楚楚，做到完全彻底、透彻、分明地直到尽觉尽知的究竟觉。宇宙根源，天地根源，人生根源，万物根源，宗教根源，精神根源，一切尽知的人就能放开一切。只有明理，才能明心；只有明心，才能大觉；只有大觉，放开一切；了解无一物，清静本自然。厌世出家是个谜，妄想西天是个贪，两者都不起，万法本自然，天地大舞台，舞台小天地，演员不动心，皆因充角色，舞台悲欢离合皆是假，宇宙天地万物人生哪点真，人生悟透真宗理，身在尘缘也明心。

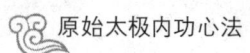

6. 人类太极大乘拳道真言

黄帝医理是中华民族优秀的传统文化之一，是中医的渊源，始发于中华原始祖先伏羲炎黄亲身实践的至极真理。

《黄帝内经》指出：真炁是人类人人自我真生命又称呼天真之炁，是大自然赋予人类人人自我灵感觉悟之性命。老子谓之谷神，孔子谓之天性，今人谓之心灵，简称灵气。灵气在千般用，灵气无万事休（俗话说没气了）。肉体与呼吸调息运用之气，两者都是无知无觉之物，暂存幻化之躯，质变化灰尘。真气灵空，是无气无物之浩然正气，永恒于自然。《黄帝内经》说："天地有质，此气了无终始。"又说，"久服天真之气，必通神明。"老子东来紫气满涵关，孟子善养我至大至刚浩然之气冲塞于天地之间。浩然正气具妙觉灵知，促使大脑波动，产生思想意识，人类用思想意识识别天地万物，发明创造，改造大自然生成的万物，使之转化为人类思想意识造形改观的社会人造物质。真气是智慧的渊源，此源之水川流不息遍世间，汇集成知识的海洋，即是古圣经典、人类群书。天赋人类人人自我之智慧无穷尽，人类一切新生成果无极限。先有真气灵智之看不见摸不着的理论文章与物质图绘，而后才有纸笔之论文，所以说真气虽然看不见摸不着，但是一切客观实践所产生的看得见摸得着的物质，皆源于看不见摸不着的灵空智慧绘制之图。人类大彻大悟的大觉者凭实践独自知，始知真炁是人类人人自我之天赋，是人类天赋本能，人生必修之课。

真炁——古圣始祖谓之真人，肉体叫作行尸走肉，幻化无常之臭皮囊，欲称死尸臭肉。呼吸调息运用之气是四大假合之躯体的水火风土之风。真气宁、平、静、风不起，身不抖，神不昏，心不乱；真气怒、惊、躁、风起神昏浑身抖，惹是生非气不宁。《黄帝内经·上古天真论》说："有真人者，提挈天地，把握阴阳，呼吸精气，独立守神，肌肉若一，故能寿敝天地，无有终时，此其道生。"又说，"恬淡虚无，真气从之，精神内守，病安从来。"这就将真气的功用及养生的道理与方法阐述得透彻分明。真气是主宰大脑中枢神经之君，是主导呼吸调息运用之气使之合二为一的根本源泉。离开真气的主宰，呼吸调息运用之气与血肉之身躯两者皆为无源之水、无本之木，好比无电源之电器设备，死物一堆，毫无生机。

真气是天赋人类真生命，本来清静，本自光明。人生社会是非地，人海充满风波骇浪各种矛盾，风口浪尖任航行。身体是舟船，靠的是真气舵手行。心平气自和，神安气自宁，心安理智明，一生一世保平衡。不参禅，不打坐，即是天赋人类人人自我本能的自然清静无为法——大乘清静无为功。

用意清静非自然，自然是道老子经。起心动念之静是病生，有心入静乱本能。一心纯诚是静本，本添静意是二生。起心即是妄，有二即非真，无静无乱真气行。

练功功态：日常工作、生活家务、社会国家乃至世界一切事物，靠的是自我一觉通、真我一心行。若无自觉无自心，万事万类靠何行？自我一觉通万类，真我一心万事通。心自静，觉自清，处理万机不昏庸。清静自然是本能，无须功态意念有为清静功。

年月说功夫，先辈与后学，心量有利钝，工夫有浅深，故有久近之分，实不过发明钻簇之机，天之一寒一暑，人之一昼一夜，息之一出一入。一刻之工夫，自有一年之节候，一年三万六千之刻，可夺三万六千之数，是谓握阴阳之枢机，盗天地之造化，只在当人一念中。心志坚确，工夫纯一，时节若至，其理自彰。灵源曹真人云：坚心一志向前修，成与不成不必求。又岂专于限量？但能清静无为，湛然若存，何虑不形神俱妙，与道合真？与道合真，则金丹假名。玄关玄牝，真土阳晶，龙虎铅汞，炉鼎药物，斤两火候，抽添法度，工夫口诀，沐浴温养，众妙之说，不可有心求，不可无心得，不着有不着无。孔子借世尊口说，共老子耳闻，闻非闻，说非说，一颗金丹色非色，当场拈出与君看，通身是口吞不得。

人海风波无宁日，社会家庭、人我是非永不停，要做到的是不离方寸神安宁。行住坐卧皆如此，抡刀上阵、心稳神安有战功，心慌意乱拜下风。天灾人祸心要平，气死、急死、哭死、吓死难脱是非矛盾中。神清理智定分明，名利地位心灵智慧定高低，神通广大人中龙。

身体如舟船，航行人海中；神是真舵手，乘风破浪靠的是神机妙算智慧功。神失灵，舵手倾，船沉泥河中，勿怨浪，勿怨风，只怨自我丧失理智神不明。

人无养神功，偌大人海怎航行？一次沉没永远不复生，人生大事是生命，炎黄至理守神养命功。行住坐卧遂心愿，普及大众、通俗易懂、老少皆宜是坐功。坐在心中理论智慧生，自在自如自然是坐如钟——坐的功态形。

养神之道，素其位而行，不越乎其外。士农工商各尽其职；家庭单位，顺其自然是道，因人因地因时而异。行住坐卧，养神形式以自我感觉而定，即是从心所欲、顺乎自然。老子说："人法地，地法天，天法道，道法自然。"吕祖说："我性从来本自然，本来由我不由天。"自我感觉怎样自然自如就怎么做，不受任何宗法教条的限制，即是无为法，无为无所不为。

守神是自我觉悟、自我感觉的亲身实践真功，无外得、无外助、无外教、无外法，是自我独自发挥自神的天然天赋自在自如的本能，是人间正道，是人类人人必修之课，是养生健身的秘宝，不属于任何宗教、任何功法的独有专利，也不是任何一个高等学府的专科学术，是人类人人本有的家珍，无需任何条件，平民百姓都可以方便自修，都能提高觉悟，强健身心。实践者方知炎黄至极真理、养神之道无虚文、无诳语，字字是真理。

天下无二道，圣人无两心。参禅则制心一处，始扫至于无扫，禅是佛心，心为万法之宗。修养为抱元守一初修至于无修，道为养神，神为万物之主。神即心，心即道，道即禅。盖无为大道，离名相、无生死，常处虚空，无有纤得，事来则应，事去则寂。如鉴照相，不留形迹，强名曰道。学者至此，疑为谈空寂，遂望风而退，殊不知谈空者非空，非空即真空，真空故名曰一。一乃大道之祖，金丹之母，生灵之本。老子云：抱一为天下式，然无为之法不可便执为实，故《金刚经》云：一切贤圣，皆以无为法而有差殊。非具眼者，孰可语也！

第一步 养神功夫必须实践到：以自神通达自神，以自觉感觉自觉。由耳根闻心而知悟，由耳根能进入养神初学入德之门。闻声者是神不是耳，耳是声闻条件，闻者是心，心能同时闻到各种不同声音，清晰透彻分明，互不混杂，声耳遂缘，心神觉悟通音声。心力集中全神贯注思考问题时，视而不见，听而不闻，食而不知其味。听者是心非耳，闻者返闻闻者神自通。只能意会，即是心领神会，不落语言文字中，以心闻心耳根入门神自通。窃听私语悄悄话，此时呼吸调息停，心中情缘全放下，意识专一集中在闻声，心空寂寞凝固静止有闻中，放下一切闻闻者，闻者即是自我真神灵，顿悟自神下手功。

  第二步 抱着自神死不放，自神自悟自神神自通，即是拳拳服膺、自我天赋养神功。始终如一不改变，信心坚如铁石永不停。行住坐卧不离这个，念念不离自神中，即是独立守神、肌肉若———炎黄留与后代儿孙养神功。大乘功法无神秘，功圆果满诚在实践通，浩然正气，人类太极无为法。人人皆如此，气贯长虹遍世满虚空，离开自我身心以外无一真气大乘功。

  人类真拳道筑基于神，神通广大妙用无边，即是正气贯浩然，冲塞于天地之间。养神充实呼吸调息运用之气，以气疏通血液、通达经络、内脏外官，贯注全身，肌肉饱满，即是独立守神、肌肉若一的神气体三合一的大乘拳道的根基。人类一切拳道之始，皆产自人类人人自我之神根，武技拳道进化成为技击之用，逐渐转化为套数模式之教条，使人类自然之拳道日益闭塞，以致青少年一代无缘发挥天赋的拳道新生命，甚至天才的青少年有的拜倒在庸师门下成为废品，不能超前。千人一模，万人一式、今不如昔之拳道比比皆是，虽然对健身有点益处，但是由于每个人的年龄、性别、性格、健康状况各不相同，因此不能对症下药，有效地解决人类的身心健康，更无法与人类天赋拳道自得之真正的身心健康比拟。

  今人之拳道，绝大部分观形视模于教者，而后启动于自身，装模作势而行拳套，神离体、意分身，肌体无真气充实，呼吸调息运用之气无精神主宰平衡，这是有为拳道，非养神筑基、养精蓄锐之真拳道，就如建房未打地基，脚下无根，身上无劲，气动无神主，神上无威严，是为外来拳，有水无源，有木无本，枯燥无味，健身有限，千日不变，数十年不更之死教条，死搬硬套，扼杀了真拳道之新生命。青出于蓝而胜于蓝，人类今应胜昔，才是未来新拳道。唯有天赋人类人人自我真气神威、浩然正气之行气充实真拳道，谓之养生健身之大乘功法。真功非外得，源在自身心。身心以外之功，一切学模之式，对人的自然身心、气质、热量，均有损耗付出，有亏无盈；唯有自我无为而生之拳道，对自我自然身心有盈无亏，有增无减，无点滴损耗付出，是为养生健身之大乘拳道。

  原始太极拳道之动，基于不动之静，大动不如小动，小动不如不动。真功之形，源于不动之体。无神基之动，耗神费气劳筋骨、疲身体，是外学拳；神气体合一是自生拳。神足气实体壮自我无为真拳道，是人人自我本有家珍，舍此外求外觅外得，犹如穷子舍父、团沙做饭、以砖磨镜，苦死无成。大彻悟大觉者识真机，人类一切健康手段之模式统为外来货，观摩万种模式实践落在自我身躯与四肢，万种模式自我身心演，万种功法门派模式名堂自我一身担，他形我模自我天赋靠谁产？当今社会有人认为假的倒比真的鲜，气功大乘是天赋，人人本能无妙玄，只是缺少智者指谜团。此篇真金当铜卖，谁知金炉试金之石在哪边？有人识得养生宝，福似青松寿比山，人类真气产在家园，身心健康是天赋人类灵机正气之本能，妙法无边属自然。

身体四肢的运动……万般手段，种种方便，千变万化，舒筋拔骨，遍及周身关节通周天。神威气度，身强力壮，龙行虎步，鲲鹏展翅，白鹤翔九天，犹如大将、天神、罗汉、仙女舞翩跹，个个神威风度俱不凡，人类天赋本能尽包含，无神无秘无妙玄。自暴自弃、不相信、不实践，天赋正宗真功如何立人间？传统习惯势力扔一边，未来创新走在前。装腔作势、装模作样、千篇一律、死搬硬套，怎比万紫千红现？八仙过海各能显，僵死模式是假传，人人本来都有特长在，千变万化个个鲜。他能我不能，我能他不能，学猴不是猴，学他不是他，为何不把己长展人前？人人有专长，千变万化、千姿百态俱不凡。无处寻找评委评论员，观观群众的实践，实践真知自然解开妙中玄。

功态动静是人类天赋自然，不同气质的人爱好不同，喜动则动，喜静则静，动静一体，本质无二。真人本来静，主导气与身。心宜静，身喜动，心静身动即动静合一，身静气行也是动静合一。身不动气运行，心不动躯体动，是内外合一之一行。动不离静，静不离动，莫把动静当二行。实者动静一体无二，即是阴阳互生，肌肉若一，浑然一体。阴阳和合，五气协调，精气神自如，内五气圆合，化出长、短、平、高、低五式之拳道，圆合连贯，如行云流水，滔滔不断。起无定式，收无定法，千姿百态，千变万化，是为真拳道，非指拳道之式而言。模式如做戏，虽做出吃面之式而无面，肚皮难饱。作式之拳，无神气体合一之拳生，俗称外家拳，自不创新，终生成为门派之附属。

神足气行体充实，此时如果血液不舒畅，经络不通达，必有疼痛、膨胀、闷、酸、堵等反应，心灵调节身体是天赋人类本能，心灵是万能机的灵机，身体是万机之母，灵机对万机之母有自行调节的功能，人是一台自理的机器，无人类万机之母体，世间无任何物机产生。灵机调节万机之母，根据自我感觉，自然自在自如地对我身躯进行内部痛点意识蠕动，正反顺逆自行转圈，东西南北上下交叉旋转，这叫自我意识内调法。外调法随着自我感觉进行，自我拍打按摩——无意识拍打按摩，抬手即是穴位，这是天赋灵机感觉本能的产物。内感外应按摩效果好，内无感外不应，自然与人效果不一致，千万谨记别求他人拍打按摩！自我拍打按摩不到处请用卧禅功态，借大地卧、爬、躺、滚等卧功动态，吻合大周天关节，使之舒展畅通，自如自在，轻松自然百病除，神清体泰似神仙，心情舒畅无病缠。养生健身大乘法，人类气功产自家。我自不真何理真？理明透彻是智人。自卑自傲无自信，误己误人是愚人。

中华民族原始祖先伏羲炎黄理，真气就是人类人人自我真生命。古圣先贤留下千经万卷证此理，无穷智慧万理宗。真气就是万宗真宗体，有体有用万缘由此起。真气不是呼吸调息运用之气体，有的练功者说练了半年没有气，无气半年功夫谁练的？无气早就死掉了，是人概念模糊、错把呼吸调息运用之气当成真气，只不过是个气感迷。无气之气是真气，真气是不易之气，恒性妙智慧，真空灵明体。有气之气是变易之气，是呼吸调息运用之气体，幻化无常，气尽变微衰退即无。肉体是阴阳交易之气相交结成之身躯，质变化灰尘，沉入泥河了结一生，终归虚幻。锻炼真气是真气功，中华民族树起人人自我之真气，气贯浩然是中国气功。任何宗派门户都无资格代表中国气功，勿狂妄自大，只不过是天赋雕虫小技，只是一技之长，绝不代表人类与民族。世界人类发挥人类人人自我之天赋本能，即世界人类真功。

　　　　　　锻炼真气身心泰，老少皆宜获自在。
　　　　　　实践真修达真知，黄帝医理进未来。
　　　　　　精神文明新世纪，种在自心果自摘。
　　　　　　民族道德日高尚，文明古国春常在。
　　　　　　炎黄至理明天下，世界苍生乐开怀。
　　　　　　推陈出新今胜昔，民族新风传万载。
　　　　　　智慧无穷开新宇，东方圣地遍地才。
　　　　　　聪明智慧盛空前，理想寄托新一代。

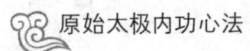

7. 论防偏与幻觉

慧能大师指导大家说：修行佛道的人应当要保持公平正直的心念，对一切事物和现象都不要迷恋和追求。愚昧无知的人迷恋和追求有形有相的东西，错误地理解一行三昧（这里讲的一行三昧就是不必拘泥于坐禅形式，也不要有意约束认识活动，不必要观想什么东西）。有人竟然开口便说："长久静坐不动，心中不产生妄念邪想，就是一行三昧。"怀有这种见解的人，就和没有情感和精神的土木瓦石一样，这是有碍于修道证悟的原因。要明白，道必须是流动畅通不受阻碍的，怎么能阻挡滞塞它呢？如果自己在主观上对一切事物和现象都不执着，这就是道的流动畅通；如果自己的心执着于一切事物和现象，这就是自我束缚。如果说长久静坐不动的观点是正确的，就如同舍利弗当年在树林中长久静坐，后来却被维摩诘所斥责一样。

还有那么一些人，他们指导人时极力倡导静坐，要在静坐中观想心观想净，不能动身，不能起念，以为如此修行就有功夫了。那些悟性差的人和愚昧无知的人不懂得真正静坐的道理，就跟着这些人学，把错误的东西看成是正确的，像这样的人很多，结果便出了偏。要知道，用这样的方法教化人，大错特错，后果是非常严重的。

当今，社会中流传的功法五花八门，众说纷纭，鱼龙混杂，此起彼伏，络绎不绝，使有愿望身体健康和想求学的人眼花缭乱，难分真假，邪正善恶。对于多年的练功者，为了使您认识正宗真功正法、走明理明心之路，避免误入歧途，以假当真，误己误人，破除习者的幻听、幻觉、幻光、幻境、幻相所造成的错觉，仅将已见说与同学参考。幻听有以下感觉：（1）像是给自己的思想意识讲话，但无说话声音；（2）能听到讲话声音，指令自己做什么、说什么。另外有一种幻听，似互相对话，分有声和无声两种，听者均处于被支配地位，外音都站在主导地位，都以功能高尚的口吻教导自己或帮助自己。这一切均属于心外之物。被其所使，是被幻所迷。幻听幻觉是邪因，认幻为金迷自真，自以为是心走火，认假为真六识心，色声阴阳五行界，意生之念欲色熏，心无所住真佛语，不受外转证金身。

遵《心经》之理，勿被其所动，去掉色、声、香、味、触、法六尘的干扰，听而弗闻，做到如如不动心，进入正觉，自然幻听走向平息消失，请练功者自爱自智，勿被物率，方为自智之明。《心经》是明心的指南，经卷不是作韵调念诵的。经者，路也，按路行。她能解决宇宙人生的性命大事达正悟正觉。此经是无为大法，是破除幻觉、幻听的无价之宝书。真如不动是佛体，妙觉圆明在自心，烈火真金无杂质，意是乱性一魔君，应将有念归无念，见听之幻昧明心，眼见耳听是心病，除病灵丹如来心。

幻境、幻相、幻光三者，比起幻听来更是迷人本真。俗话说得好，眼见是实，耳听是虚。今有求佛保佑的人，思想常住佛像。白天黑夜念念不离佛像，久之意结成形象。眼前有佛菩萨像现前，也有见七色光的，此象非真，乃阴阳五行气幻化之形象。阴阳五行气是形色之本。眼能见耳能听，终归幻相。佛、菩萨、罗汉，圆觉恢复自性真空纯至静理体，均是无相之相、无体之体。思想意识的见闻觉知功能是不能观察到无相之相真实本来之相的。自我心灵才是无相之实相。实相本身的观见之相，是自我实相以外的幻相，是心外之物，所以称幻相。心离一切相即是实相，心清无一物为圆满功德相，此就是如如不动之心、明心圆觉者，悟心性为育种秧苗，明心为开花结果。种外生种，果外生果，原是幻果。如水中月，镜中花，竹篮打水一场空。练功者对出现的任何幻相、幻景、光色，应遵照《金刚经》之理予以破相，走向正觉。

学练心灵疗法应是无所求行，看今天世上人多迷失本性，处处贪著，这就叫有求。作为修心人悟得真理之后应该与俗人相反，能够安心于无为，得失随缘，形随运转，心无增减。认识到一切万有皆空，就能无所求行。有经云：有求皆苦，无求乃乐。修心者不该有任何妄想，有求就是有了贪欲心，贪功也是贪，此贪心是贪、嗔、痴三毒心中的一种。有的练功者求速成，还有的练功者求特异功能，有学三天功就想成为师父等求功者，求而不得，有"贪"求必当有苦，有时适得其反，求甜瓜不得，反而会得了苦果。习功者，慎戒贪心！

一个心灵修善者，在自我养精神身心进行调解的功态中，必须绝对做到：

心态的平衡、思想意识的理智，邪正能察，善恶能分，清浊能辨，觉悟观察，透彻分明，对自己的意识形态，面目表情的异常现象，如：大喊大叫，大哭大笑的神态变幻，必须有所觉察，善于把握。自我心灵绝对永远立于主导地位。

一个练功者对心灵上的幻觉，五气不协调的气冲病灶，必须有明确的认识，自己不能掌握，不能改正，不能转化，任其泛滥，就要出偏。如果你自己以为没出偏，就是你的心灵不理智，对异反神态没有观察到，没认知能力本身就是出偏。你自己不能自觉察明，就是错觉，就是愚昧无知，这是出偏的主要原因。练功者离不开行动指南的经典，离开指南必迷失方向。异反常态必须要纠正，不要自作聪明，自以为是。出偏的人，首先该怨自己。社会上流传着那么多种功，每个功种，真假不一，高低层次不等同，聪明智慧者，自有分晓，痴迷不悟者，心被其所转，别怨他人。心正的人，路邪路亦正；心邪的人，路正路亦邪。师父领进门，修炼在个人。不怨自己，反怨别人是不对的。请问其他练功者为什么没有出偏？所以说也有练功者自己的责任，因为你对教者的功理功法及自己练功层次、真假、邪正、虚实、清浊、善恶，缺少区分鉴别的思想觉悟。

对于一个初学功者，对本人有着直接的利害关系，作为练功者自己，绝不可皂白不分，真假不辨，稀里糊涂的。出现思想意识中的幻化及动态的异常现象，一定要遵照功理功法来检查自己是否正确，不要过于自信，应当认识到自己的水平高低深浅，不要轻易地自以为是，一定要多请教，多学习，多明理就不会出偏，如果放松了对自己的严格要求，就不是一个真正的练功者。

有的练功者在静的过程中，极少有出现这样和那样的幻觉，即使有也不足为奇。然而对此现象，若不明理、也不以圣人经典印证，又缺乏明师指点，真假虚实不辨，就会造成练功者的一大障碍，如不及时排除，则后患无穷。再加上某些自称名师而实则不明者，以幻教人，使学功者着迷不自觉地追幻，以致走火入魔，走邪出偏，悔之晚矣。《复明道法师书》中说：佛法要义在无执心。若预先存一死执着得种种境界利益之心，便含魔胎。

8. 辨实相与幻相

　　何为实相？何为幻觉？每个修行者不可不明察。释迦牟尼佛在《金刚经》中说："一切有为法，如梦幻泡影，如露亦如电，应作如是观。""凡所有相，皆是虚妄。"又说，"若以色见我，以音声求我，是人行邪道，不能见如来。"一切有为法皆出生于无为，无为无所不为而生有为。无为是有为之体，有为是无为之用。无为无体，无体之体是实体。无体之体是虚无，虚无是真空妙有，所以谓之"空"。"真空"无生无灭，无始无终，永恒不变，是为千变万化之源，谓之无为。无为真空纯至静，无生无灭，是为虚实。虚则空，空不变，以虚代实，是为虚无。虚无所化之万物，是为虚妄。因此《金刚经》才说：凡所有相，皆是虚妄。

　　《金刚经》所说的一切有为法，终归虚幻。浑元气、太极、天地万物，皆是有为法，谓之幻存，幻存是由虚无真空无为育化演变出来的。形形色色统称叫色，色是虚无真空所化生。按照大自然育化万物的规律原理，凡有生的东西必定有灭，育化出来的东西必定有数量及质量的变化。虚无本身真常永恒不变。因此释迦佛才说，一切有为法如梦中的幻相，水中的泡影，露水的水珠，闪电的火光，俱是变幻的存在，是生生息息的变幻无常物，是真常虚无无为无所不为的产物，统称有为法。一切有为的形形色色，本由空中生，还在空中灭。又由于虚无真常不变不生不灭，因此虚无中的有变有生有灭的无常之物，也就成为生生息息的存在了。

　　佛讲《金刚经》是为破除人类心目中的一大幻相。世界，名为世界，实者没有世界，是水火风土四大假合而成，是在宇宙中生生息息存在的一个幻化地球，实为暂存体，只是时间长些而已。宇宙大真空永恒不变，是为实相；心灵小真空永恒不变，也是实相。宇宙所生一切有为，俱有生灭变幻，永不止息。

人心灵所生的一切生灭变幻统称有为法，终归虚幻，因为心灵本身处于虚幻境界之中，身体生存于虚幻天地之中。那么人的任何所见所闻，不是虚幻又是什么？虚幻不是什么都不存在。天地万物、人都是客观存在，能说不存在吗？因其不是永恒不变，故而名为虚幻。只有心灵离一切尘相，回到天赋人类的妙觉灵明之心，也就是恢复自性真空，与自然真空合而为一，同体共存之妙觉妙观，方为实相。心灵中若有其他变幻之外相，是为假相，就是水中月，镜中花，不立真果。心灵中无一切变幻之相，恢复本然之明，是为明心，是为实相。

　　　　自心理体觉自心，自心慧生明自心；
　　　　自心暗昧自心照，自心愚迷自欺心。

第四章 原始太极内功静定心法要诀

人生在世，认得许多人、许多物；知道很多事：别人的事、家事、国事……唯独一个自己不认识。自己的本源心体，认不清，认不全，就是没有自知。人如知自我之心，知心者为自知之明。究其原因，为何不能自知？因为六根不净，眼、耳、鼻、舌、身、意的分散，再由于六尘色、声、香、味、触、法的搅扰，五蕴的遮蔽，真体已被隔盖。人来自大自然，心当然也是宇宙真空理体所生之灵气，故称为心灵。《黄帝内经》中称心为真气与精神。心为人身之主宰，是人的生命本源，自古以来儒、释、道、医诸家无不是以人心静定锻炼为实质、本源。

古圣先贤经过自心的体悟修炼留下了许多的经典著作，皆为指心言教，以心说法，离心说法即是外道相说。儒释道三家正宗理论，宗旨皆是修心的轨道。

儒家讲：忠恕。宗旨：纯心养性。三纲：君为臣纲，父为子纲，夫为妻纲。五常：仁、义、礼、智、信。

道家讲：感应。宗旨：修心炼性。三清：太清、上清、玉清。五行：金、木、水、火、土。

佛家讲：慈悲。宗旨：明心见性。三皈：皈依佛、皈依法、皈依僧。五戒：杀、盗、淫、酒、妄。

儒释道三家之道都不离心，三家宗旨：同根宗于心性；三家规范：同属人身三宝精气神；三家戒条：同是五气圆合。三家所说都是修真悟道、炼心静定的真功夫。

三位圣人留给后人的经典，说的是性理心法，可谓最上乘法，真功正法，真理真法。依此理论练功，先正心、明理、通化、大觉、克己、助人、行义、立德，待人以诚，感人以德，他难如己难，同等、互爱、至仁、至善、同乐。以上为所有练功人必备之品德，也应该是做人之规范。

人的心可谓天地之中枢，苍生之大本，大光明之种子，智慧的源泉，修行之至善者是称谓神、圣、仙、佛。修心而成明智者可为仁德之帝王将相。行之于社会终生可为仁人君子；行之于天下可为大光明世界；行之于国人可安居乐业、国富民强；行之于家，合和庭院共享天伦之乐；行之于身，体健心明。心灵修缮可为人生必修之课。心修一天有一天的天真之乐，一日不修必有一日的烦恼丛生。

人想身体健康，最好的办法是调息和体育活动，最根本的方法是炼心静定的功夫，使自心能时时刻刻心态平衡。现时生活中，有很多人由于心理压力过重，导致身体失和，由此而产生疾患。我们生活的这个世界苦多乐少，有人为的灾难，有自然的灾害，有能避免的也有不可抗拒的；比如：水火刀兵，旱涝饥荒，地震海啸，非典瘟疫，天灾人祸，生老病死离别苦，爱恋贪求之心得不到满足，遇事着急上火，生气发愁，悲伤恐惧等，遇上哪样都会使人心失衡。

人一生中，都是在不断地消耗和折磨着自己的心灵。不论名誉地位高低，也不论穷富、老幼、无有例外。如婴儿失乳，幼年丧父母失去父爱母爱，中年丧妻，老年丧子等，摧残与粉碎人心的不幸之事到处都有。之外还有苦其心志，饿其体肤，劳其筋骨，空乏其身的精神磨难。

人生在世，有悲伤，也有快乐；有成功，也有失败；有的事能按照人的主观愿望去实现，而有的则不以人的主观意志为转移。这就是人类世界的客观现实。人在世上有谁不说苦、不说活的真累，期望寻找一个安乐窝呢？

作为修心者来讲，社会、工作、家庭、是非，万事纷纭，繁多复杂，然能事过心清，心不被一切事所迷所扰为心静。心不被是非、烦恼、混乱、悲伤、恐惧、生死、所转为定；万境攻心，心不动为心定。

心为一身之主宰，这里所说的心不是指物质的心脏，而是人的生命之本，是觉知见闻的能源，心在人在，心去人亡。心也是天下之大本，人有这颗妙明心才能应物产生意识，才能理解万物改造万物，才能创造出一个崭新的世界。千功万法，哪种功法不是产自人的心灵？一般人只知其用而不知其有，知其有而不知其源。丢失了自我，迷失了本性。

道家称心为"真常"，真常应物，又说："三寸气在千般用，一旦无常万事休。"《黄帝内经》称心亦为"真气"又说："天地有质，此气了无终始。"佛家称心为"佛性",说:"心正即佛,心邪即魔。""心生种种法生,心灭种种法灭。"因为心是至清至静、透彻妙明之光体,应万物而清,应万事而明,所以称心为妙觉。比如你自己左手拧胸前的肉,右手拧大腿的肉,同时用力,可感觉到不同的疼痛,妙不妙呢?

心主宰一身的功能,眼、耳、鼻、舌、身、意,能源即心,大脑不是思维的能源,乃是思维器官之机,是眼、耳、鼻、舌、身之主导,传导各器官之主机,不是包罗万象之心体。因大脑神经细胞是血肉之质,心中所记载的万象:数字、文章及有生以来回忆之万象,肉质并不能含。如同电视机显像管不能含像,关电源即无像也无声了。对于电器设备,能源是电;对于人体,能源是心。

眼能观物,耳能听声,鼻能嗅,舌能味,身能觉,意能知,统一为心之功能。如同电器设备不同功能皆源于电,心在人身为万物灵机,六种器官,六种功能,用哪个,哪个灵,同时用,同时灵,所以妙明心又叫"六根之性"。就像人坐在屋内通过窗户看屋外之物,窗比作眼,屋内之人比作心,窗不能看,人能看,眼不能看,心才能看,所以把眼睛叫作"心灵之窗"。

听的功能也是同样:是心非耳。耳与眼一样是条件,是人的器官之一。比如人的心高度集中在某一事物上,对其他的事物就视而不见、听而不闻。集中精神看书时,对电视机里演的是什么节目,说的什么事情就不清楚,不是没听见,是没用心去听。

老子说:修道先观其心,观心之妙,在灵关一窍,自受生之初,秉天地一点元阳化生此窍,以藏元神,其中空空洞洞,至虚至明,乃吾人生主宰,所谓有之则生,无之则死,生死盛衰皆由此。儒曰灵台,道曰灵关,佛曰灵山,三教同一法门,总不外此灵明心窍。佛家言:"佛在灵山莫远求,灵山只在你心头,人人有个灵山塔,好向灵山塔下修。"真可谓:大道根茎识者希,常人日用孰能知,为君指出神仙窟,一窍弯弯似月眉。

人欲体悟大道,莫若观照本心。欲照本心,莫如外息诸缘,内绝诸妄,二六时中(就是在子、丑、寅、卯、辰、巳、午、未、申、酉、戌、亥十二时辰,每一个时辰相当于两个小时)。运用施为,念念不离此窍,行立、坐卧心心常在此窍。这就是《黄帝内经》上古天真论中独立守神的功夫。心如明镜连天净,性似寒潭止水同,十二时中常觉照,休教昧了主人翁。心不动而神自守,此乃智者上根人之炼法。

炼心定之功，六识不伏不能炼至极地。此六识是眼识、耳识、鼻识、舌识、身识、意识。无论男、女、老、幼、智、愚、贤，眼无不喜色，耳无不喜声，鼻无不喜香，舌无不喜味，身无不喜逸，意无不喜欲。六识也为六贼，修功者欲求大道，莫若用返识为智之法；观照本心，定中生慧照，合眼光而不视，凝耳鼓而不听，调鼻息而不嗅，缄舌根而不尝，束身体而不动，冥意念而不驰，依照这样六识才能清净。然此六识与生俱来，有气血之躯即有此六识，到气血之躯还空，而六识仍在，是不能去。只有伏之一法，调制之使为我用而已。《西升经》说："我不视，不听，不知，神不出身，与道同久。"又说，"我命在我，不在天地。所患人不能知其道，复知而不行。知者，但能虚心绝虑，保气养精，不为外境爱欲所牵，恬淡以养神气，即长生之道毕矣。"

道者，是觉悟的大路，使人走上觉悟路而出迷途，然都是由静心入手。"达摩西来一字无，全凭心意下功夫"，又必须锁心猿而拴意马。所谓心猿意马是说，人心如猿猴之狡，意如烈马之驰，故心拴之锁之，使猿无能施其狡，马无所逞其驰，以便归于静定。

世上修炼者多有"人心"不灭，道心不澈。人心不灭，是不能够看淡俗情，总觉得衣服恐其不华丽，饮食恐其不鲜美，声名恐其不张扬，才华恐其不显露，银钱货物恐其不多，田园屋宇恐其不广，一切不能看淡。时而有求福之心，时而有欲安之意，时而有贫苦之叹，时而有奢侈之思，满怀私欲，此即所谓的人心。不灭者，不能看淡世俗，认假为真，而使道心不澈。

所谓"道心"，是能淡有、淡无、淡美、淡丑、淡得、淡失、淡毁、淡誉、淡生、淡死，能看淡一切便是道心。从来至道与心亲，学到无心道即真；心道有无俱泯绝，大千世界一闲身。

修学原始太极，当立自心为之根苗，身在尘，心不染，功在凡，心达圣，身为世俗纲常伦理之模范，尽人情事理之标杆。心达离尘之清静宝珠为目的。

定心功夫始于止念，对境能不迷，逢缘能不动。《金刚经》说："应无所住而生其心。"意思就是说：炼心不住一切相，不住一切法，不住前念、今念、后念；是指真常之心应物，心有意生，真常之心无所执着，即是心无所住；无所住即是自性真空；自性真空即是妙明本心。应无所住，清静无为，即真心现前。此就是说，让人不要执着一切见闻觉知到的东西，心坦然不动如真空，心灵才能直接觉悟自然。

恬淡所以养性，知足所以养心，守义所以养德，无为所以养精。能坦然自甘，珍脱不若藜藿；能怡然自得，万钟不若釜庾；能超然自在，爵禄不若渔樵；能放怀天地，帝王不若野叟。苟无事于富贵功名，孰得而贫贱之？无事于长生久视，孰得而寿夭之？正所谓"人到无求品自高"，马丹阳谓"世间无爱物，烦恼不相随"。道家修炼，极重"清心净欲，澄神寂念"。入手法要皆在一"静"字诀。能纯乎"静"，则心自清，意自冥，欲自净，神自澄，念自寂。"静极则一阳来复，一阳来复则精生，精生则气足，气足则神全，神全复又生精，循环不已，生生不息，故能长生"。反之，动极则阴长阳消，阳消至极则精绝，精绝则气绝，气绝则命绝，命绝则神无所依而亦绝。

人如果不能认知心，就不能使心静，也就不能认知"道"。练功者不以炼心为本，而是在肉体上或自心外求丹，是以砖磨镜，以沙团饭，苦死无成。本错，果也错。修外道者，所得的各种功能和幻觉，是水中影，镜中花，到头来如同竹篮打水一场空。真心浩浩无穷极，无限神仙从里出，世人贪著小形骸，一颗玄珠迷不识。

怎样才是真正的定静功夫呢？那就是一个人生活在人类社会中，从出生到死所遇到的，种种不同的环境或遭遇及顺逆的事情，喜、怒、哀、忧、悲、恐、惊等，对心灵的最大创伤和最大享受，在一生中都不为之所动摇，这才达到了初步定静的功夫。

不是用某种形式和手段，人为地站桩、打坐，来达到的定静功夫，也不是刻意去清除思想中的意识来达到定静的功夫。真正做到定静的功夫；只有不怕思想上的乱，不怕所有外界环境的干扰，不怕苦与乐、顺与逆和所有烦心的乱，思想平静，自在自如，自心如如不动，这才是真正进入到定静的功夫。

静是思维的高度修养。美女坐怀而不乱，泰山崩前而不惊，就是能看空世界，看透人生。置生死于度外，破得一个死字，方可为不死之人。炼心达上乘者，虚无守静，无挂无碍，一尘不染，如皓月当空，万里无云，只一点灵根能夺天地之造化，参阴阳之正理，使有归于无，其无又能生有，能与天地同老，与日月同修。

修心之人，贵能除去心上的病根，此去病不是去风寒湿热之病，要去贪、嗔、痴之病，此病一去，百病不生，可延年益寿。必先除去酒、色、财、气、外感。

古人云：酒是穿肠毒药，色乃刮骨钢刀，钱是惹祸的根苗，气是无烟火炮。贪、嗔、痴，佛教指此为三毒心。病根拔除，病体自愈。断根之法儒释道诸家都有，儒家讲要：非礼勿视，非礼勿动，见如不见，闻如未闻；佛家讲要：忘人、忘我、忘众生；道家讲要：视之不见，听之不闻。此语都可以除酒色病根，正人的心念，能醒，能觉，能悟。

长生之道，最要为养气全神。《太乙真人七禁文》曰："一者少言语养内气，二者戒色欲养精气，三者薄滋味养血气，四者咽津液养脏气，五者莫嗔怒养肝气，六者节饮食养胃气，七者少思虑养心气。"气得养则精自全，精全则神旺，神旺则寿长，此不移之理也。

修炼合道太极功夫有定神法；神定则心不摇，念头不动，意亦不生，自入涅槃境地。人身之神，出入固无定，若患病者，穷思极欲，又有甚焉。若能行功，则气随神转，不虑其外驰，否则难乎其有定在也，故平时必须常想玄关，思睡必须常想鼻准，如此则神不外驰而定。神外无心，心外无道，道即神之主，心即神之宅也。然心外无道，故收放心，即神定而道在。孟子谓学问之道无他，求其放心而已！夫放心而知求，则志气清明，义理昭著，此定神之功验。今之延命者，曰存思丹田，存思鼻准，亦收放心之法。不曰收放心，而曰定神，盖游心千里，无有定在。欲神之不外驰散，故曰定神。

吕纯阳祖师曾示人以普通养寿之法曰："老人于十二时中，行、住、坐、卧，一切动中，要把心似泰山，不摇不动，谨守四门；耳、目、口、鼻，不令内外出入，此名养寿，紧要！"此不但老年人如是，中、壮年人皆应由此起修。

《素问·天真论》曰："恬澹虚无，真气从之。精神内守，病安从入。"老君曰："人生以百岁为寿，节护乃至千岁。如膏之小炷与大炷耳。人大言而我小语，人多烦而我少记，人悖怖而我不怒，淡然无事，怡然无忧，寂然无为，神气自满，此长生之药。"节护固为延命要妙，此为"添油之法"，亦称"补天髓诀"。欲修持此等道妙，法财侣地，缺一不可！故守其易者而行之，足矣！

养心护神之诀，密固有三要：闭塞勿发通，其法是以眼观眼，以耳听耳，以鼻调鼻，以口缄口，在正一心，外无声色嗅味之牵，内无意念固我之累，自然方寸虚明，万缘澄寂。

要说学问大，没有大过性命的。关于性命的学说，在现时社会，好像已隐而不见很久了，其实是人们没有重视。

什么称为性？就是宇宙形成时，即已存在的永恒不变的实性，是那明晃晃的灵光。什么称谓命？就是先天极为精纯的气，是那弥弥漫漫的元气。然有性就有命，有命就有性，性命原本是不能分开的；在天就叫作命，在人就叫作性。性命实际上并非是两个，只有贤人的学说主张，存心养性，修身之命，圣人的学说主张，尽性至命。性命双修之法要内外俱有，缺外功则德行不全，缺内功则本源不清。平日居心言必谨，行必慎，不使亏心。守心如执玉，道德胜似金。

修炼心静定内功，不可以色见，不可以相求，不可能会意外地、舒适地达到什么境界。扫去色相，无色身便空，心亦空，静而生定，定而生慧。保持一个永恒的平衡心态，恢复心灵的真空纯至静的清静自然本然，与大自然真空纯至静的自然本然合而为一，是为天人合一的大圆觉者，这是心灵能量达到的最高成果。

有的人信心不够坚定，理不明，心不通，而求速成，工夫未到，机巧贪谋，自认清高，认幻为金，迷自本真，会使他误入邪偏之路，不达正途。

惺惺一个主人翁，寂然不动在灵宫；但得此中无挂碍，天然本体自虚空。

心法十字诀

德字诀：老子说："常德不离，复归于婴儿。"要延年益寿，返老还童，须不离常德，要做到先人后己、厚人薄己，过归于己、功归于人，勿执我见，我是而人非，勿非人而自高，贬人以自大，勿逞强用术，逞才运巧，仗势欺人，盛气凌人，言笔缺德，嫉谤别人，更宜自食其力，自修自度。若能甘苦如饴，宅心仁厚，功德常修，正心抱一，自能返璞归真，明心见性。

养字诀：少言语以养内气，寡色欲以养精气，薄滋味以养血气，咽津液以养脏气，戒嗔怒以养肝气，节饮食以养胃气，匀胎息以养肺气，少思虑以养肾气，慎行藏以养神气。

心字诀：万法唯心，万道唯心，心为人之主宰，亦为精气神之主宰，炼精炼气炼神，均须先从炼心始。心涵动静，心不动则虚极静笃，明心见性，人我两忘，心无其心，无正其心，为名动心，无心可动则近道矣。

善字诀：养善性，存善心，行善事，与人为善，劝人行善，内外存乎善，则德行兼备，人人能行善则邪恶自消，国泰民安。

无字诀：对境无境，居尘无尘，动念无念，用心无心，无天无地，无人无我。道家最上乘功夫，旨在炼神还虚，炼虚还无。佛家要求无人相，无我相，无众生相诀，无眼耳鼻舌身意，无色声香味触法。佛道之最高造诣，归根结底，亦只此一无字诀而已。

少字诀：精宜少漏，神宜少耗，气宜少损，福宜少享，乐宜少寻，名宜少得，利宜少积，少一分外求，多一分精神。

静字诀：形欲静，心欲静，气欲静，练功中固宜求静，平时亦应求其能静，静中固宜求静，闹中亦应求其能静，静能生定，定能生慧。

寡字诀：寡言以养气，寡视以养聪，寡得以养性，寡欲以养精，寡动以养神，无所不寡则无所不清。

淡字诀：名心宜淡，利心宜淡，色心宜淡，爱心宜淡，嗔心宜淡，疑心宜淡，胜心宜淡，无所不淡则无所不安。

忘字诀：忘物可以养心，忘情可以养性，忘境可以养神，忘色可以养精，忘我可以养虚，无所不忘则无所不养。

吾自灵光道上来，只因逐妄堕尘埃，君今寻见还乡路，悟得心源道眼开。

原吾心境本无尘，因尘难见本来真，心净镜明无一物，自然现出真法身。

第五章 原始太极入门基础根源理论及具体要求

学员功前（必读守则）

心灵真气功之苗，守心不动育种苗；行站坐卧静为本，心平气和功法高；
身体连动心安定，忘身忘病觉悟高；不追气感不追功，心态平衡自然调。

1. 人的精神是生命根源

人是最高级的动物为万物之灵，有极为复杂的心理活动。精神能统帅调节周身而顺应自然环境，维护人体生命活动，有高度的智慧，有丰富的语言和意识。

人为万物之灵，不是消极地受自然摆布，古人在数千年前积极主动地去适应自然，发现了人体呼吸的出入，血脉的周流、营卫的运行，津液的气化，阳气的升降，毛窍的开合，神志的兴息等，都在随着天地四时阴阳之气的盛衰变化而变化，形成了"天人相应"的有机整体。人是天地自然的产物，具有与自然相通的同一性。

《素问·六微旨大论》说："与道合同，唯真人也。"古代就有能与大自然规律相融合，而同其变化的"真人"。《上古天真论》说：上古时代有称为真人的人，掌握了天地阴阳变化的规律，能够调节呼吸，吸收天地自然精纯之气，精神超然独处，收敛于内，使肌肉筋骨与精神达到协调统一。

每个人都有通向自然的本能——精神。认识这个本能，为炼气通达虚无真气之本。《上古天真论》中"恬淡虚无、真气从之、精神内守、病安从来"的功夫，是修道养生的真理。

人之生，禀先天之神以化气，积气以化精，以成此形体。既生以后，赖后天水谷之津液以化精，积气以化神，结于丹鼎，会于黄庭，灵明不测，刚勇莫敌，为内丹之至宝，气力之根本。气无形，属阳，而化于神；血有质，属阴，而化于精；神虚静，故灵明不测，变化无穷；精实，故充塞凝聚，坚硬莫敌。神必借精，精必附神，精神合一，气力乃成。人无精神，则无气力矣。武备更须如此，唯务会神聚精以壮气力。但人皆不知精何以聚，神何以敛，是在竭尽毕生之心力，而漫无适从。岂知神以气会，精以神聚，欲求精聚神会，非聚气不能。人若能气聚精凝，精凝而神会，自然由内达外，无处不坚硬。今所言内实精神之说，但须练之于平日，根深蒂固，方能用之当前，无不坚实。不然，如炮中无弹，弓弦无箭，手机无电，满腔空洞，无物可发。欲求勇猛疾快，如海倾山倒，势不可挡，必无能。习武练功最紧要是保养精神，精神也是人身三宝精气神，精气神简称为心。精神于人如同电脑的电能，没有电能无法开机运转；又如电视机离不开电，若没电能电视机没有影像。人的能源是精神，若没有了精神就像没了生命，所以说精神是身体的主宰。

　　自古以来，练养家皆以养心为关键，人的心境要保持清静安闲，心无所执着与挂碍，对外无所追逐，神不外驰，不消耗精力，情绪稳定，真气顺畅，精神安定自如，疾病就无从发生。这一真理，在东方养生文化经典中，被以不同的名词和方法予以记载。

　　道，是包罗万象的。就修养生之道而言，首先必须知其理，明其法，道理不真非真道。无论哪一种功法，教功老师有多大名气，用什么名堂，都要有一个衡量、检验功理真假、层次的标准。首先，此功法的渊源是什么？有没有文献古籍记载及经典论证？其次，教功人的道德品质怎样，学功大众的评价如何？再次，落实在练功者身上的实践效果怎样？以上三点，学练者一定要了解，不求真理，练不到真功。

　　精神的名称众多，在东方养生经典著作中称谓不同，儒、释、道、医家由于历史时期的不同，对其称谓也不同，但说的都是人的生命的根本。在此列出如下：真气、真源、理气、心灵、先天炁、浩然正气、紫气、天良、良知、良能、性、明德、黄中、仁、佛性、金刚不坏身、妙觉、妙明心、舍利子、妙明紫金光、金刚正法眼、自在菩萨、如来、真常、金丹、成佛因地、摩尼宝珠、元神、谷神、黄庭、天一真水、黍米玄珠、大神性中天、智慧体、慧根、根源、灵魂、感觉思维能源、生命能源等。

2. 精神保健指导

　　人类生活的这个世界是自然形成的，它有很多名称，这些名称反映了人从不同的角度对其进行观察后得出的基本认识。如：因为这个世界上存在着水火刀兵、旱涝饥馑等天灾人祸，故称其为"苦海"；人有生老病死离别苦，人潮如水，去而不返，所以又说"苦海无边"；人死以后，归还大地，也叫"沉没泥河"；佛教称这个世界为"娑婆世界"；在这个世界上，不但生活着人类，而且还有无数的其他动、植物等生命体存在，从这个意义上说，地球也是一个"大千世界"；人类社会又有灯红酒绿的繁华景象，所以又称"花花世界"；这个世界由有形象的物质所构成，又称"象天"；又因人类及动物都禀欲而生，所以又名"欲界"。还有其他的名称："大地"、"微尘世界"、"红尘世界"、"五浊恶世"……

　　这个世界上有很多事情都在折磨着人的精神，如自然灾害、生离死别等，很多事情都是不由人的主观愿望决定的，人不可能逃避现实，离开这个千差万别、错综复杂、是是非非的人类社会而生存，即使逃进深山，也还有狼虫虎豹在威胁着人的生命安全，所以说这个世界上没有世外桃源。

　　人要想打碎精神的枷锁，就要明理。一个人如果能对宇宙真空的至极真理透彻分明、了如指掌，才能成为一个道德品质、精神修养、思想觉悟至高无上的大觉者。所以，明理是精神保健的入德之门，是第一步功。

　　明理，第一要悟透社会人生之至理；第二要测透宇宙真空之真源。这两个条件不具备就不能得到真正的精神保健。没有真正的精神保健，也就没有真正的身体健康。首先，人们要悟一悟社会人生。因何有了天地万物及人类？悟一悟人在社会中生存的道理，父母未生前没有我，百年之后又没有我，为什么人生这样短暂，人离开这个社会就永无返期，为什么这样残酷无情？人生究竟是怎么回事？人生在世的意义何在？人类生存的价值是什么？要明了这些问题，就得求知明理，才能破除精神上的迷雾，才能真正地感到大自然的温暖和人生的快乐。

天地、万物、人，都是大自然的产物，也就是自然的。那么我们的精神自然不自然呢？如果我们把社会人生的道理弄得明明白白清清楚楚，我们的精神也就自然了，我们的身体也就自然健康了。

首先要明白我们居住的地方是地球，地球存在于空无之间。空无之间的地球覆载着人类，真空覆载着地球。人存在于天地之间，天地如同人类的大旅店，人好比来往的客人，来来往往。人生不过百年期，如同流水一般，后浪推前浪。我们每个人存在不存在呢？绝对点说，是不存在，也可以说暂时存在。有没有我？没有。也可以说幻有。因为人的身体百年以后就化为了微尘，所以人活在世界上是暂存体、幻化身。自然界的万物都是这样，有生就有灭，有始就有终，有分就有合，有聚就有散。人生在世生老病死苦是社会人生不可抗拒的自然规律，人再痛苦，再悲观绝望，也不能改变这个规律。既然如此，又何必自己折磨自己的精神？这样做不是很愚蠢吗？

精神保健的根本原理，在于对宇宙人生道理的觉悟程度，使精神保健进入高层次的理论。要了解、体会到身体的一切功能、感觉，实际上都是精神在起作用，一般不练精神的人是体会不到的。如人饮水，冷暖自知，人的精神是见闻觉知的真能源，脑、眼、耳、鼻、舌、身只是设备和条件。精神是一种永恒的存在，人身的起源，还要靠思想意识去追求。从文字记载中，从千经万卷中去求知。那千经万卷都是前人用心觉察到的真知。世界上如果没有人的精神，没有人的意识就一切无知。

物质是第一性的，这是真理。但是没有人的意识，这一真理就无从发现。我们靠学、问、听，靠觉悟、理解经典和周围存在的天地、万物、空无、人类的互相印证，切磋琢磨，才知道一点点道理。是真是假，是根是枝，是流是源，也还在研究探讨。古圣留下的千经万卷，我们不能把它当成空洞的理论来对照，要用天地万物、用空无的存在互相对照产生信念。我们的祖先伏羲，给后人留下易经，是为中华民族文字之祖，后有仓颉按形造字，再后又有孔子文字改革。伏羲以前没有文字，他怎么能创造文字书写易经？历代圣贤留下来的经典，都是给后人留下的理解宇宙人生和社会人生的光明正路，通过千经万卷所指、所证实,只有养精神、炼精神、求理悟真,才能成为一个明心彻透的大觉者。这是人间独一无二的至极真理,只有本着圣贤之理,才能走向正大光明觉悟之路。

由真空一本通向万殊,再由万殊归还一本,才知万物同体。人是同体一毫端,觉海一滴水,同体一分子。人与天地真空同呼吸共命运,生生息息永恒于自然。

在常人眼中,有身谓之生,无身谓之死。岂不知物体本有生灭、本有质变,身虽无,精神仍然没有离开无限大、无限小之真空体。精神是一种并非物质和气质能比的特殊存在,它无形无象又不是什么都没有。所以精神遭不到风雨雷电的破坏,更不会被物质器械所损伤,所以释迦称之为金刚不坏身。

《黄帝内经》中讲天地有质,此精神之气了无始终,黄帝才留于后代儿孙养精神传精神之法,而寿比天地,与自然同寿。肉体的生死只不过是一种物质的表现形式变了,所以说,人的精神永垂不朽。人间的精神大觉者德配天地,耶稣告知人们有个永恒的世界;老子说有一个永无变灭的三十三天;释迦言有一个极乐世界;伏羲指出有一个无极理天,即生天生地之天,又名为先天。宇宙大自然无始无终,无生无变,其理无穷。凭人的一点见闻觉知就肯定一切或否定一切都是不客观的。

对人来说,求万理不被万理所迷,通万化不被万化所转。宇宙中不同质、不同形、不同体的一切有名之物都有。对一个有觉悟的人来讲,知而不晦,信而不迷,心通自然真源理。

宇宙间唯一的神,是每个人的自我之精神。没有人的精神,宇宙也等于不存在了。因为你连"知"都不具备,还谈什么宇宙?一个真正的明理者,比神还神,比鬼还鬼,只有那些不明理的人才被神、圣、仙、佛所迷。其实神圣仙佛只不过是后人对那些精神、道德、思想觉悟至高无上的修养者的尊称、别名,自己不明理,不求真知,不求觉悟,不求明心,迷信他有什么用?其实他们也都是人,他们是留德于后人,后人不忘他们、怀念他们之德善,是很正常的。

崇拜神佛,求保佑,求生活幸福,求思想寄托,此乃愚人之行为。不迷信,求理悟真,提高自己的思想觉悟,不被一切外物所转,不被一切宗教之法所迷,在真理面前人人平等,用自己的精神即能达致知、通万化、证大觉。

人应该尊敬天地、父母、真师、正人君子；尊敬贞女、孝悌、忠信、礼义廉耻之仁人；尊敬古圣贤之大德真理，不应盲目迷信崇拜偶像，不能把别人的形象当作精神上的最高信仰。只有人生的精神的真空，才是至高无上的。所以，指导我们修炼精神的指南，是真理从之；不是真理，无论是谁的形象，都不追逐崇拜。在人类历史的长河中，各种形象层出不穷，明真理、证大觉、达明心之真理是永恒不变的。作为人类社会的一员，精神不文明就不能称之为人。虽然穿衣戴帽，只能说是徒有躯壳。精神文明是衡量人的标准，要做到精神的文明，精神保健法可以说是其中不可缺少的一部分。有了精神保健法，我们就可以战胜焦虑、忿怒、忧愁、悲观、痛苦、恐惧、伤心、绝望、狂躁、抑郁等大大小小的摧残精神、折磨精神、消耗精神、粉碎精神的妖魔鬼怪。学好精神保健法，就能使精神的威力大放光明，用精神的三昧真火，把一切心魔统统烧成灰烬。这才是一位伟大的、正大光明的精神健康的人。

3. 静养人身三宝精气神为宗旨

静,在练功人看来好像很难做到。其实不难,只要认清什么是"静"就容易多了。

在日常生活中,人主要是依靠大脑支配身体、四肢的活动;在生活中会接触到很多事物,由此产生了思维活动,这是意念,也就是人的思想。练功人把这种正常的思维活动看成是静的负担,是错误的。

大脑正常的思维是它的本职工作,身体四肢百脉、五脏六腑也各尽其职,像一台自理的机器。静,就是使产生思维活动的大脑神经器官本体松静自然、安定自如、心态平衡。千万种功法都讲静,只是静的方法不同。

人体的精神真气、真空纯至静是它的本质。黄帝所阐述的真气从之、孔子所述的守性不移谓之中、释迦讲的如如不动之心,这都是静到了极点。静功至此者,与大自然真空同呼吸共命运融为了一体,也叫"天人合一",到此境界即是明心、大觉、致中和、万化通。

真气独自知,它不属知识理论的书本知识,用语言文字难以表达,所以称为妙智慧。妙字之意,即不可言。如食之味,口说笔写,都是比喻,只有实践自知。在古圣先贤的经典著作里,记述有一个能使人与宇宙真空大自然沟通成为致知觉悟者的方法,称为:过去、现在、未来的不二之法,就是静思的功法。初学入门:必须找到静思的因地,认识到自身根源与宇宙根源。明白自己与大自然的关系,方能心平气和,心安理得。在这个基础上,悟真理,求真宗,才能得到在书本上找不到的真理,方才能得到自然的未知未解的真空妙理,做一个理解真空宇宙的实践者。唯一难做到的就是恢复自性真空的本来面目,除掉一切尘法方能达到。既然静心,首先要不被一切功所转,不为一切法所迷,不被一切物所牵,不被一切事所动,不被一切情所系,不被一切难所惧，不被一切爱所割。总之，心空无物即是清静本然。

静养精神必须以理论为宗旨，必须以自心自身为根源。练功的本真，是以自我精神为练功之种子，培根、育苗、开花、结果，因为精神是四肢运动、眼、耳、鼻、舌、身、意、呼吸、调息之气的总能源。无论哪种功法，凡是在躯体上育种秧苗，都是有为法，躯体本质是父精母血而成，以此为根，结果即是幻，因为躯体终有质变。《黄帝内经》中说："精神为天真之气，天地有质变，此气了无终始；久服天真之气，必通神明。"以精神为本质，种子真，成果真。以其他为本质是以砖磨镜，终久无成。君子务本，本立而后道生。精神是明万理，通万化，永恒于自然的根源。

精神真气是体，人身各器官的功能是用，一体多用。神是体，气是用；灯是体，光是用。如要想光明亮，加功于灯才是。要想身体健康，必须加功于神。一分神十分气、一分气十分力。神、气一体，神为之本。精气神是人身三宝，简称心。天有三宝：日、月、星；地有三宝：水、火、风；人有三宝：精、气、神。天无日、月、星，日月不周流；地无水、火、风，万物不生；人无精、气、神，生命就是一个空壳。

具体练功之法：

（1）以理为宗；（2）以练神为根；（3）以自身为核心；（4）以自心为核心基础；（5）认觉为师；（6）以自为尊；（7）以信为行；（8）以善为先；（9）助人为乐；（10）以仁德为本。

行、站、坐、卧、练，是练功的五种形式；敲、打、按、摩四种为辅助功。

练时不论地方，根据自己条件，当然是公园和院落比较好，室内宽敞也可以，在这点上不必认真，在哪里都一样。练时自己应知道在练什么，既不是练四肢运动，也不是在练气求气；既不是练呼吸调息，也不是练什么武术拳法；既不是练动，也不是练不动；既不是求静与不静，也不是练什么也不想，更不是挖苦思想，而是自自然然地使心安定下来，养心练神之为本，这是此功的根源。**法为身心设，法出身心中；学法要舍法，全凭觉悟功。**

初习练者先认清，本功是以洗心涤虑、心灵修缮、增智开慧、静养精神为目的，所以对身体来讲没有规定，在哪儿练都可以，任何病患者都能练。

第五章 原始太极入门基础根源理论及具体要求

俗话讲：三分吃药，七分养神。卧床不起者也可以练，任何人稍通晓功理能明白就能练，青少年无例外都能习练。

要知道，人的不健康大多是由精神的紧张与心情不愉快造成的。那么欲想强健身体，就应该从根本上找到，祛除精神紧张与心情不愉快的方法及理论。《黄帝内经》曰：无论男女老少，人人有个精神，并指明养精神之法"恬淡虚无，真气从之，精神内守，病内从来"。此中所述的气功，练的是自我之真气，而不是外因之气。道家所说的三花聚顶、五气朝元，树的是自我之精气神、内五气。儒家所说的至大至刚，善养我浩然之气，培养的是自我天真之气。释迦佛所说的一性圆明，是让人用自性智慧破除自心之愚昧，恢复自性理智的本来妙明，除掉自我心灵之暗。以上诸家所传为真功正法，功乃自我身心的产物，心是万法源，练我自心，生我自法。若向外求，依赖他人能源别人的法，是舍近妄求，失本求末，无一真功。每位学者只要认明育种培真之良方，世人皆能练。

初练功的人，心平静下来，不思动，不思静，心静如水，才谓松静自然。不是用意将肌肉放松，加意识入功态是装相，叫装腔作势，丢掉了本质。真正的松静自然是内心世界，而不是外表做出来的表象。有意入静，有意制乱，都是意识在活动，仍属不平静的表现。不思动，不思静，是平定思想入静的正确方法，是随心所欲、顺乎自然的一种方法，就是无为法。用人为制定导引、姿势、戒律的方法，是有为法。这样的方法反倒不自如，更不自然。

练功者思想上祛除了障碍，才是自然的安定自如。静与乱都不生是真自如。静，绝不是什么都不想，是静思、悟理、求真，目的是要人通晓自然之理，看透人情世故，找到静思的因地方能初学入门。认识到自身根源与宇宙根源方能进入入德之门，明白自己与大自然的关系方能心平气和、心安理得，在这个基础上悟理求真，才能得到书上找不到的真理，方能得到自然未知未解的真空妙理，做一个理解真空宇宙的实践者。唯一难做到的，就是恢复自性真空的本来面目。人只有除掉一切"尘法"方能达到。

原始太极功的动并非妄动，是有着自然本质之动，是有基础的动。不是本自我身心之自然规律根源动，不属基础之正动，是没有真气心源之动，等于盖房无基，动也无益。大动不如小动，小动不如不动。单靠比比画画地举手投足，抡一抡胳膊腿儿不是精气神合一之动，不属真动。真动属于人根源自然之动，只在纠正举胳膊抬腿上做文章下功夫，功之真理不在此（水土风火）四大假合上面。

真功不在现象，真功不在体外，也不在呼吸调息之气，应该在主宰呼吸调息、主宰四肢运动能源的心源真气上下功夫。初学者别学妄动，妄动非真，真正运动之源皆起于心，各种套路姿势穷其根源，皆来自心。凡有心之学者，皆可开创自我本心之明路，方为自然真功，此谓之真得。强身必强心，心明眼亮方向明，真功可至。可谓：迷者千万里，智者一步超，要想知远近，靠吾悟性高。

通天彻地我虚灵，理明心源觉悟功，修学务本识大道，无住无求万法通。

什么是自然之功呢？动者，静之极；静者，动之基。千变万化之形式，气之化也。呼吸调息之气自然，叫随心所欲，顺乎身体自然之动，动由神出，是为根源之动。神者，真气心源。真气心源无极所生，此动为无极生太极，太极生两仪，两仪生三才，三才生四象，四象生五行，五行生六弥，六弥生七宿，七宿生八卦，八卦生九宫，九宫至十圆。周而复始，此即圆合之理。修功至此即心平气和，心安理得，精气神三宝自如，内五行之气（金木水火土）自然协调，五气圆合，阴阳气平衡，元神如如不动，自然肌肉合一。身心整体之动是人身自然规律所出的本能动作。元神自然，身体器官骨节经络血脉自然纷然，如此之动才属自然之动。初习者，有的多日不动，没有关系，此为内动之际，等养神气充足，自然化式。也有的初习者动作单一，不好看、不协调，这本是在调和内五行气的时候，慢慢地等到内气圆合平衡时，动作也即圆合至美。

练功是根据每个练功者的健康情况与本人的性格及心理状态为原则，行、站、坐、卧、练靠自己选择，绝无定法。无论你身体是什么样的姿势，是静态的还是动态的，都不是练功的目的。此功目的，是做到思想稳如泰山，精神安定，恢复天真，自在而潇洒，活泼如孩童。不要意识过重，被法所缚，身心被教条束缚死死的，必不会收到好效果。因人而异，万法由心生，不管是动是静，守神不移是真理，离开这一真理，不是真功正法。

初习者，最宜先体会站着养神，要以全身放松、舒适自然为准则，舌尖轻抵上颚，任督两脉自接通，呼吸纯自然，收视要返听，六根不妄动，静思至明理，能增智开慧。仔细地琢磨，思想任自然，物我两相忘，心清不著相，自达至虚极之境，静极必生动，处动而神安然，顺其自然。此法即是六祖慧能所说为："万法尽通，万法具备，一切无染，离诸法相，一无所得，名最上乘。"圣理流传贯十方，无形无相永无疆，长养万物天地育，阴阳生克日月光，无极真空有妙理，真性无体法无相。

而愚人求法，不但不能忘其形体，反而认假体为真。殊不知眼下如何的富贵荣华，百年光阴犹如弹指一挥间，即连身体都没有了。心执假体是愚顽，千般万景皆虚幻，妙明本来无一物，声色意念非本源。

修真之要义，借假修真，借假我以修真我之称。色身为假我，法身为真我，此以自身言之。元神为真我，识神为假我，此以自心言之。妄意为假我，真意为真我，此以自意言之。总之，一真而无不真，一假而无不假。差之毫厘，谬之千里。此为修学者必知之理。

真心真理真心传，真信真诚真理参。真功真法真得果，真语真经不虚谈。
尘世功法有三千，君用圣理辨真诠。倘若违背真宗理，辜负千佛万圣贤。

人之一身，所贵者唯心，心为万物之灵，百体之令。行动坐卧皆是一心本领，人人均有，而人人偏昧之。昧了良知，昧了良能，昧了良心。其何故？是不知自身精气神为宝。

人的五官百骸，视听言动，身之所必需，心之所必到，也即精气神所周流。如入脾胃两脉常常固守，则饮食必不停滞，于是则精生。精在人身如露珠走盘，极圆极润，五脏六腑、血脉经络，都赖其滋融，而呼吸自顺则气生。人气通物，贵凝而不贵泄，宜养而不宜败，三角豁络，九窍流行，一股清淑之气，盘乎上。旋乎下，清清净净，纯是一点灵光，此精气所以结而为神。于是心思必强、心力必壮、心窍必明，此其功能在身体上的行使。以它应万事，以它揆万机，以它穷万理。心主使，而实精气神卫之。世上人见识卑浅，说精气神是丹家修道之物，以为与心无关。往往被忽略、忽视、抛弃、丢掉了，以致此心不能保养，或为邪扰，或为欲牵，势必至真精枯竭。正气耗亡，元神丧尽，奄然如骷髅、似僵尸。

古人提醒世人曰："精气神中运三才，浑涵万象结灵胎，圣贤本领由斯作，绝大功夫此地来。"精、气、神旋乾转坤之才，人离之则为废物，掀天揭地之事缺之亦难行，此是往大处说。往小处说，如文学家作一文，初审题时，聚其精以探讨琢磨，运其气以贯通，汇其神以措用，然后为主挥毫落纸自如云烟，为主措辞出语自然如珠似玉，理如丝，文如铸。这怎不是精气神之所为？

现在的人对于此三宝往往视为外物，而不知是宝，只认为心欲是好的，为私欲奔忙耗尽精力、气力、神力，将至奄奄一团死气。心虽欲改，其精已竭，其气已亡，其神已耗，故精气神所以卫心，而也为心所不能离。人欲修心，必须重视此宝。

道家修炼重三宝"精、气、神"。道家长生法要的"炼精化气，炼气化神，炼神还虚，炼虚合道"等一贯工程总是以此三宝为基础、为材料。人身精气神寄托于外是为耳、目、口三门，《参同契》所谓"耳目口三宝，固塞勿发通。真人沉深渊，浮游守规中"。当静功修炼时，宜固塞此三宝，令勿发通，外不入内、内自不出。耳多听则摇精，口多说则伤气，目多视则劳神。收视于目，回目光以内视，返听于耳，回耳听以内闻，缄闭其口，回元气以内营。凝神寂照于丹田，了无杂念，使神气相抱。合乎先天之鸿蒙，将此精气神三宝调和烹炼，往来升降，发于规中，充于四体，便可证验到内功之成。养精为养形体的要素，养气为养命的要素，养神为养性的要素。精者体之所成，气者命之所寄，神者性之所托。油尽灯灭，精竭人死，气绝命亡，因此原始太极功夫最重精与神气。闭塞耳、目、口，叫元气不上泻，寂灭心意念；叫元神不外泻，筑固肾部；叫元精不下漏，收视返听，寂心止念，神光全集于内，积气，聚精，凝神。久之即可产生内功的特殊效验，能使人返还于童贞纯阳之体。

原始太极内功心法，以眼光之"回光返照"为功夫要诀。眼为七窍之一，光明视见，纳山川之大，及毫芒之细，悉云霄之高，尽清泉之深，皆光明之所及。故眼为见性，能察万物，现心灵之性，有不可思议之妙。故修炼太极不可不注意眼法。由于本太极是储蓄精神生命能量而不是消耗，是积累收入而不是无妄支出的拳学，太极拳运动要求神定自若，绝杂念，蓄眼神，凝耳韵，也就是精神内敛，须以养性定心，聚气敛神为主。若心不安，则性扰之；气不聚，则神散之。心性不相衔，则四体百骸无不尽乱；神气不相接，则千经百脉莫不尽闭，虽依势作法而法无效焉。这就是内家与外家的根本区别之处。

原始太极拳行功时绝不强行聚神于目，强制双目圆瞪、炯炯有神、威光烁烁、精光四射，只能伤神、耗血劳肝，于养神养气、健身延命极为不利。太极内功主张慎守而内，封闭对外，内以安心，外以安目，纯白天性，抱神以静，目勿虎视而常微内含（睁二闭八，眼垂帘）。常内八而外二，八内藏以颐养神气，矫养气质使不俗，以外用二，余光所及能顾盼左右前后已足矣，莫使有多余之耗损。《心目论》中曰："人之所生者神，所托者形。"又曰，"动神者心，乱心者目，失真离本，莫甚于兹。"故太极内功心法有"抑之于眼以留目，含其光明使归于心"的以眼制心的行功心法，即"回光返照"定静心法。"回光返照"又名"内照返观"，或称"观自在"。光即目光，含光默默，敛光向内，即是回光。绝诺念之纷，存中道之想，渐至入静，是名曰守；一志凝神，专主于敬，洗心涤虑，平心静气，以神守中，谓之返照。《吕祖师先天虚无太一金华宗旨》曰："故回光，即所以炼魂，即所以得神，即所以制魄，即所以断识。古人出世法，炼尽阴滓以返纯乾，不过消魄全魂耳。回光者，消阴制魄之诀也，光即乾也，回之即返也。只守此法，自然精足，神火发生，意土凝定，而圣胎可结也。"太极之圣胎即"专气致柔能婴儿"之婴儿，功至此境界，本心清静，气质已变，质变同神，炼神入微，肉眼内视，神光内莹，自然"二目无光"，此无光指在外，而内晶莹。所以太极功高之人，由于徜徉于中和之道的人生境界之中，所以大多会古通今，书剑襟怀，儒雅绝俗，锐气内敛，刚猛尽收，似有仙风道骨，眉目间绝无凶暴游离浮露之相，目光决不威猛狞厉，而是天性纯白，"方瞳正碧"（古人有说：有仙风道骨之人，双瞳成方，目光清澈，碧光隐隐），柔静澄明，"一点灵光吊在眉"，隐隐若有红光，神光内莹，犹如明月清潭。

清刘一明《阴符经注》曰："九窍者，人身上七窍下二窍也。三要者，耳目口也，人身九窍皆受邪之处，而九窍之中，唯耳目口三者为招邪之要口。耳听声则精摇，目视色则神驰，口多言则气散。精气神一伤，则全身衰败，性命未有不丧者。"为使七窍不致妄用，精气神潜藏不致外漏外泄，自古修炼家主张：含目光而目不妄视；凝耳韵而耳不妄听；缄口气而气不妄散；匀鼻息而息不妄喘。即所谓"耳目口三宝闭塞勿发通"，亦即"七窍不通"。这是因为耳不外听，目不外视，口不开言，鼻不闻嗅，则七窍之神光闭而不用，潜而入混沌之渊而返黄庭之室，方可炼精化气，炼气化神，炼神还虚，使太极内功功臻虚灵神明之境。所谓"七窍不通",是指不通于外,而内则应相通,即与脏腑内气相互通达,即所谓"七窍相通,窍窍光明""七窍相通不知老",而要做到这一点,必要闭塞三门耳、目、口之窍,不为色香声味所干扰。其意义与"五官不用"是完全一致的。

道家功夫重性命双修,形神兼养,之所以重养形,正如《淮南子》所说:"形者生之舍,形备而性命成。"形之不存,神将无附;命之不存,性将无修。因此道门虽以养性为宗,养神为首,却以养形为本,养命为基,方能达到形神合一之境。若本基不固,宗首便无由得立。舍此躯壳,功夫如何起修?佛家说明心见性,儒家讲正心尽性,生命不存在,明见正尽便全无落脚之处。

神、气、精又称上药三品,不是后天之物,而是先天的元神、元气、元精。后天的神、气、精三者为识神,乃思虑之神、呼吸之气、交感之精,与先天三者不同。元神为乾元砠性,其体本空;元气是父母交时两情两气相合而产生之气,就是后天之先天炁;元精是混元至精;三者合一即可成道,此是上药三品。

元精与交感精有所不同。元精之为物,名虽为精,其实是气,也即为情。以元神元气相合而感生元精,为先天。以后天的精、神与呼吸之气感情而动,化成有形之精为交感精,为后天。修道人须先将交感精化成元精,就是所说的炼精化气,此是修炼第一步功夫。第二步为炼气化神,第三步为炼神还虚。交感精因动而生有淫根,出入门户。不去淫根不能断淫,修道人将有形化为无形,不空者化而为空,情化为性。欲断淫根,须先将交感精化为元精。所漏者虽仅淫精,但是此精由坤气交感而生,则神气随之漏了,唯得漏尽通则不漏而可断淫根。

得道所在:耳,因耳肾同为坎;精,由肾漏,即由耳也漏。所以人修须调息喝音入耳,返听以藏神于耳,欲水源清,在先洗耳,肾水自清。佛宗先净耳、意两根,求得真意归耳方可观音得道。观音得道,才能断得淫根淫意。人身有三淫,即意、身、根。单断意、身都不能断淫无漏,必断淫根方能断淫为漏尽通。见马阴藏相,道家说阴缩如龟,小周天完成,方现此相而断三淫,还成童体可进修上德无为之道,如童体修真无有区别,这就是最上一层无为大道。上中下三品之渐修法则不然。上品虽修功深,到淫根仍难断尽,仅为缩而不动,还不能灭尽成童体;中下两品淫根更难以断,因为修功时夹杂后天精气，只能达至祛病延年，至仙远了。入仙家须先断淫根。古人说：天上无漏精的神仙。采炼后天者，采取交感之淫精，不知此有形质之物，所用只不过得一时的身体光润，面目鲜艳而已。凡是有形质之物最终有坏的时候。还有，男女交媾不洩精而返之者，则为外道邪说，其间有夫妇俩一同双修的还无损于私德。若有用女性作鼎（采阴补阳之法）则是作孽，而不是修道。

入上药三品，自是先天无形之物。后天怎可能称上？形而上者谓之道。形上就是先天，先天的神与气精为作丹之大药。元神为心之主，元气为身之主，元精为意之主；神动气随，精也因之而动，所以先说神，后说气、精，此神不是思虑神，此炁不是呼吸气，此精不是交感精。

先天元神就是空性之动体，真空而妙有先天元炁，就是太极中之理气，妙有而真空，两者同出异名，同称之玄。玄之又玄，众妙之门；元气是玄，元神是玄又玄。神气合而生元精，称之至阳之精。先天三品均无生灭，三就是二，二就是一；不是后天识神、呼吸之气、交感之精，为人生死之根，随人消灭，不足为上药。故曰：

　　修养三宝炎黄圣传；养成复命心态安然；
　　精进悟道全靠明理；神贯宇宙气遍大千。

第六章 原始太极运动原理及五种形式

第六章 原始太极运动原理及五种形式

真假虚实在根源，源理宗承是心田；
太平身心在自我，极静动极万变圆。

1. 原始太极运动原理

学练太极内功心法者，必先明太极起源。宇宙大自然处于一个无休止的永恒的生成和变动中，宇宙间的一切事物的变化没有穷尽，四时运行，万物终始，混兮辟兮，其无穷兮，正如动和静的循环没有极限。自然育化天、地、人之后，天命伏羲立世，述自然至极真理，宣自然至上之德，是伏羲首先绘制自然育化天地人、万类万物的演化规律：一画开天显无极○。无极是不生不灭，无形无相，无始无终，无大无小的大自然真空，是不易之气，○化一气生太极。太极是无极真空纯至静化生先天混元一气，是分阴阳、判天地、一元周而复始的变易之气。太极一动分两仪，即混元一气静到极点清浊阴阳分，重浊者属阴，成尘凝聚为大地；轻清者属阳，成气上升为青天。阴阳分天地成，天地交泰育皇极。天之阴气下降，地之阳气上升，即是天地交泰，阴阳五行之气颠倒化人伦、生动物、育万物，它有形象、有质变，属交易之气。如日、月、星、水、火、风、山川河海、人类、动植物等统属暂存体、幻化身。

原始太极的动静运动原理依据了《无极图》。《无极图》原出于唐末宋初著名的道教和易学大师陈抟老祖（？~公元989年，字图南，号扶摇子，世人称希夷先生，亳州真源即今安徽亳州市人。他隐居武当山、华山内养几十年，对内丹胎息尤为精通，所创五龙盘睡功甚著名，著作有《无极图》[刻于华山石壁]、《指玄篇》等。明清以来考证或认定，《太极图》源于道教系统的《无极图》或《太极先天图》的学者甚多）。需要指出的是，我国古代修炼家，经长年潜心修持、静观体验、感应自然宇宙，将此图做了宇宙发生学太极动静的说明。陈抟祖师的《无极图》让后人看清了，天地阴阳如何相交，又是如何达到"阴中有阳，阳中有阴"的生发状态，是易学原理的形象化展示：无极而太极，太极动而生阳，动极而静，静而生阴，静极复动。一动一静，互为其根，分阴分阳，两仪立焉。阳变阴合而生水火木金土。五气顺布，四时行焉。五行一阴阳，阴阳一太极，太极本无极。五行之生，各一其性。这是说明，宇宙运动过程本质上是动静两个对立面的交替和转化，"动极而静""静极复动""动"的状态发展到极点，就要向相反的方向转化，变为"静"。同样，"静"的状态发展到极点，又要转化为"动"，整个宇宙过程中任何一种特定的运动状态都不是永恒长久不变的。

  原始太极内功之运动，不同于其他太极拳。这种太极姿势动作的产生原理，是本着无极育化太极的理论原理，独立守神、肌肉若一的养神功夫。当人的精神达到真空纯至静的自然虚无境界，即是小无极的自然神态。小无极清静到极点小太极生，是由此化生出来的真太极功夫。因此，它是按照无极自然育化出来的千姿百态的自然运动作为拳法套式的。人法地，地法天，天法道，道法自然。太极拳姿势动作起于练无极先天一气这个根源之理。无极生太极，太极生两仪，两仪生三才，三才生四相，四相生五行，五行生六弥，六弥生七宿，七宿生八卦，八卦定九宫，九宫满十又归圆。一本散于万殊，万殊仍归于一本。它是本着人体这个小自然、小天地的无极先天之气、人的精神能源，也就是每个人的心性，真气、元神、佛性为根源，在这根本上下功夫，炼心性、养真气、守元神。就是神安气宁、心安理得，不思动不思静，精气神自如，内五气圆和，达到五脏六腑与精气神合而为一的混元状态，这即是混元一气的太极境界，才是真正的太极功夫。

  人顶天立地，上接天根，下彻地源，气化形生，此时从心灵到身体的整体自然运动便产生。人心如〇，动基由此而化，动由〇生，即是无极生太极之理。〇生动，为一阳生，阴主静。阳主动，动者属阳，阳中有阴。身动，心不动；心静，身动即是阴阳协调。〇属静，生动，这叫有一静就有一动、有一动就有一静、有一静就有一动……滔滔不断。这样阴阳五气协调，动静兼备，精气神自如，内五气自然协调，五行气圆合。所化之运动形式圆合连贯，起无

第六章 原始太极运动原理及五种形式

定式,收无定法,随心所欲,顺乎自然,千变万化,运用自如,如行云流水,滔滔不断,永流不息。此乃自然所化之动式,是精气神合一的产物,是人体本能的、自然的产物,是为"无为"自然之动。大自然无极生太极,太极生两仪,两仪生三才,三才生万相,这个道理通过人体这个小自然显现出来。心灵为真空纯阳之静,静到极点而生先天阴阳五行之气的混元太极,太极静到极点,继而又生各具阴阳五行具全之天地。阴阳交泰万物始然。人是小太极,动式之升降、开合、动静,与天地太极同理同源,是名为合道太极,名副其实。学练功理当认清,千里之程路认明,目的不明别登程,糊涂瞎走掉入坑,根本原理要确认,马马虎虎误前程。

学别人动式为己之运动的人,眼向外学相,心意外驰,神已离舍,这是人为的做作之式。眼外向,神散;心意向外,气离体;精神外驰,是根动,这叫有为法。有为法身心意离体,真气散矣。无为神聚,有为离体。无为之动式,升降开合自如,高低自然,不求自会,不学自得,真气化式,人之本能。是为真动式,并不是学来的。真动式有灵、有气、有静、有动,既柔亦刚,有缺有圆、有分有聚、有升有降、有开有合,无定法、无定式、无要求、无意识、无始终,无场地之分、无男女老少之区别,自然自如,自由自在,随心所欲,顺乎自然。这样,源有一静,就有一动;源有一动,就有一静。静不离动,动不离静,动中有静,静中有动。此乃太极阴阳造化之玄机。

入手修炼原始太极,开始自由站立,身体自然放松。形式在自己,养神筑基业,神出无极理。无极先天气,真源是自己,精神无极化,气质太极体。养我先天气,就是真太极。养到至极处,太极静亦极,静极生玄化,太极生动机,静极生真动,动中藏神基。离神是妄动,盖房无地基,一推墙就倒,只因无根基。神外仿形体,身心两不一,神已离舍去,走了真太极。动静元神气,静动身不离,身心本统一,心身合一体。神起身就动,神息身相依,心身肌肉合一体,此就是真源—太极。身心静到极点万化起,抬手就是气化出来的一,真动式本是真气化,千变万化是气化一,一本散于万殊是自然理。

先天炁是太极基,零化万理太极始,千变万化此为基。没有收式也无起式,逍遥自如是太极,顺乎自然是心源,运用神机是本能,行如风来落如雨,升降开合阴阳转,五行气圆连贯体,真如行云与流水,又似雷电驰风起,天上飞鸟落了地,鱼跃龙门挺身起,龙虎之势神威基。运动原是精气神合一真气化,身心动态包含自然理，方为自然一太极。

人的身体运动之动式，是阴阳五行之化，精气神合一所化。阴者主静，阳者主动；阴者下降，阳者上升。阴阳相抱育化生，阴阳分离子圆成。举手阳气上，放手阳下行。抬足阳气起，落脚阴下倾。两手来相抱，阴阳交配成，两手至分离，阴阳分化行。阴阳育化五行气圆合形。双臂高亮翅，心脏火气升。平伸双手动，犹如流水行，此乃肾水至，水流是平行。伸开胳膊拉长式，此由金气生。小巧玲珑至，此乃木气行。若有低下式，此乃土气成。升降开合圆合体皆由土气来分呈。金属长，木属短，火主高，水属平，土属低。金木水火土包含，长短平高低为一圆。所以太极圆合连贯，阴阳相交五气圆合，生生不息，周而复始，是自然规律自如矣。悟真求理向前，精气神自如，内五气归原，返本还源，复我本原太极混元之体，复我本来真空无极理体。如是，原始太极真功即至。

正宗真功正法，大智慧者豁然贯通，真气从之，心通自然，气贯十方，与自然同体相应。自然自在，呼吸调息之气充实，气通大周天，贯满全身。身心自在轻松，敏捷轻灵，运用自如，身似车轮，四肢灵活，神速如闪电，神明鼓荡，气势磅礴，虚灵缠绵，机巧连环。不动如虎踞龙盘，一动犹如山动，有时相似庙中佛之庄严，有时貌似八百罗汉，有时形似天将下界，有时态似呆翁醉汉，有时身似飘摇淑女，有时戏似孩童耍玩。从心灵纯静中生的动，体态舒适、轻松、愉快，不消耗体力，练心生法，精气神合一，动势如流水源源不断，动作圆滑、舒展大方，姿势千变万化，练三四个小时不觉累，浑身感觉更轻松，神气十足、精神百倍。相随心变心慈面善，神清目秀肌肤柔软，健脑养身素质增添，嬉笑欢颜潇洒人间。

练原始太极内功不追求动，功的目的是凝神聚气，走向神气体合一。此动功是名为现象，然本质是静养守神之功，只要精神安定、心气宁、体平衡，身体动作式子自然产生，这是静功的形式变了，不是坐，不是站，而是动。因为坐和站有点寂寞，所以把静的形式化为动，既然把动说成是静，那静就是本质，动就是形式，不要以为盘腿一坐，两眼一闭才算养神。比喻：静就是树，立根为本，动就成了枝末。关键是培养根，由根到茎，由茎到枝，由枝到叶，开花结果，这就谓：根深蒂固，本固枝荣。练功失本求末，越走越远，功难成就。

原始太极与那些不求本、不寻源，只在式子模仿上下功夫的所谓太极拳有本质上的区别。精神集中在外学式子，叫有为离体，模式学得再像也是他人的身心产物，难入出神入化之境。如今社会上所流行的太极拳，多是那些人为的、有套路的、有规范动作的有为法，有人在前边领着做，后边跟着模仿姿势的功法。千万人学练，也只是那几十个动作，今年这么练，几十年以后还照样这么练，千篇一律的机械运动，如此功法大大束缚了人的身体和精神。对于身心外学来的手段，是来自他人的身心产物，属于外家功，外家功移至自我本身，属消耗自我身心之能量，只不过是有为的体力运动，用力则伤气，用气则耗神。任何不以养神立德为根基的拳道门派，其所锻炼出来的力量都只是其身体某个局部的力量，连身体的整体力都发挥不出来，更谈不上进入人与自然浑化融合所产生的神力神速的境界。

人是高级动物，万灵之长，大自然赋予其自行调节的功能。如胎儿在母体成长，由无到成形，均属自然生长，该生长成什么就生长什么，不需要母亲予以任何意念。又如同消化系统一样，本是自动流水线，何需用意识去指导呢？

如果你的四肢运动受别人支配，听着口令、听着音律、看着别人的动作跟着做，注意力都放在了外面，心就跟着别人跑了，剩下空壳装腔作势，比画几十年也不得真功。再有，用千篇一律之定法、定式、定呼吸、定导引能适合所有的学练者吗？男、女、老、少，心理状态，身体条件，没有同样的。大夫治病，能五百个不同的病人用一个方子取药吃吗？千篇一律的定法，束缚人的手脚，反而不自如。功可千篇定律，人可不是千篇一律，俱都不一，定法又怎能适合万人之身心？练功人自心不做主，失去主心骨，靠什么练功呢？失掉主心骨，就没有了根本，舍本求末，谈什么真功？有一种，名为自然，实者不知身根，不知自然之源，不识真气理源，无根放纵，名为自然，实则妄练，出偏了反怨学者不精。又有一种，用套路、定式、定法为基础，待发功后也言随心所欲，功由自发，此为圈套中的自然、框框中的自发，束缚人身心的功法。还有一种，上下导气之方，左右转气之法，纯属误人。

人体一切运动有其自然规律，人心是自然之本，本自然。万物纷然，人体上下导气，而各人的健康情况不同，万人一方，呼吸调息能一个调子吗？

其他器官皆如是。天体大地、日、月、星运行于天,春夏秋冬四时行,百物生,万物育,皆本自然。

人是小自然,养生健身本具此能。用意强为,违反自然规律。人体经络自然运行,呼吸调息自然升降,大脑神经自行调节。人是自然之机,心灵为能源之本,灵机一动,自然运转,所以人为小自然。现时学功者,重于习惯势力、学姿势、导引之法,不知有自然真气心源化式之法,学者自当比较鉴别。实践真修,方为真参实学之功,否则以假当真,有误身心健康。

人法地,地法天,天法道,道法自然。太极拳姿势动作源起于独立守神、肌肉若一的养神功夫。精神达到真空纯至静的自然虚无境界,即是小无极的自然神态。小无极清静到极点小太极生,即是神安气宁、心安理得,不思动不思静,精气神自如,内五气圆和,达到五脏六腑与精神合而为一的混元状态,这即是混元一气的太极境界。顶天立地,上接天根,下彻地源,气化形生,此时从心灵到身体的整体自然运动便产生了。大自然无极生太极,太极生两仪,两仪生三才,三才生万象这个道理就通过人体这个小自然显现出来了。拳之升降、开合、动静与太极同源同理。源有一静就必有一动,反之亦然。动不离静,静不离动,动中有静,静中有动,无不契合太极阴阳造化之玄机。身体四肢运动之式子实是阴阳五行之气所化成。阴主静,阳主动,阴者下降,阳者上升,阴阳相抱育化生。举手阳气上,放手阴下行,抬足阳气起,落脚阴下倾,两手来相抱,阴阳交配成。双手晾翅是心脏火气生;平伸双手如水流动乃是肾水至;伸开胳膊拉长式,此由金肺气化生;小巧玲珑至,此乃木气行;若有低下式此乃土气成。金长木短火高土低成一圆,所以太极之动作圆合连贯。阴阳相交五气圆合,生生息息,周而复始,是自然演化规律变化之体现,此时练功者的精神境界是松静自如,运动形式千姿百态,千变万化,起无定法,收无定式。时而晴空万里,气暖风和;时而阴云密雨,风驰电掣。体若神龙,动如鹏鹤;形若雄狮,身如虎豹。如鱼儿戏水,似龙门鲤跳,包括了天地造化之玄机,这才能真正配称太极拳。此是人人自然天赋之本能,是人人本有之家珍。悟透此中理,明师一点通,人人都能进入真太极拳的运动境界。真太极拳与那些不求本、不寻源,只在式子模仿上下功夫的所谓太极拳有本质上的区别。精神集中在外学式子上叫有为离体,模式学得再像也是他人的身心产物,难入出神入化之境。自家有金矿,却做行乞儿,实在不应该。中华民族传统文化今胜昔,大道世代创新生。

　　看世上,几人能识动静机;尽痴迷,心外求法耗神气。
　　识真源,大智能悟太极理;最上乘,敛神聚气入无极。

2. 五种功法

卧功

天地交泰，灵源一本散万殊。人类降生在大地母体润土中，心灵真气来自灵源，是见闻觉知的总能源，血肉之躯体是天父五行之元气与地母五行之气交融，再与心灵之气和合而成，故曰二五成形体，三五周性命。人是自然生天地养，顶天立地列三才，人卧于大地母亲怀抱，如游子还乡见亲娘，又犹如婴儿哺乳天真活泼乐自然，亲受大地母亲的全身按摩，各关节、内脏、筋骨、皮肉被母亲抱在怀里，与母体同呼吸共命运。任何床榻都不如大地母怀之天然舒适。卧养金气，拳道长式连绵绵，跟着自觉变姿态，摸爬翻滚如顽童。卧功是练功者最高级享受，对健身去病有惊人的效果，实践真知卧功妙。

卧功的要领是神闲心清，安详自在任逍遥，其本质是养神。卧功使长式子走向圆合。

坐功

二人守一土，解开此中意，便是西天祖。这就是先人造"坐"字的含义，解开此义便可与西天佛祖齐肩。神不外驰，六根清净，意不离神，神不离意，思想稳如泰山是真坐。

坐的姿势自由自在，自觉舒适即可，单盘双盘均可。眼闭八分，睁二分，垂帘式，舌尖顶上颚，津液流出由舌苔吞入任脉，即是甘露下降的。此即天池穴之水，系先天元精所化之天一真水，经任脉润肝脏。肝属木，木能生火，点燃心脏真火烤脾土，土能生金，金又能生水，肾属水，地下水满，天上地下水相通，阴阳相合，五行相生，外五官内五脏相养相生，形神相通。坐功属于水气，定静深行，平式子走向圆合。行深者真气从之，达虚无返无极至道〇。

站功

站功的目的是凝神聚气走向神气体合一。只要神安、气宁体平衡，定而不动自觉舒坦，不管身体采取哪一种站立形式都称为站功。人是天地之中枢，动物之长，万物之灵，苍生万类人顶天立地作擎天玉柱，人人自我之神能通天彻地。站功属于火气，站之功深，高式子走向圆合。

行功

行功的要领是忘意、忘身、忘行。形式不拘一格，因各人气质有别。老子说自然是道，人的神是道体直系分子，精神与身体合而为一之行即是自我混元一气之太极态，步点自然生太极八卦之相，神诚于中，行动自然形于外。手式任纵横，太极云手、云步自然生。真是龙行虎步星斗八卦，飞浮游潜尽包容。行功属于土气，行之深久，低式走向圆合。

炼功

卧、坐、站、行之功连贯圆合，浑然一体，身体动作式子自然产生于神形合一之气化，无任何模式套路之预先规定，却是滔滔不绝，连续几个小时不重复，愈炼愈觉轻松自如，精神愉快，此即是混元一气之太极之动，是炼太极真拳。炼即拳道，属木气，木属春、属短，木能生火，火属长、属夏，春种夏长正是拳道成长之期，时而晴空万里、风和日丽，时而兴云布雨、闪电雷鸣，时而虎啸龙吟、鹤唳狮吼，时而大鹏展翅上九天。自然界景观说不尽，天地万象尽包罗。悟透自我混元一气之理，养神筑基炼真功。

　　　　一点圆明等太虚，只因念起结成躯。
　　　　若能放下回光照，依旧无物一清虚。

第七章 原始太极心法静功原理及方法

第七章 原始太极心法静功原理及方法

心法为道、儒、释三家之所特重,儒曰正心,佛曰明心,道曰炼心;老子之学,纯以清静无为为主旨。故清静法门,实为三教圣人所共守,而世人则无不在竞逐劳役的纷纷扰扰中讨生活。殊不知:半日安闲半日佛,片时清静片时仙。要得大智慧,立大功,创大业,树圣德,均非从此静字下手不为功!

1. 原始太极心法静功原理

虚则静,静则清,清则明,明则灵,故苟能一心虚静,寂寞无为,不生一念,不染一尘,则自能虚灵不昧,而得神化通矣。"心生种种法生,心灭种种法灭"。凡心死则圣心见,尘心死则真心见,人心死则道心见,法心死则天心见。寻着父母未生前本来心住处,返本还源,归根复命,便是大休歇处!心可成佛,心可成道;心亦碍佛,心亦碍道。就其可成言:即心即佛,即心即道。就其不可成言:即心非佛,即心非道。前者就真心言,后者就凡心言。前者心心无念,后者心心有念。

道学与圣学工夫,最上乘、最简要、最直接之坦途,是在教人从心法门入手,从心地法门练达,从心地法门圆成。学道修行,首宜明心、炼心、正心,人人所同者此心;人人所不同者亦此心;以此心同故,圣凡平等,毫无差别,此在本心(本体)自同。以本心同故,人人皆可为圣人,人人皆可为仙佛。圣凡无别,仙凡无别,佛与众生亦无别。

学太极内功人总以清静其心为第一要着,打坐即所以求心清静。故一上座,即宜将内外心境妄想杂念,一刀斩断,一齐放下。外息诸缘,内心无喘,内外俱泯,能所变绝;久久自可入道。清时能见性,静里好参玄。玄中子云:"当坐时,欲求能静,务宜万缘放下,一念不生,是非莫问,人我两忘,百恶俱息,八风不动。"另有八字工诀,即凝神寂照,一灵独觉。初下手,切宜注重心息。《水火真经》云:"欲从心起,息从心定;心息相依,息调心静。"再宜注重神气。《胎息经》云:"神行即气行,神住即气住;若欲长生,神气相注。"再后功法更多。然总不外炼精化气(初关)、炼气化神(中关)、炼神还虚(上关)等三关功夫。至最后一关,则为炼虚合道。

于坐中久静,则自阴气潜消,元阳滋长;万尘不染,一灵独照。元阳长则命光生,长生久视之道在此。一灵照则性光现,神通变化之道在此。所谓天眼通,他心通,宿命通,漏尽通等,皆由此一静中生出。道佛门中上乘人士,均讳言神通,以此亦碍道。

静则定,静定则超脱净尽,而心海性天,亦平静无波,朗照无遗,故可得入神明之境。故古真谓:静能通神,定能入化。昔伊川入嵩山访王子真,子真早候于松下。问其何以知之,曰一年前即已知之。盖伊川先生一年前亦动念访王,而因事未果。后又入嵩山访董五经,五经便先为之务茶果以候,程问何以能知,曰:"只是心静,静而后能照。"此道佛门中俯舍皆是,唯常被一般人视为怪异,实则潜修之士,有之亦讳莫如深,不肯炫人。王董二人,旨在礼数,非欲故为神异之能。性功如此,命功中又何独不然?故习静,全是功夫,唯其功夫在"强内",与用动功"强外"不同。

唯修道习静,非从以养生为事,尤在其"静能增慧,静能开悟,静能入圣,静能证道"。得道之士,不但临生死之际,能谈笑脱去,即过去现在未来三世事,亦类能心中了了,其以致此者,即在由静而生之定慧力耳。唯此仍无关于大道!大道不在于生死事,不在于神通事,此为切要语。

修行功夫,当初入手,静心最难。在静坐中,有时万念并发,此灭彼起,大有"东风夜放花千树,更吹落,星如雨"之概(通慨);欲收拾愈不能收拾,有如"红杏枝头春意闹,绿杨墙外出秋千";欲斩截愈不能斩截,有如野火烧不尽,春风吹又生;故吕祖有"炼心至静"、达摩有"制心一处"之教,均以心机难息。是故静心之要,首须"息心"。禅宗有"牧牛图",道门有"收马图"(注:参《上乘修真大乘集》),均息心法。经谓"心为贼王",故**擒贼先擒王,修行先擒心**。如何降服其心?三教圣人,均以此为首要。将心觅心,了不可得。将心遣欲,遣欲心是心;将心止念,止念心是心;将心**断缘,断缘心是心**;将心简事,简事心是心;将心参禅学佛,参禅学佛心是心;将心了生死大事,了生死大事心是心。总之,凡有所事,即是心在;欲得无心,

第七章 原始太极心法静功原理及方法

总非易事。此须渐修，非可一蹴即就；此关功夫，非可顿悟即得：观牧牛牧马二图，即知其言之不谬。故道家用炼心二字，炼心者，炼去其人欲之心、攀缘之心、忿愤之心、恐惧之心、好恶之心、浮竞之心；总之，要在炼去动心，而归于一静。

《玄关秘论》曰："心牵于事，火动于中。心火既动，真精必摇。故当死心以养气，息机以死心。"凡俗心被物转，圣人心转却物。心役于物，则神动于中。识神既动，真神不生。或役于事物，或沾染于名利，或痴迷于生死，或执滞于道法。有一于是便即生心。有住生心固非，无住生心亦非。一有所生，便有所用："一有所用，便有所失，而非真心矣。"故经云："心生种种法生，心灭种种法灭。"凡心死则圣心见，尘心死则真心见，人心死则道心见，法心死则天心见。寻着本来心住处，返本还源，归根复命，便是大休歇处！在息心处！此正达摩祖师所谓："心本寂灭，无一动念处，是名正觉。"又有云，悟心容易息心难，息得心源到处闲；斗转星移天欲晓，白云依旧覆盖山。能得息心妙用，则自有境无碍，所谓：蝉噪林愈静，鸟鸣山更幽。与结庐在人境，而无车马喧者。本净禅师有云："道本无心，无心名道；若了无心，无心即道。"此时彻悟了。若再向上一着则是："莫谓无心即是道，无心还隔一重关。"以着有着无，住有住无，两俱不是。前者破有，教汝莫执有；后者破无，教汝莫执无。故永嘉禅师尝谓："心不是有，心不是无，心不非有，心不非无。是有是无即堕是，非有非无即堕非。"所以两俱不可堕。

六祖有言："心迷法华转，心悟转法华。"又云，"无念念即正，有念念成邪。"心迷则心生，心悟则心寂。心生则念生，心息则念灭。我息一切心，即无一切念；我无种种心，即无种种念。修行人如能七日七夜不动念头，即可得正道。古德云：诸人心心不息，念念无住。若能于不息处息，于念处无念，自合无生之理。此是寂心息念之法。永嘉云："凡俗多于事碍理，境碍心；常欲逃境以安心，遣事以存理。不知乃是心碍境，理碍事；但令心空境自空，理寂事自寂。勿倒用心也。"此亦即寂心息念一法。众相现而本体不动，声色俱而不随不坏；如雁过长空空无迹，影沉寒水水无心；但自得真心自体矣。玉虚子诗谓："物物元无物，心非形亦非；三般观晓悟，悟者不知谁？"又云，"无无藏妙有，有有观真空；湛然俱不立，常寂性融融。"此意通三教，万法无二门，入者有得！若能心境俱泯，体用两寂，则自心境两不相碍，本源湛寂清明，自在虚灵，则此心便不祈静而自静，不祈息而自息！

总之，三家圣人教人，总以静心为入门诀。心不清静，不能一尘不染，一念不生，一切修为法，皆无从落脚生根也！

原始太极内功以静为主，这静字，上可以参养育化，下可以包罗万象，静之一字，妙理无穷。但说静者多，真正知静者少。故欲求静而不能静了，因为没有认识到静的根源。不识静之正法。太极拳祖师张三丰在《玄机直讲》中指出："静功，回光返照，凝神丹穴，使真息往来，内中静极而动，动极而静，无限生机，即能炼气化神。"

静是人的自然天性本质，养心养精神的原理，皆以静为基础。《清静经》中说："人性本清心本静，人能常清静，天地悉皆归。性不清是心干扰，人心不静是因意所乱，意是被物所迷。"释迦佛静坐六载苦炼身心；达摩老祖九年面壁皆以静功为基。上古之圣贤锻炼神心皆以静心养精神为基础，所以，今人欲求强壮身体、宜寿、养生必当以此静功为全功法之基础。练功者，没有静养心源基础就是无泉死水、无根之木，就是盖房无基，千功万法不以此为根即是舍本求末。

静，在一些练功人看来是不容易做到的事情，其实并不难。人在日常生活中，主要靠大脑思维支配人体的各器官活动，由于人在生活中会接触到很多事情，开始产生思维活动，这意念也就是人的思想，练功人如果把这种正常的思维活动看成是静的负担实是错误的看法。其实，思思想想是大脑的工作，为了静就要停止其工作，什么都不让想是不科学的。什么都不想如同枯木顽石，什么都不想就什么也不知道了。如果人不思维岂不就等同于一个空壳了。

静，是使产生活动的大脑思想本体松静自然、安定自如，如同小溪流水，静静地去顺着想，而不是停止它的工作。什么都不想是练功之大忌。

将心比如镜体，镜中纵有万千影相，不失其明。镜如动，相即移，是镜的作用。又如清澈的水，影子有万千，水不失其清，如水动，影即移，是水的作用；感情冲动、思想乱，则是心的作用。镜不动，有相亦平静；水不混，有影也不失清澈；心不动，有思维也不乱。心、镜、水本体定，即是清静。

练功的人把制服思想的乱，叫作降心，降心不降便降心，用不降的这个方法，就是至上的方法。因此，这个方法的名字叫作"降心不降便降心"这是一种听其自然的、是无所作为的一种方法，就是不用人为干涉的任何一种手段、方法。这种法叫无为法。无为法是真法，因不使思想上另外再产生一个念头来制止思想上的乱，故无为法又叫不二之法。佛家有说："有二即非真，起心即是妄。"意思就是：你要想制服思想上的混乱，用什么方法制服呢？不制服，就是制服的方法。

　　静功的原理：静不是停止思维什么都不想，思维活动是人的本能，停止思想活动是不可能的，人一秒钟也不会停止意念。静是指精神的安定，平静自如，是思想稳如泰山，心平气和的思维活动。

2. 原始太极心法静功方法

静的基础与根本是静思的功夫，静思的方法是思想自由，顺乎自然，爱想什么就想什么，自由自在地去想。因为人对事和对物不思不解其意，不研究不透彻，不琢磨不知道，不想不明白。三思少，九思不多。要慎思之，审问之，明辨之，笃行之。静是思想天真自然，心平气和，心安理得，心神平静逐渐进入慎思的功夫，这样才能进入求理悟真宗之门。

静的核心是精神内守的功夫：《黄帝内经·上古天真论》所说的"精神内守，真气从之"，此为修功的真理真法。有的练功人求静，要把自己大脑神经改造成为没有思维活动和没有思想的枯木顽石式的脑袋，是大错特错。

静功应是使自我大脑思维安定自如，自由自在，松静自然，绝不是把反映到大脑神经中的客观事物都静干净了。这对生活在客观事物当中的人来说是不可能的。静是大脑神经本体的清静，与思想中千变万化的事物无关，所以练静功时思想听其自然的静思即是养心。练功的本身就是达到想的目的，因为有的人没有认识到静功的功能和目的，所以就采取违背人体自然规律的方法来练功。

现在用公交车的说法比喻静的方法，把反映外界事物的大脑思维器官比作公交车，把车上的乘务员比作大脑思维器官反映事物的感觉，把诸多乘客比作反映在大脑思维中的复杂事。乘客上来下去是暂时的，乘务员服务于车上是长在的。大脑思维比喻公交车，感觉功能比喻乘务员，思维事物比喻乘客，车不运营是停业，乘务员烦乘客哄乘客不让乘车是失职，上来下去是乘客的权利。公交车正常运营载客是正职正业，就叫作静。

炼心的关键是意守上丹田，这个守就是知道道理就行了，不是思想集中到上丹田，更不是两眼注视这个地方。有的人两眼集中，思想也集中，守得过于厉害，这完全失去了内守的意义，这样等于看着自己的大脑思维限制大脑思维自由，很不自然。这样做是苛求大脑思维入静，这是用思想求静。学练者被我说的法所迷。不动意的意是真意，动意的意是三心二意。有意非意，似守非守，有法不用法，即是自法，自法是顺乎自然的，也就是无为法。

　　炼心者要明白人体与心的关系，古人讲：内炼一口气，外炼筋骨皮。人体是筋骨皮肉组成，心气是人体的根本能源，人是和地球同呼吸共命运的。由于地球自然的变化直接影响人体的生存与死亡，人体是地球上的高级动物，也是地球上的一种物质，它有出生至死亡的转化过程，这是人类所共知的。但是人的肉体上存在着的心灵之气人们并没有深入地研究、理解、认识。《易传》中提出"穷理尽性以至于命"。万物皆有理，若不知穷理，如梦过一生。理客观地存在于事物中，不是由人的意志所决定。大而天地，小而草木，一切事物莫不有其所以然，这个所以然就是事物的"理"，人穷理就是要穷事物之所以然。穷理亦当有渐，见物多，穷理多，从此就约，尽人之性，尽物之性。在这过程中，穷理是手段，尽性是目地，人不仅应当不断地修养自己的心性，还要不断地充实自己，在理性上提高自觉性。因此，精神修养与格物穷理是人全面发展的两个不可分割的方面。作为《大学》最基础的功夫就是要穷究事物之理，这个过程积累至一定阶段，自然会产生一个飞跃，达到对普遍原理的认识。求天下之理，并不是每一具体的理都须究到，而是指掌握天地万物最根本的法则。养生学主要是把对宇宙与人生的认识、理解和领悟、道德践行和内在本性的实现统一起来，这也正是修性养生、与天相合的过程。

　　例如，穷究心灵之气，其功能是在人体上起到根本的作用。从人的来源讲，首先从母体孕育讲起，因为心灵之气对胎儿的成长来说，是本质的种子、根苗，起着对父精母血结成胚胎的根本作用，关系到胎儿的健康和贤愚的原始作用。就是说父母有着高尚的道德修养，有着正常的生活规律，父母关系和谐，有责任感和安全感的幸福生活，这样就是属于气质清的范围；另一种父母是思想腐败、肮脏，整天混吵混闹、花天酒地，性情蛮横，不学无术，邪见障重，违逆一般的生活规律，这样的父母气质就比较浊。母亲育儿怀胎期是胎教期，胎儿感受着不良气氛的影响和作用，胎儿的先天之气必然受熏染，自古以来就有"近朱者赤，近墨者黑"的说法。

　　　　言说心法本在心，自家宝藏无须寻，物我全忘不存迹，根是心光法是尘。
　　　　遇境无心眼便明，返观自己见前程。灵光射透长安道，独向蓬莱路上行。
　　　　世界创新起心源，通俗真理续心传，天赋本能人人有，心灵返朴归自然。

第八章 太极自然无为运动原理及方法

1. 太极自然无为的基础理论

《道德真经指归·为学日益》章：

道德之化，变动虚玄，荡荡默默，泛泛无形，潢漭慌忽，浑沌无端。视之不见，听之不闻，开导禀授，无所不存，功成遂事，无所不然，无为之为，万物之根。由此观之，不知之知，知之祖也；不教之教，教之宗也。无为之为，为之始也；无事之事，事之元也。不教之教，无为之为，皆至道至极神妙之动，无形心成，不可言名，故谓之元始祖宗之大也。

老子在《道德经》中说，道德的具体体现，一曰：自然。人法地，地法天，天法道，道法自然。二曰：无为。道常无为而无以为。三曰：虚静。致虚极，守静笃，万物并作，吾以观其复。四曰：至柔，至和，使人的精神状态复归于婴儿。五曰：和德全神。治人事天，莫若啬。以上是修炼者必须遵循的座右铭，为入道之指南。

修炼重要前提为：人能除情欲，节滋味，清五脏，则神明主之也；人乃天下之神物也，神物好安静，绝不可以"有为"治。人如能清净自居，除去俗念妄想，便可使神长存于身，百病不加，凶邪不入。有经云：求道之法，清静为根。

太上老君《清静经》教导后人：人若能做到清静，是天下最可宝贵的，人神喜好清虚，但是人心常常骚扰他；人心喜好安静，但各种欲念常常去勾引他。如果能把这些欲望悉皆排遣，心自然就能安静，心得安静，神就能达清虚。人之所以不能做到清净，是因为心未能真正澄澈，各种欲望没有能够彻底遣除。真正能排除掉种种欲望的人，内观其心心无其心；圣人设法教人修道就是修心，修心就是修道。心无所执着就无心可观，无心可观则无所用无所修，即凝然合道。所以心无其心乃至为清静之道。外观其形形无其形；心是形体之主，形体是心之舍宅，形体无主则不安，心无舍宅则不立，心处于内，形见于外，内外相承，不可相离，心形具用不可观执，凝然混沌，有若无形也非无，若非无心安能忘于形体，心忘形体所以叫无心，心与形动无所染，静而无著称谓形无其形。远观其物物无其物；五行造化称为物，凡有形质具称为物。物无其物称呼真空，真空含妙有藏性，恍恍惚惚其中有物，物是道的妙用，非世间之常物。心、形、物三者内外中间俱无所著是名无为，入无为是名空法，空者道之用，有用有著不名于道。人达到这种湛然常寂甚至连寂也不存的境界，还有什么欲望再能产生呢？欲不生，心自然就安静了，既然心安静了，神也就不会受到干扰，这就是常清静。达到了常清静，就能与道相合，与真道相会，也就是得道。

就"自然与无为"而言，论之人体，人身本有的生命能源所发挥的作用都是在自然而然地，无为而无不为地运动着。请分析一下，自我全身血液循环的周流，是不是在自然地、无为地、无时无刻地周流着；肺部的呼吸也是在分分秒秒地自然地呼吸着；胃肠蠕动不停地消化着食物，像自动的流水线；头发、胡须与手、脚的指甲不知不觉地生长了；内脏器官的分泌、精子卵珠的结合、母腹胎儿的成长；心率快与慢乃至停止跳动……哪一项事是能使以人为？是以人的意志为转移的？例如，头上长了白发，你的自我能否用有为的方法让长出黑头发或黄头发？如果可以也就节省了焗染头发的麻烦。可见人身内五脏六腑各部的活动，从母体中有生命以来，就都是自然而无为地运动着，人人如此。

但是，身体外部肢体的动作一向是受自己意识支配，受后天意识支配的动作与学别人的动作是有为之动，不是自然之动。这一点先认清楚，才能搞明白什么才是人体的自然与无为之动。动之自然，基础是静，由心静之极，生出的动才是真动，人静养精气神合一而产生的动是自然无为之动。这是人心达至无极所化生出来的动。赤子之心，纯一无伪，无智巧无技能，神气自足，智慧自生，才能自长，非有所加。通达万变，唯不失此而已。这都是说，练功人不要强制自己去追求符合什么规范动作、模拟实行什么功夫，达到什么状态，当如饮食穿衣，行便行、坐便坐，任运顺适，顺其无所寄之心，全体放下，不追心之既往，不逆心之将来，任它宽洪活泼，真是水流物生，充天机之自然，顺适自然的人才能获得真正的自由自在。

人是靠大脑主宰身体，用思想意识支配视听言动，大脑是人灵觉的总司令部。五司是：眼、耳、鼻、舌、触。眼能视色而不昏；耳能听声而不乱；舌能尝味而不淆；鼻能嗅气而不塞；身能遇触而即知冷、暖、浊、滑又是怎么发挥于内，总统一切知觉或揆想于事前，或审虑于事后，或汰断而不惑，惑记忆而不忘……都由心之灵气与身之精气上结为脑，凡是人外之五官，内之五司，以及周身内外之事，无不仰借其能力，所以能使身心感应极神极妙，心灵贵于万物。凡事没有不是由心做主，心为主宰，脑就是大臣，比愈国君深居九重殿，必有宰相大臣以总摄内外，承传宣化。如同心有所命，而使五官能效其恪恭之职，五司能运其帷幄之谋，都是大脑之力。生育人因先吸气血而成有形之身是脐，运用知能而显无形之性是大脑，此是人身最重要之处所。显而易见，我们在医院里可见到轮椅上坐着截肢手术后的残疾人，有少了双腿和双臂的，有谁看见过去掉了脑袋的残疾人？头就是"首"领，人身体的首领是大脑，脑神经是支配人体正常活动的总机关（中央司令部），任何一个人只要生命还存在，大脑神经就一刻不停地运动着、思维着，指挥和支配着肢体的正常活动。每个人的大脑都有一个先天的本能的自然能力，当人出现困倦、劳累、激动、恐惧、悲伤、焦虑、紧张、抑郁、失望、气愤、烦躁甚至疾病等不同情况时，大脑都会本能地、自然地通过神经传导出各种不同的反应，来进行功能性调解和整顿。比如，当你昨天晚上聚会回家太晚没休息好，今天早上上班时就会感到疲倦而且睁不开眼，大脑要求你要多睡一会。如果你开车出去旅游跑了六七个小时，大脑就会命令你停下休息，下车伸伸懒腰，马上就感到轻松些，这就是一种大脑发令的自然调节和自然平衡。人欲达益智健脑强身，就要顺着大脑活动，依照大脑的本能调节恢复人身机体的能力。人应当听从自己大脑的指挥，大脑是主心骨，不要与大脑的反应相对抗，不刺激更不宜控制大脑的自然调节能力，也不要增加大脑的工作量，给它施加压力，而是听从它、协助它、配合它，这样才能确保大脑越来越发达，越智慧而健康。人的大脑健康，精神就充足，身体自然会更加健康，生命才会长久。有的人反其道而行之，上网玩电脑、聊天一直至深夜，困了还不睡觉，而是到洗手间用冷水冲头、洗脸，把困劲儿激走了，感觉又来了精神，继续上网。这样做是违背了自己大脑本能工作。如果感觉困了就关上电脑去睡觉，就是顺其自我身心的需要，这样才养生，才能得到健康。

老子《道德经》讲："天之道，损有余而补不足；人之道则不然，损不足以奉有余。"天道体现自然无为的属性，借自然规律能"损有余而补不足"。而人呢？不体天道，更远离自然无为的本性，受本能的驱使，加意而作，背道妄为，也就是在扼杀自己。若想健康长生，必须遵循具体的要领有以下几点：

（1）心胸开阔、性格开朗、襟怀坦荡、保持乐观情绪是必要的，心境好似孩童一般。（2）心中不要存任何牵挂，去掉思想上的包袱，放下各种疾病负担。（3）将自身融合在天空与大地之中，任我自在、自由而逍遥。（4）随自我本人大脑的支配而活动（注意：不是学别人的动作活动、姿势去比画）。随自心而生自己的方法叫作随心所欲，无拘无束，百态千姿，都是随着自己身体的需要而活动，称为真自在、任自然。

清静无为无不为，纯任自然理无亏。谁可判分清浊理，孰能循守动静规。

心神洒脱观自在，智慧光明了是非。闹里精华几个悟，学禅空到性如灰。

习练太极内功为达至神气相合，恢复先天太极之象，而后静极动、动极静。动为静机，静为动机，而造化于是产生。还虚功夫归大静，无中生有，天人合一，万化定基，其作用是在动静，动静是火候。到身心两忘之时，已成纯坤之象。内外皆空，便生造化，即混混沌沌阴阳相合，静极生动而阳升，升即动，动是活子时，动即须觉而进功。人身多不能无心而动，即动也有不觉的人，故此必须还虚在先，还虚因以求虚极静笃，是求静极之自动。身心初静，而未至静极之际，也有活子活午，不过极轻极微，外有感而内不能应，或阳无先知，还得等待，待到阳气一点一点颐养充足。起初渐渐能动，久而久之，全身酥麻透达，金气充足阳自升。开始练功时，身心未必俱静，因还无造化可言，及做到内外虚空，得坤卦之火候，是身心两静，此后方有动机，渐渐后天返先天。初练时有生滞，及练习久了熟了，则一做功即身心定静，一静即阳升，一动即神知。由此积累先天气培养真种，育养心源。

静是无极，无极生太极，太极动而生阳，在虚空中，故谓先天气。自虚无中来，固由无中生有，然我身已虚极静笃，成真空而为纯坤。纯阴之体，而空中所生之先天气，为纯阳，纯阴纯阳同类而相感，有如磁石吸铁，而隔碍潜通，故也由无中生有。招摄纯阳之先天气，而充于我身。黄中通理，固由外及内，美在其中，而通达于四肢，先天气最初感觉人身体自手脚开始，渐渐及至周身。而先天气到充足有畅字之意味。申傍易字，为畅申金。金为乾，金气充满身中而畅适无与伦比了。最后正阳之先天气，达身体而阳升，即全身酥麻，此麻不是麻木之麻，乃是绵软而酥的意思，全身微温而酥软（不是疏懒），此时的心态平和，神态安然。

学练本太极功夫方法，要从理论上认识精神真气。中国功法门派众多，古称八万四千法门，各言各好，各抒己见，各自为上，各自为真，修学者要找到真功正法，必当下番工夫，需要比较、研究、鉴别。社会上的功法都可做一了解，或试一试，看看其理论是否有古圣先贤的经典证明，理论基础是什么，依次习练能到什么地步、会有何结果。遍求明人，别单纯地去问名人，现时的名人多有不明，无名的人也不见得就不是明人，有的无名的人指出的是明路。学功者必须认清名人与明人，否则被人所误。

理真、法真与实践效果是功的标准，真功正法并不是神乎其神的，而是每个人的自身之宝，不用外求，其功简、其理易，老少皆宜，妇孺皆能，大众普及。学练的人，不分贤愚及健康情况，凡有理智者，不管心理状态如何，人人能学，个个能会，皆能为之，是我们民族养生益智强身之法宝，效果超过一切功法，不给任何学功者带来一点危害，不影响社会一切工作，利国利民，有益于人类，有助于使人人脱除精神痛苦，使人人得到身心健康幸福，实为真功正法。

有的功法说就是自己能，别人谁也比不了，自以为法术高强，出人头地，似奇人物，比能者更能，比奇者更奇，唯我特异，凭幻术惊人，此不是养生真法；又如说能呼风唤雨，移山倒海，此亦非养生健身之法宝；再有魔术功夫，特大幻术统属传奇，都不是养精神真气之真功。

修炼太极内功，必须以理论为宗旨，以自心自身为根源。一切功法的出生地、产源地都是身心无有例外，所有功法都是为了人的身体健康，万法都是为身心而立。一个人身心能通万法，因万法都是由心生，没有心，人什么都不能学，心为学功学法之源，练根源养真气即是真功正法。心为一身之君，主宰一身；心为肉体能源，练心即是练根源。不以心为本练功，就不是练根源。《大学》曰："物有本末，事有终始，知所先后，则近道矣。"

自然是大真空，人是小真空，自然与人同一性、同一理。以大自然为炉，以人小自然为丹，因大小同是一自然真空，以气、物作丹质非真。养生健身之法源于黄帝，自然理论基础源于伏羲；继之老子一气化三清；孔子言人之真空六合之外万物同体；孟子言正气浩然充塞天地之间；释迦言人之妙觉真空遍满十方界……圣人所言真气同出一理，今古真气，绝无二理，法无定法，因时、因地、因人而不同，真气之理不变。

　　宇宙由三种不同的体系构成：一是看得见摸得着、有形有象的物质体；二是看不见、觉得到的气质体；三是无形无象的空无体。有形的物质有质变的时候，无形的气质也会起变化，空无永存。物质、气质，是空无演变、育化出来的，空无是产生气质、物质之源。

　　人类眼见之空无，不是真正的空无，因为这个空无中还包含着气质、微尘、光线……将这些都去掉，剩下的才是"空"，如果再把这个"空"也去掉，那才是真空了。这个真空也不是什么都没有，而是一种无形无象、无气无物、看不见摸不着的特殊存在，它内含着产生气质、物质的要素，谓之藏性。所以释迦牟尼说真空不空，包罗万象，谓之实相。老子称之为妙有，伏羲称之为无极，黄帝称之为太易。它清静无为而无所不为，无形无象而是形形象象之祖，永恒不变而是千变万化之源。用物质做比喻，比如纸张、木材、汽油等物质的内在，看不见摸不着的火光、热量、气味、浓烟等，是它们的藏性。这个藏性在条件不具备时不显，但不等于没有。一张空白纸上什么都没有，画家动笔就能画出天地万物，空白纸被颜色所染，纸的本来面目不见了，变名为画，这是画家的功能。真空育化天地万物也是这样。无中生有，自然地演变、育化出天地万物。这个真空纯至静的特殊存在体名为太易。但静不是永恒的，真空纯至静，静到极点一阳初动，这就是真空母体产生浑元气的开始，则为太初。

　　浑元气内含有阴阳五行之气，浑元之气静极而化分，轻清者上升为天，重浊者下降为地，浑元之气开始化分为有形象的天地，是为太始。天属阳，但阳中有阴；地属阴，但阴中有阳。天之阴下降，地之阳上升，为天地交泰。阴阳五行之气颠倒万化生，产生有质量的素质，是为太素。"道生一，一生二，二生三，三生万物"、"无名天地之始，有名万物之母"，以及"无极生太极，太极生两仪，两仪生四象，四象生八卦"说的都是这个过程。

第八章 太极自然无为运动原理及方法

太易又称无极、理天；太初、太始又称太极、气天；太素又称皇极、象天。即理、气、象三天，又称欲界（象天）、色界（气天）、无色界（理天）三界。

太易是无气、无形、无物之真空纯至静。无不是没有，是听之弗闻、视之难见之意。因真空内蕴藏着气、形、物，只是还没有生。真空纯至静之理气为先天气，是真空质，是无气之气。真空静到极点而生动，自然地产生浑元气。浑元气又自然地化分出阴阳之气。阴阳之气又自然地转化为青天的大气和尘土的大地。

天地之中包含着阴阳五行之气，阴阴五行之气又进一步育化出有形象的物质体。这一切都是自然发生的变化，一个包罗万象的大千世界就这样逐步形成。这个大千世界既然有生，就一定有灭；既有开始，就一定有终了。生是灭的开始，灭是生的开始。所以说，天地也一定有质变之时，它也在真空纯至静的理气之中生生息息地、周而复始地变化着存在，永无了期。

所以，佛说真空不空，看着空，实际不空，万化来源于空。它是万化之源，它永恒不灭，但所化之太初、太始、太素有生有灭。道又称妙有，即妙不可言的有。什么叫妙不可言？比如说，水果的味道，吃过的人独自知，说不出那个真味来，言之即妄，落笔就假。所以，圣人教人用心通万化，不叫人用经书通万化。经书是指路标，心才是真行者。伏羲就是用心通万化之源，著易经留于后人。所以，我们理解易经也要用真心，用心通理，才能测透易经之真源。易经是真易之符号，先认识符号，再求真、证真，是真学易。易由真空源起，用心觉悟真空，即能通万化之源，卜透真空玄妙理。用心测透宇宙真源，方是学易的小伏羲。

真空的起源，无生无灭，无始无终。以人见闻觉知的功能、知识学问，悟之不尽，穷之不竭。所以先圣才留给后人千经万卷化性之理、练心之方、明心之路，直指真空理源。后人才知自己与宇宙大自然息息相通、十方平等、万物同体。学者自参自悟，方能求真理悟真宗，所以明心为万圣之总纲。

怎样才是无为自然之运动？即静之极。运动必是由静作基础，如此方为无为自然之动。静为真空自然之本质，真空至静无极之真理，人心无极所化，人之真气本质清静。静极之运动顺乎自然。动不是以静为基，如同无根之木、建房不打地基。所以，静极之动，自然之理。人的真气含阴阳五行之气，包括动静运行变化之理，所以能静极生动。动静运行变化之理自然出，此即是无为之有为法。

　　无为养生法自由，守神由我不外求。自由本来无拘束，身体随便就舒服。行站坐卧在自我，呼吸调息任自如。意识思想不用管，来啥顺想似水流。不治不断能静心，守心不二是功夫。功夫就在练心上，如如不动真功夫。旁边有唱也有叫，若起烦恼是心动。心是身体总领导，心情愉快身体好。意定心明脑清楚，心是身体真明主。身体好比是车轮，心是轮的主心轴。轮若离轴就不转，动不离心不出偏。自由运动心为主，离心练功是糊涂。心外求法路便迷，水中捞月镜中花。勤学苦练明心理，心神坦然功自出。无为运动显神奇，出于心灵发于性。

　　人需要有一个强大的精神支柱，才能生活得有价值、有勇气。精神强大，才能克服生活中的困难及物质上的缺乏。物质富有的人，没有精神方面的修养，也很难摆脱精神上的压力。事业的成就，也必须首先有坚强的精神和毅力。

　　自古以来圣贤大都是精神上的超脱者和成就者。他们靠自己的精神修养，理解了宇宙自然之至极真理，成为人类历史上的大觉者。黄帝留给后人的传精神之法，以神传神，以心传心，心心相印，自古至今。《黄帝内经》中留给后人的养精神之法："恬淡虚无，真气从之。精神内守，病安从来。""精神"一词，是炎黄传于子孙后代的。各个宗教的圣人皆以养精神为本，只是方法因地因时而异。养精神即是人的健身之宝，不明白精神保健的重要性，每日费心劳神，人的能源日益损耗而得不到补充，就要影响人的身体健康。长期如此，还会造成更为严重的后果。

　　对一个国家来讲，也应提倡精神文明和物质文明。精神文明主要体现在人民的文化素质和道德修养上。精神文明、物质文明建设好，才能使国家繁荣富强，政治、经济、科学技术、文化、军事等各方面才能一日千里。一人文明，全家文明；家家文明，举国文明；国国文明，世界文明。可见精神的力量何等重要！为使世界人类生活幸福、美满，为使人人都有一个健康的身心，实应提倡精神保健法。

　　本功法的基础、根源是以练心为本。心指的是人的思想意识之能源，非指心脏。心就是人的精神，人的灵魂。人做什么事都得用心，心为一身之主，简称心灵。为什么要练心呢？心烦身体就不舒服，心情愉快身体就健康。大脑是思维的机器，身体以大脑为主导，以心灵之气为身体的能源，所以练心也就是思想意识与大脑的锻炼。心健康身体才能健康，心痛苦、悲观、恐惧、不安，身体也就随之而变。头脚四肢，五脏六腑，心是根。枝叶花果，根是本。本固枝荣，根深叶茂。练身不练心，如同树无根。所以说太极养生的根源只有这一条——练心。

假如不练心，只是身体上蹿下跳，胳膊腿乱动一气，没有个主心骨，瞎练一通，这不叫随心所欲顺乎自然，是胡练。这种自由，无苗无种，不能长果，准出偏。因为练功没根，能不出偏吗？所以练功得有根，但是，根不正也出偏，还得找到正根。这里我们讲的、指的是就正根，是炎黄老祖先发明的有益于身心健康的养生之道。

炎帝神农氏是发明中草药的先祖，黄帝是发明养生健身、中医治病的祖先。我的传功说法，是为了使周边的朋友及后人身心健康，有此我平生之愿足矣。教功者若存一己之私，愧对炎黄二位老祖先。教功说法，存一己之私，会天诛地灭、万劫不复。炎黄秘宝无假，岂敢用老祖先之心血换取个人名利。愿天下仁人将炎黄之宝传于天下，使天下人人健康，则功德无量。所以，此功是中华民族老祖先之真传，养生之正法。

2. 怎样进入自然无为太极功态

《道德真经指归·出生入死章》："出生入死，去无为也。生之徒十有三，虚无和也，死之徒十有三，实有过也，而民生有其生也动之死地为利名也十有三趋坚强也。

"凡有为者，皆死之徒。是故虚、无、清、静、微、寡、柔、弱、卑、损、时、和、啬，凡此十三，生之徒。此十三者，是集道之端，养神之宅，故云生之徒。

"实、有、浊、扰、显、众、刚、强、高、满、过、泰、费，此十三者，死之徒也。此十三者与道相违，与神相反，故云死之徒也。夫何故哉？

"圣人之道，动有所因，静有所应，四支九窍，凡此十三，死生之外具也。虚实之事，刚柔之变，死生之内数也。故以十三言诸。以内有十三生徒，外成四支九窍，故以言内外也。

"夫无为则生自生，故不去有为。欲生之则死矣，故不留。故无为，生之宅；有为，死之家也。夫立则遗其身，坐则忘其心，澹如赤子，泊如无形，不视不听，不为不言，变化消息，动静无常，与道俯仰，与德浮沉，与神合体，与和屈伸。不贱为物，不贵为人，与王侯异利，与万姓殊患，死生为一，故不别存亡，此治身之无为也。"

自然无为太极内功对所有的人都适合，更适合老、弱、病、残者练。因为那些有套数的呼吸调息、导引之术以及像做操一样的运动形式对他们不适宜，一是记忆力差，记不住那么多的动作要领；二是体质差，或四肢不灵，无法按要求去做。人有男女老少之分，身体的健康状况和心理状态也各不相同，怎么会有能适合所有人的标准动作呢？只有适合自己的身心条件的功法才能作为标准。

第八章 太极自然无为运动原理及方法

无为太极内功的基点在于心，这是筑心基，在这个基础上生苗、成长方为之正根。离开了这个根，就变成了无原则的自然。首先，要对这个功的理论、方法有一个正确的认识和理解。练功首先要安心，也叫求其放心，这就是平静。静到了极点，想动就动，不想动就不动，这不就是自由吗？但是无为养生功的基础不在于动与不动，如果无为养生功以动为基础，不就教你从运动形式下手了吗？无为养生功的基础是养精神，即练心，是平静你的思想意识。动是养精神的自然产物，静到极点自然生出动。这才叫顺乎自然。静为动之基，这不就找到根了吗？墙筑起来了不离基，因为地基是根。身体动起来了不离心，因为心是源。墙无地基则倒，动离开心则出偏。动是以静为基，有一静才生一动，动静是一个整体。守心不外求，神不外驰，自然无为基础根源立矣。根立了，生出动来怎么办呢？那就按照你的意识想怎么动就怎么动，怎么动舒服怎么动，没有人给你定框框，自己也不束缚自己，随心所欲，顺乎自然，这才是真正的自然无为。

在这个前提下动作就多样化了，行、站、坐、卧、练，一切的运动形式完全由自己做主。因为怎样做才适合你的身体状况只有你自己最清楚，任何人不能给你定法。人体这台机器能自己修理，大脑神经对身体有自行调节的功能。

原始太极功法是养生健体的一种方法，与中医之理一致，但方法有差异。功不能包治百病，但是有些病医生医治无效或被判为不治之症者，通过练功有的就练好了的。这个好，不完全是功的功能，功只不过是个条件，起决定作用的，还是因为你自己一个大无畏的精神。不要把某某功大师看得神乎其神，最神奇的是每个人的自我之心灵。这是一切事物成功或失败的源泉。神医扁鹊说：我能使人再起，我不能使人再生。精神萎靡，医亦无效，哀莫过于心死。身体恢复健康，并非功之能，功只是条件。功法也有错误的，如导致练者出偏，传功者要承担主要责任。练功出偏者也是因为不明理之过，真明理者也绝不会上当。

练太极内功的思想境界要如同婴儿、赤子那样天真无邪，身体也会随之出现天真、自然的体态运动，这不就是精气神合一的、随心所欲、顺乎自然的身体活动吗？练功如同小儿游戏，想行就行，想坐就坐，想卧就卧，想跳就跳，想爬就爬，想打滚就打滚，不怕难看，不怕脏衣服，玩得多天真啊。但是要明白，你是在练心，不管身体的运动形式如何千变万化，心要永远立于安定自如、神安气宁、心平气和、精气神合一这个定而不移的定理之上。

这就是自然无为太极功的功法。离开这个定理就是胡练，这就是本养生功与其他"功"的分界线。差之毫厘，谬之千里。随心所欲顺乎自然是有原则的，在自心如如不动这个原则基础上，运动形式再无规则也是正根的产物。

自我之精神，确有大神威，能战胜不正当的意识，纠正不协调的动作，由不协调走向协调、不正规走向正规。此功法为真功正法，因其根正，所以结果亦正。自由是以练心为本的自由，并非无原则的、离开自我精神之自由。练功时也会自然地化出一些优美的武术、拳法及舞蹈等动作。只要以练心为本，运动形式就会千变万化，滔滔不断，不用去学那些一招一式的人为的动作。那种人为的、有套数的、千篇一律的动作是机械运动，如此功法束缚人的身体和思想，属于违背人体自然规律的不正常的活动。人是高级动物，万灵之长，自然赋予其一种自行调节的功能。如胎儿在母体成长，由零至成形，均属自然，该生什么就生什么，该长什么就长什么，不需要母亲加任何意念。举手投足，以升降开合、千变万化之运动形式，这是人的本能，我们要开发、普及这一本能，破除千百年来的束缚人身心这些千篇一律的、违背人体自然规律的有为法。我们要解放思想、敢于创新，不受旧的习惯势力的束缚，也不要有保守思想，否则功法就不会提高。

任何事物如果老停留在一个水平上，人类就没有发展前途了。所以自然无为太极内功没有任何条条框框，完全是独自为尊、自立为王的一种以自身为核心、自心为核心基础，以自觉为师、以明理明心为目的的真正的自然无为养生功法。除此以外所说的自然功法，是名不符实的，所谓的自然、自由，实是违背自然的。所以我们练自然无为太极内功的人要求理悟真宗、辨真假，否则就会上当。真正明白了自然、无为之理，才能得到思想上、身体上的真正自然太极内功，主要是在"养"字上下功夫。养精神的目的是使精气神合而为一，即是自如，也即是如如不动。精气神自如，内五脏之气、外五官之形自然协调平衡。这叫神安气宁，即进入了自然状态。

静养到极点，即走向另一个极点：动生。这是自然动静之理，也即是阴阳和合之理。阴主静阳主动，有一阴就有一阳，阴阳消长主宰着万物的生长和消亡，是万物生生息息、周而复始、千变万化的根源。动静主宰躯体的升、降、开、合，能产生千变万化、滔滔不断的躯体运动形式。这就进入了内外如一的自然调节阶段。精神高度集中，意识平静，不求一招一式，对出现的

第八章 太极自然无为运动原理及方法

千变万化的运动形式也不要加以控制，这是在守神入静的情况下身体自发的、无意识的动作。精神稳定如泰山，翻滚摔打都不管，守神不移不出偏。这是自然无为太极内功养生玄妙篇，倘若离神精气散，身体便为无底船，任君纵有通天计，船到江心补漏难。太极内功在守神上见真功，千万谨记。

所以说，比比画画不算功，那只是四肢运动，如果四肢运动可以算功夫，我就没有必要写这么多理论性的东西了。因为这是养精神、练心的一种真功正法，所以光是守神的道理我就说了上千句，因为太重要了，不希望练功者忽视，所以下笔千言，都讲的是心。万法由心生，没有心，也没有练功这一大因缘，你没有心不能练，我没有心也不能说。心是万法的根源！

有的人进入不了功态怎么办？这也不要着急，可以有意识地做一些你喜欢的运动形式，做一些有意识支配的不定法、无定式的动作，初学时带点意识，习以为常，意识很自然地就消灭了。也就是从有为入手，无为而至。

至于运动的式子，不要追求，这是自然变化。抬起手来，往下不知道该怎么动了，别管它，抬着手入静，静到时候自然降下来。你能抬十分钟吗？不能，自然它就下来了。这不是自然平衡吗？四肢升降开合，升，你就升着静；降，你就降着静；开，你就开着静；合，你就合着静。为什么要这样做？"静极生动"，这就是自然运动！有静有动，自由开合，就自如了，这样做下去顺乎自然，自动平衡了。

人体运动形式从哪里来？只要你的心平静下来，人体这台天生地造、自然合成的机器就能自然开动起来。因为你的体内有一台灵机，身体是机体，灵机是电源。练功要练电源，不是练机体。电源和机体，电源是根本，万能机没有电什么用也没有。

关于式子这个问题，不要有保守思想，也不要受习惯势力的影响，别以为式子这个东西非得有人教不可，他教你，谁教他？追到根上，最原始的式子究竟是什么地方产出的呢？根源不就是一个身心吗？哪一个流派不是从人的身心切磋琢磨才进入真参实修的？功夫到了炉火纯青的地步，才独树一帜，自成一家。合道太极内功心法把这个产生式子的万流之根源教给你们了。如果你的四肢运动非得找别人支配不可，那就跟木偶差不多了。跟别人学式子就得心性向外，把注意力都放在别人身上，心是身之君，心跟着别人跑了，剩下一个空壳的比画叫什么功？心与身体离开了这就叫有为、离体。有固定的套路就是有为，有为不属于自然。千篇一律的运动形式束缚四肢活动，不得自由，一个练功者如果连身体活动的自主权都没有还练什么功呢？

原始太极内功心法把这个权力给了你自己，你还要做动作式子的奴隶吗？天底下哪一家的动作式子不是出自人的身心？每个人都有身心，都能产动作式子，明白了这个道理，你再不会练，太保守了。学来的动作式子，千万人只此一招，几十年一成不变，这是身体活动的自然规律吗？千万人的身体状况都一样吗？几十年来身体无变化吗？不明白健身真理的人，要用心求理悟真宗，踏上练真功的道路！

什么叫真正的动作式子？必须是你心平气和、神安气宁，静到极点，精气神合一，灵机这个电源在机体的躯壳上起的作用。动作式子要不是从源而起就叫装腔作势，是机械运动。不是从灵机通向机体，活动完了感觉、效果都不一样。身体运动从能源而起叫真动式，这样的动式是气之化。如果不属于这种动式，则大动不如小动，小动不如不动。不是人体根源真气所化之式，如同盖房没打地基。静极生的动，是自然的身心合一之动，动静兼备是人的本能。

太极内功心法所以是真功正法，因为是以自心为主、为根、为源，外不求一法，老幼皆能，不学而会的，是一种开发利用人体本能的功法，一点都不神秘。只要有一个真诚的信念，求理悟真宗，即能成功。

进入功态在于明理，认识到功的原理不在举手投足、比比画画之运动形式上，而在于要心平气和、神安气宁、精气神合一，内五气协调。通俗地说，就是求其放心，踏踏实实地静坐养养精神，思想非常平静，但不是什么都不想，不管它。既不追求动，也不追求静，不管是行站坐卧，心神都安定自如、自由自在，这就做到了一天二十四小时都进入功态，都在养精神、练心这个高境界了。这大不同于简单的四肢运动，这是人体小宇宙全部在自然地运动，是在心灵这个能源的主宰下，呼吸调息、头脚四肢、五脏六腑、三百六十骨节、八万四千毫毛孔窍全都协调地运动，这是只有练心守神才能做到的。一窍通，窍窍通；一窍开，窍窍开；一法圆，法法圆。如果做到这一点，也就达到了《黄帝内经》上说的"恬淡虚无，真气从之；精神内守，病安从来"的境界。

大气本是无为生，千功万法源心灵；

心灵本是无为子，自然平衡无为通。

3. 太极内功运动形式原理及方法

太极内功的运动形式是根据自己身体的健康情况来决定的。小儿麻痹、下肢瘫痪、半身不遂、类风湿、身体虚弱卧床不起等患者恐怕都不能站着练，而只能躺着练、卧着练、爬着练、滚着练。这是身体条件决定的，这样做就完全正确。这就是自然、自由，所以说不能定法。那么此时怎么养心神呢？要不怕脏，不怕难看，学赤子混沌之心。不必参禅不打坐，这就是功夫，这就是真正的自然、自由、无为。以上身体条件的人，能去学那些千篇一律的定呼吸、定招式的功法吗？练功要以自身为核心，自心为核心基础，认觉为师。自己觉得怎么活动好就怎么活动，以自己感到舒服为原则。为了自己的身体健康，不要怕别人看着不好看，别人能代替你受痛苦吗？练功时做出来的动作是功态，没有什么不好意思的，都是为了早日恢复健康。所以说老天是老大，你是老二，练功就要有这种精神、气魄，不要缩手缩脚小家子气。

精神、真气就是人的生命能源，心灵、灵魂，不是呼吸调息之气，以意领气、运气这是下层功法。佛言祖语说的都是精神、真气，所以有话这样说"气贯长虹"、"气壮山河"、"气冲霄汉"，老子才有一气化三清，孟子才说至大至刚，善养吾浩然之气，冲塞天地之间。呼吸调息之气能冲塞于天地之间吗？孔圣人说此气之大，"仰之弥高（意思是无顶端），钻之弥坚（无底），瞻之在前（无头），忽然在后（无尾）"，圣称"犹龙"。这是一句比喻，意思是说精神之气派无限，大无限小，上不见顶，下不见底，前不见头，后不见尾，变化莫测，比作龙。因为龙隐显升降也变化莫测。吕纯阳说：我性从来本自然，本来由我不由天。因为真空是万物之母，天地也是真空之子，空中之大气不是真空，是真空所化之气。真空无生灭，所化之气有生就有灭。

人的精神与真空同质，有同一性，所以精神无生无灭。吕祖才说由我不由天。释迦也说天地日月，河海湖沼，一草一木都在如来性海之中，说的也是精神、真气。俗话说"心比天高"，一个人坐在屋子里想象宇宙，真气就已经漫然在整个宇宙之中。所以古圣人才说此气充塞六合之外。

练太极功时运动形式是躯体的自然产物。昨天搬了一天砖，今天就活动胳膊；今天赶了一天路，明天就要活动腿；头晕就用手按按头；胸闷就用手顺顺胸；胃痛就调调胃等；调一下痛点的方法是敲打按摩，做前要神安气宁方可下手。敲、打、按、摩，时间要长一点，必然生效。这是辅助外功。另外，可以用意识在痛点蠕动，可以在痛点正转、反转、前转、后转地化，神而化之。这时虽然你并无明显地动，或几乎不动，其实内气已在波动，这叫内感外应，神而化之。不管练任何功法出偏导致气滞者，都可用此法化之。此法只用精神意识，不是用意领气。用意领气会破坏人体自然规律，用意识所领之气是人体之风，这样会造成五气不协调。这一点要谨记！呼吸调息之气也是本着人体的规律自然运行的，是人的本能，不需指导，不需提取运用。凡如此做者，违反人体自然规律，是为大错。如同消化系统一样，本是自动流水线，何需用意识去指导？用千篇一律之法定呼吸、定导引、定姿势动作能适合所有的人吗？男女老少，心理状态，身体条件都一样吗？大夫看病，能一百个不同的病人用一个方子抓药吗？练功者要悟理求真，遵真理而行，身体必定健康。

例如：一个人起床后想跑步，你非叫他打坐，他愿意站一会儿，可你非叫他躺下，这样他能舒服吗？所以，定法不是法，万法由心生。运动形式不能定，但是有一个定而不可移的原则，就是精神要像泰山那样稳定，头脑要像泉水那样清澈，心灵要像镜子那样明，这才是有原则的、以练心为本的自由自然的养生功。

人的大脑神经对身体有自行调节功能。哪个部位不舒服神经就有反映，大脑是躯体的中央司令部，人的身体有痛苦，会反映到人的司令部，不发号指令，反而由别人发号施令，管着你的司令部，你不就成了练功的奴隶了吗？别人再高明，他能知道你身体哪块地方痒痒吗？自己伸手一挠就解决问题了。自己对自己最清楚，一切运动形式是身心的产物，何须外求。舍己外求，为外道，不属正功。功乃本有家珍，自然所赋，自然本能。何须借他人之种苗种在自己身上开花结果呢？自我之精神方是宇宙之中独一无二的真种、实苗、正果，守心不动，功之苗从此发矣，原始太极内功成矣。

本来身心属自我，自然自在自琢磨，
强神能有擎天力，心明可以证大罗。

第九章

纵论尚武人的规矩与德行

第九章
纵论尚武人的规矩与德行

这里说的"规矩"是尚武人的习惯。古往今来，经武林认可并赋予约束力就成了规矩。这种"规矩"就是武林人规范的表现形式。

"尊师重道"是中国几千年文化的积淀，也是中华文化得以发扬光大的重要保障。"拜师"是学习传统技艺的头等大事，中国很多传统文化的项目都讲究拜师学艺，如：戏曲、书法、国画、中医、针灸等。武术也不例外，没有师父就等于"无源之水，无根之木"，严格地说没有师承、没有师父就不算入门，是个"外行"，武行里的人认为"不是门里出身"，通俗地讲"不正规"。

武术是一门博大精深的学问，如果想锤炼出一名出色的弟子，师父要付出很多汗水和心血。拜师，既是对老师付出辛勤劳动的一种肯定，也是文化和技艺传承的最佳方式和途径。关于武术师道与传承，自古以来，武术界就以拜师仪式烦琐、师徒师承关系名分极严，著称于世。要想成为师门正式弟子，须经过师父长期的反复考验，符合条件得到认可后，经人介绍，本人写拜师申请，师父和师兄弟们认可后举行隆重的拜师仪式，拜师仪式上徒弟向师父行过三拜大礼，呈上拜师贴，内有压贴礼金，师父及两名以上见证人在拜师帖上签字等一系列手续后，方能进入师门，成为师父的入门弟子。入门弟子又名嫡系弟子，最先进入师门的入门弟子，称为大师兄，亦称开山弟子；最后进入师门的入门弟子，称为小师弟，亦称关门弟子。未经过上述程序，向师父学过拳技且功夫较好，得到师父承认的，也是师门弟子，但只能称作记名弟子，不能称为入门弟子。不是入门弟子，也不是记名弟子，只是同师父学过拳技，称为学员、学生或学徒。

古代传承一门技艺非常严格，各行各业都有秘不示人的独门绝技，不拜师难得技艺之密传，不拜师难以担当本门技艺承传之重任。拜师，表面上看是一种形式，实则是一种技艺的延续和一种文化的传承。古人对拜师收徒十分重视，也往往做得很神秘，外界很难窥其端倪。

改革开放后，传统文化受到了应有的重视，各行名师、名家多开山收徒，使传统技艺与文化精髓得以正脉传承。传统的师徒关系仅次于父子关系，即俗谚有谓"生我者父母，教我者师傅"、"投师如投胎"、"一日为师，终身为父"等，都充分说明师承关系之重要。到当今，师徒关系已大不如前。古人讲：吾爱吾师但吾更爱真理。所以历来师生关系多生变数，他们之间因为名誉、利益、感情等会产生各种矛盾，致使师徒交恶反目的事情常有发生。现代社会虽然不必拘泥那些旧制俗礼，但人与人若建立重大关系，还是应该需要有传统规矩的风俗加以确认和维护。

我国古人说规矩是指人的品行方正，谨守礼法。规和矩；是校正圆形和方形的两种工具。《礼记·经解》："规矩诚设，不可欺以方圆。""规所以正圆，矩所以正方。"礼法、法度。《史记·礼书》："人道经纬万端，规矩无所不贯，诱进以仁义，束缚以刑罚。"一定的标准、成规。《韩非子·解老》："万物莫不有规矩。"

武德修养在武术中极为重要，"成才先成人，习武先修德"，道德品行古人有言《易·节》："君子以制数度，议德行。"唐经学家孔颖达疏解道："德行谓人才堪任之优劣。"晋葛洪《抱朴子·循本》："德行文学者，君子之本也。"德行的意思就是人的品德和言行。道德，指衡量行为正当与否的观念标准。《左传》云："太上有立德，其次有立功，其次有立言，虽久不废，此之谓不朽。"《三国志》云："士有百行，以德为首。"即以"德行"为首。武术一直将武德作为追求的主要目标，置于首要地位，成为武术的灵魂；一直将有无规矩品德当作评价武林人物最重要的标准，激励武者；用规矩的品行修养去鞭挞武林中不良风气及败类。武德是从事武术运动的人，在学习武术过程中及在社会活动中所应遵循的道德规范和所应有的道德品质。它是规范人与社会关系的行为必要手段，以弘扬中华民族精神文明为宗旨，以祛病强身、健体益寿、防身自卫、修身养性、陶冶情操为目的。

1. 回顾武术改造之路

中国武术的现代化改造始于辛亥革命前后，至今已历百年。改变的方式，则是参照西方体育理念，使其体育化，进而竞技化。武术概念的内涵不断变化，它的整体性逐渐被分解，褪去神话，与作为母体的拳种逐渐脱离，形成了套路与散打两个不同性质的竞技项目。对武术的改造，体现了国家的文化选择。而这种改造本身，既是一种去文化的过程，也是一条异化之路，并一直延续到今天。

1915和1924年的《中国精武体育会章程》规定，该会"以提倡武术、研究体育，铸造强毅之国民为主旨"，不争门户短长，对各流派武术兼收并蓄。精武体育会组织编写了各派武术教材和书刊，同时还全面推广现代体育项目。

1927年民国政府成立了国家级武术机构——"国术研究馆"，后更名为中央国术馆，馆长为张之江。最初在馆长之下教务方面分设武当、少林两门，门下设科。建立不久，曾发生过少林、武当两门门长比武的事。比武之后，两部门矛盾表面化了，有关人员相继去职，旧机构无形中解体了。1927年6月，张之江请来马良担任教务长，统辖3个科，各门拳术家混合在一起，没有了派别之分。马良又推荐唐豪入馆，负责制定国术馆组织章程和各项比赛规则。

这家官方机构担负着将武术规范化、竞技化的任务。国术馆成立前的1924年，曾召开"全国武术运动大会"，这实际上是一次武术观摩大会，无规则也无裁判。中央国术馆通过组织国术考试，对武术比赛的规则、护具等进行了全面的改革试验。1929年《国术考试条例》及《细则》规定国术考试分为国考、省考、县考三级，各级分预试和正试，预试搏击、摔跤、劈剑、刺枪、拳械，五通三为合格，方能参加正试。正试分初试、复试、决试，初试按体重分五级抽签配对，试搏击、摔跤、劈剑、刺枪，反复淘汰至预定人数参加复试，再筛选出预定人数参加决赛，最后选出3名优胜者；三级考试各轮优胜者均有荣誉名称，发给相应的证书或证章。这种考试其实就是比赛。

1929和1933年，中央国术馆曾举行过两届全国性的武术考试。值得注意的是，考试中包括具有技击性的散手比赛。武术散手采取双淘汰制，三局两胜。比赛在长方形的场地上进行，打法不讲流派，不以体重分级，临时抽签分组比赛。不戴护具，凡击中对方任何部位得一点。1933年在南京举办"第二届国术国考"中，武术散手以性别分组，按体重分级，并戴有护具；头和裆部都是禁区，将对方击倒为胜一次，三局两胜，没有时间限制。1929年由浙江国术馆承办了"国术游艺大会"，进行了武术散手比赛，比赛擂台高1.3米、长20米、宽18米，以被打倒者或自视不能胜而认输者为负方。武术开始向格斗竞技方向发展。但由于规则、技术标准、护具等方面存在问题，运动员的安全性得不到保障等因素，比赛没有形成连续、稳定的竞赛体制。回顾近代武术发展的历史，武术细化后的实战形式比赛仅出现在1928~1933年这短短的5年内。

在官方的角度，武术改造的方向始终保持了一致性。孙中山说"强国强种"，武术是教化社会的一种有力工具。尽管国民政府试图将武术的发展导入现代竞技体育，并制定了比赛的初步规则，但由于形势与条件所迫，这一工作并未完成，也没有形成相应的竞赛制度。

新中国成立后，如何完成武术竞技化的问题被再度提出。

1950年中华全国体育总会组织召开了全国武术工作座谈会，将武术定位为民族传统运动。1953年11月在天津举行了全国民族形式体育表演及竞赛大会，武术是这次大会的主要内容，并采用评奖的办法进行。由于当时的社会形势和阶级斗争思想，武术的"技击"特征被全面压制。新中国成立以后，武术就不再提倡"打"了，如果承认武术有攻防的话，就会被打为右派，武术完全步入"套路时代"。

于是，最初的武术工作主要集中在对于传统套路的挖掘和整理上。以拳为例，一般一套拳为30~60式左右，这60式内就是技击的单个招数连在一起的。传统武术把单个招法连成套路，套路里蕴含着技击技巧。首先进行了初级长拳、刀、枪、剑、棍、简化太极拳等套路的整理和创编。从1956年由国家体委竞技指导科武术班教练李天骥执笔，在传统杨氏108式太极拳基础上，改编出 24 式简化太极拳，以便学练。这是新中国简化拳种之始。

毛主席为体育工作题词："发展体育运动，增强人民体质。"在这个指导思想下，武术主要进行社会普及工作。普及的基础上再向前发展，就要开始考虑比赛的问题。但是怎么比，采取什么方式比，没有规则。原国家体委主任李梦华在训练大院转到体操房，看体操训练，就说："按照这种方式搞吧。"一句话，武术套路比赛的规则就定了。

1959 年，国内第一部《武术规则》正式出台，以流传面较广的长拳、太极拳、南拳为竞赛内容，使武术正式进入了竞技体育领域。从此，"竞技武术"的概念产生。严格说，应称其为"竞技套路"。武术套路开始向体操的标准看齐，即追求"高、难、美、新"，打分标准最初也参照体操的"622"制，动作规格 6 分，然后是协调性和风格。根据这种指导思想，1961 年版《武术》教材对武术进行了相应的定义："武术是以拳术、器械套路和有关的锻炼方法所组成的民族形式体育，它具有强筋壮骨、增进健康、锻炼意志等作用；也是我国历史悠久的一项民族文化遗产。"这也确立了武术按照套路运动发展的方向。于是，武术套路比赛中大量吸取了体操和舞蹈动作。"套路比赛"成为中国武术体育化的第一个项目。符合奥林匹克的标准：量化、直观、强调效果。

从某种意义上说，这个时期的武术套路就是"舞武"，甚至不是公孙大娘舞剑的那个"武舞"。古代武舞，用舞来娱乐。作为套路竞技的舞武，则是用武的形式来做动作，通过演练的方式把规范动作表现出来。舞比武的元素更重。相当一段时间里，全国武术比赛只是由二三百名专业队员在"争奇斗艳"，运动员们一般都比较矮小，他们善于"翻腾跳跃"，不断地翻腾出新的花样来，因为比赛的核心就是看谁跳得更高，翻得更多，亮相更漂亮。在套路竞赛中，最终展示和比较的是武术的艺术性。套路武术对运动员要求是打得必须好看。武术动作的特点要求是：速度快、动作准、力度大、弹跳好、节奏明、姿势美。一个套路五六十个动作，须在 80 秒钟内一气呵成，必须招招干净利落，节奏鲜明，一般的武术习练者恐怕打一个"旋风脚"都感到吃力。

2. 当今我国武术现况

中国武术不能再为"历史"而自豪了，历史的辉煌与任何现代人都没有关系，过多的"遥想"只能证明自己的无能与愚昧。

自1952年国家体委成立后，开始挖掘、整理中国武术，1957年竞技武术套路被列为国内体育竞赛项目。裁判根据运动员完成动作的质量、动作难度、套路编排进行打分，这类比赛和武术发源之初的"意义"完全无关。"套路比赛的空翻，在传统武术中是没有的，一翻就露出破绽了。"有曾在地方武术运动队担任过教练的人说，"为了更好看，有些套路教练没办法，只能请体操、舞蹈教练帮忙编排套路动作。"

影视剧中的武打，打得很炫让观众热血沸腾，也成为日后人们质疑武术或崇拜武术的原因。20世纪七八十年代，国内的武术套路教练多是练习传统武术出身，传授给弟子的也不光是套路式的花架子，有些教练平时也会走访武术前辈，但这样的教练后来越来越少了。随着特技手段和个性导演的出现，武术电影出现了杂耍式的打斗场面、威力如炮弹的盖世神功、空中飞行的轻功，当时极大满足了人们的娱乐需求。《功夫片的秘密》作者张力说："武术就这样不断地在电影中被不同的技艺异化。中国武术被炒红了，也误导了大家对武术的认知。""整得太神秘的就是假的"这是明白人说的。当今，借中华武术博大精深做文章的"大师"很多，"有些武术家没文化，总说他家传武功多厉害，这就只能是听听算了"，千万别刨根问底，至于中华武术内涵有更高深意和养生修行境界的说法，也有更多人不理解、不认同。

3. 武术"学历"造假问题

相比当下的种种造假，一直以来中国的传统武术界应该还算是一片净土，因为武术讲的是功夫，那些有名气的大师和无名气的武者，均以武功论高低，但出人意料的是竟然也有人自制假"学历"，冒充武林高手。《武魂》杂志编辑部的工作人员在2007年5月22日接到了美国驻中国北京签证处的一个电话，要求编辑部帮助核实曾刊载在《武魂》杂志上的一个封面人物，原因是有位某姓的先生，拿着刊登自己武术动作的《武魂》封面，意在证明自己是一位"人才"，而到大使馆请求签证赴美。而核实的结果，《武魂》自创刊以来，从未有过这样一位"封面人物"，此封面系该人使用电脑合成技术伪造出来的。这是《武魂》杂志首次遇到的"武术学历"造假行为，之所以不称作"事件"，是因为这位还没有来得及给社会及武林界造成更大的影响和危害就被制止了。这本在海内外发行的《武魂》杂志，有着很高的影响力和知名度，如果一个武者被刊载上了该杂志的封面或彩页，其习武经历（首页封面人物介绍）以及武术水平便跃然纸上，日后无论到了哪个国家或面对怎样的群体都无须多费口舌来描述自己的武功，同时在读者心目中，也至少说明了此人在中国武林界的影响力。

　　上面这位与唐骏、张悟本等人不能相比。唐骏功成名就并有着自己的身价，他本想在原有的基础之上再来个锦上添花，让光环上再添光环，不成想"演"砸了。张悟本是让别人给"抬"上了高楼，他站在楼顶享受着风光无限，竟然忘乎所以，忘记了谦虚，结果让"捧"他的那帮人又给"推"到了楼底下，等清醒时才明白是那张嘴惹出了大祸。而这位在没有任何"光环"的基础上干脆来个自己捧自己，其本意绝非去美国弘扬中国的传统武术，肯定是想借"武术学历"去谋生。如今以传统武术为由到国外谋生者不少，八仙过海各显其能，一般说还都是有一些本事的，而像这般作为的比较少见。他似乎忘记了，拿着伪造的《武魂》封面去外国招摇要承担很大的风险，因为作为一本在中国国家图书馆备案收藏的正式刊物，要想检索核查是很容易的。且外国人讲究实战，弄不好让人家揍个鼻青脸肿还是小事，而坏了中国传统武术的名声就不是小事了。

  说到"武术学历"造假，细想起来，如今其实并不少见，著书立说就是"武术学历"造假的手段之一。尤其是近十几年，各类武术书籍越出越多，只要书籍出版，著书者几乎都自诩为武术家，然而能找出有真功夫的人却是凤毛麟角。仔细翻阅发现很多书籍内容相近，还有不少文字相同，不同的只是书名和武术动作照片。有一位南方的"武术家"曾坦言，他在一年之内出版了《拳法》《棍法》《刀法》等书籍竟达到39本，真乃奇才也，即使是一字不落地抄袭，屈指算来这一年时间也不够用。但是不管如何，所有"武术学历"造假者是为了获取一种"资本"，一种超越武术功力的"资本"，这种资本用钱是买不到的。

  再换个角度看"武术学历"造假问题便可以发现，中国的武术热并未消退，尤其对外国人来讲他们对中国功夫很崇敬。在澳大利亚，武术列入最流行项目前十名；中国功夫在美国的知名度远远超过了针灸、书法等国粹，特别是一到春天，练太极拳成了公园里的一道风景线，常年习练者多达数百万人；在欧洲学习中国功夫的学员更是数不胜数，一些大专院校还把中国功夫纳入了教学大纲。近年来，随着世界对中国的关注，越来越多的老外迷上了中国功夫，外国人对中国武术不仅仅是喜欢，可以说是到了崇拜的地步，他们认为中国功夫的魅力不仅仅在于搏击与健身，最令人着迷的是其中所蕴含的丰富哲理与历史内涵。同时，中国武术被很多外国人看作是开启中国传统文化的一把金钥匙。

  而今，在信任已经缺失、民风不再淳朴的当下，人们已将真实、守信、诚实视为做人的基础，武者更应如此。因为，一个真实的武者所受到的敬仰是永恒的。

4. 武术也需要打假"大师"

在国际上，对某个行业中的高手往往叫作专家，叫大师的极少。就算是得了诺贝尔奖也不是每个人都被称为大师，更别说是宗师了。而在中国的传统武术界大师、宗师满地走，有的练了几年拳脚，便扯个名家虎皮自称为"大师"。

现在我国内有些人，动不动就给自己冠以"大师"的头衔，而且冠冕堂皇地招摇过市。能够让"大师"纷纷出山的原因不外乎有二：一是蠢人多，他们有意无意甘做"大师"的粉丝，蠢人把"大师"给捧红了；二是"大师"的眼睛盯住的是钱，钱的吸引力太大了。

四川重庆的农民杨某，别看他只有小学二年级的文化水平，几年前竟然一举成名为"遁术大师"，他表演的水中捞钱引起了一时的轰动。杨某将一个装有多半盆水的洗脸盆摆放在桌子上，脸盆上盖上几层报纸，然后把双手伸进脸盆里面，便能从水中捞出面值不等的人民币。后来，杨某为了让观者深信不疑自己是真功夫，他干脆脱去上衣，光着膀子赤膊捞钱。有人说："这跟魔术有什么区别嘛？"杨某却一口咬定："这不是魔术是遁术。"他到处表演挣钱，收入颇丰。其实，四处表演挣钱本身就是个疑点，自己既然能在洗脸盆里捞钱，何必四处奔波？在家里神不知鬼不觉地"捞"就是了，可是杨某却一本正经地表示："这是真功夫，绝不能有丝毫的贪欲，不然要遭报应的。"但是他在家里接受采访时，拿出一瓶茅台酒洋洋得意地说，自己经常喝"遁"来的酒，难道白喝别人的酒就不遭报应吗？杨某说他的师傅是朱元高，湖北荆州人氏，现已83岁。有人经过实地查询，子虚乌有。后来，还有人为其代写"申遗"材料时称杨为姜子牙第123代传人，理由是"逃遁术"由姜子牙在三千多年前创立，故杨某应为第123代传人。正当有人指出杨某表演的是魔术，而不是什么"遁术"的时候，浙江某大学化学与生命科学学院的一位教授专程拜访杨某，同行的还有一位美籍的医学教授。教授等人自带道具让杨某表演，眼见杨从水中捞出大量现金后多次接受媒体采访时称："杨某是真功夫，目前还不能用科学解释。"教授如此，平民又当如何？

杨某和他的"遁术"频频出现在报纸、杂志和电视上，媒体猎奇乃至赞扬的多，提出质疑的少。于是杨某更马不停蹄地奔波于全国各地进行表演，以"遁术大师"的名义享受着人们的追捧，享受着巨额出场费。重庆万州区保护非物质文化遗产办公室的一个工作人员，竟然将杨某的"逃遁功夫"收入万州区第二批区级非物质文化遗产名录。

揭穿杨某骗人把戏的是一位魔术爱好者尚正义，他当众真实还原杨某水盆中"遁钱"的整个过程。他说："我可以告诉你们，这就是魔术，而不是杨某说的玄而又玄的法术，他是利用障眼法把你们都给骗了。"

所有的江湖骗术，都会突出一个字"奇"，并将"奇"硬说是"功夫"，死不改口。所谓"奇人"，都是蠢人捧出来的，因为人本不奇，由于众多蠢人的造势，"奇人"便拥有了市场。

同这些拼命往"未解之谜""生命科学"上靠的"特异功能"相比，传统武术界中至今还没有出现过像杨某这样轰轰烈烈一时的"奇人"，但喜欢戴"大师"帽子的牛皮匠或者骗子却大有人在。

《南京晨报》曾经刊载这样一件事情：酷爱武术的市民段先生经人介绍在玄武湖跟一"高手"学习拳术。学费不贵，500块钱。次日，买上礼品，在朋友的引荐下，当面拜师。此后，每天早晨6点，段先生跟着师傅练拳。随着时间的推移，段先生发现师傅是个会说不会练的家伙。段先生愤愤地说："这是我第4次拜错了师，都去学过了，那些师傅一开始都说如何厉害，最后发现都是假的。""找一个真懂武术的老师太难了！"段先生感叹道。

"奇人"杨某和假武术师相比，虽然说都是骗人，但还是有区别的。杨某是让人用眼睛相信他，而假武术师是让人用耳朵相信他。

假武术师除了给你比画个三招两式之外，再就是讲述震人心魄的故事，用故事迷惑弟子，但出于人类认知本能的弱点，真的大师远远没有假大师受欢迎。真正的武术师傅，总是把深奥的东西，用平实的语言讲解，极尽所能地指导徒弟。假师傅总是把平庸的东西，用神秘的方式进行表达，为的是掩盖空洞的内涵，把爱好拳术、懵懵懂懂的初学者吸引到自己身边。

其实，识别假师傅并不难，尤其是从细节观察便可一目了然：一是看其武功理论的合理性、科学性；二是看其是否背后议论或贬低他人，或者张口闭口吹嘘老祖宗如何厉害；三是观其酒后是否有德；四是看其是否两眼紧盯徒弟的钱袋，有钱则喜，无钱则怒，骗吃骗喝；五是把法术和武术混在一起百分百是假功夫。

武术之所以有生命力，原因在于一个"武"字，而靠"演"出来的武术，也许会吸引更多的人，但是终究有暴露的一天。

人们总是愿意把眼睛盯在实实在在的东西上面，诸如假烟、假酒、假服装之类，而面对其他假"货"却显得格外地接纳。骗子的聪明之处在于看透了世人的心理，究其原因，不外乎有"健康需求"、"猎奇需求"和"眼见为实需求"三点。这三点犹如三根桩子支起了一座舞台，造就了各个年代不同的"大师"，"大师"又忽悠了一大群愚昧者，愚昧的遗传又一代代重复着同样的愚昧。

武术本不应该有假，然而事实并非如此。没有成气候的假武林高手站得一方土地，欺骗一方百姓；而出了名、成了气候的武林高手则通行全国。习武者无不向往少林寺，无不仰慕少林弟子，可是如今的少林和尚有多少？谁也说不清楚，因此"真假少林"事件也曾炒得沸沸扬扬。假冒"少林武僧"的表演团遍及全国，而借少林寺招牌出售秘制膏药和护身符的"假和尚"更是数不胜数。据了解，少林寺约有僧人180多人，武僧占其中一半，而在河南邻省的一个小地方，竟然有300多人号称自己是少林方丈，真是让人哭笑不得。少林和尚肯定是秃子，秃子不见得是少林和尚。换句话说，少林武僧是和尚，而相当一部分秃子是在扮演武僧。

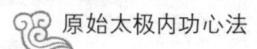

5. 武术嗜好者的陋习

　　武林同道皆万分感慨世风日下：当今社会投师习武者，懂事礼的人、有情义的人越来越难见到了。想到令人如此感叹的习武求学者身上的陋习，稍归纳一二如下，以便识别。

　　当今，习武初学者有慕虚名者；普遍情况是心浮气躁，急功近利，热衷于追星，喜欢看表面文章，不求深入了解，迷信大师、名家，也不管真假，趋之若鹜，就是为了能沾上点名气。无恒心是当今习武求学者的通病，需要老师耳提面命，求学者自己早警惕，扬鞭策力才能改正纠正，否者，三分钟热血，一时间大脑发热，再好的武学技艺也难以掌握；或者是断断续续，再或者是一曝十寒，最终的结果是老而无成，空自悲切，习武者当警之！还有求辈分不求实际的愚蠢行为，传统武林论资排辈现象严重，先不管练得好坏，个人功夫练得如何，总想着图个大辈分。须知，即便祖师亲授嫡传，所谓辈分很高，但是自身于武学真谛、拳学道理根本惘然，扪心自问，这辈分虚名对于个人身心性命修行有何益处？相当一些习武初学者心存投机取巧之阴暗心理，总想着能得到什么秘诀秘笈秘技，拜了师便求着师傅传授所谓绝招，以便作为个人的资本，好省去许多的苦练用功，这种陋习深为武林人士所厌恶。须知，即便是有秘技绝招也得靠勤学苦练才能化为实际的功夫和个人的本事，求速成这种心理也应该算作陋习，几乎习武初学者都有。求速成迫切的心情可以理解，这需要师傅积极地循循善诱，加以引导，晓之以理，逐渐使初学者明白武术技法同中国所有传统技艺一样，根本没有速成的道理。求省时省事是当今习武术人的通病，练功时标准低，对自己要求松，对于老师的高标准严要求，总是打折扣，自己骗自己，练功时自己给自己注水，能练十分钟不练半点钟，能轻松则不辛苦，对于学习的技艺浮皮潦草不求甚解，最终只能落得个"假、大、空"。这种情况当下存在着不少，其武技低下，武理苍白，武德龌龊，用假、大、空这三字来评说更为准确，假即是周身无真，大即天下为一，空即不及边际，语言粗俗，言谈毫无逻辑与事实根据。

今人学习武术的目的不外是强身健体，在现代，最大的功用更该是在生命保健的目的上。从一些史料来看，很多的武术家，排除竞技搏斗或卫生医疗条件的原因，很多成名的大师年纪轻轻因疾患缠身而过早夭折，不得善终，这也是显而易见的现实，其寿命并不比一般什么都不练的人长。这会使人心中留下一个疑问，但决不可以归咎武术本身。至于许多武术家连最基本的健身功能都没能达到，花那么大心血值得吗？一定是个武痴迷。

练武术者是健身还是在残身？这首先看学武人心智深浅、观其有没有痴迷。

强身健体毫无疑问居首要位置，历来如此，即使练武只为竞技搏击的人，也更该明白这个理，没有强健的身体做本钱，拿什么去和人搏命？武术的创立本身是为击打，但首先需要把身体练强壮，有些训练方法盲目又无知，是以牺牲自己的身心健康为代价来换取击打能力，夺取名利，但这类人毕竟是少数。

练武术对身心健康有大好处，有许多实例能说明。

有这种人，以武为职业、当饭碗，为了练出超人的功夫，不惜采用一些极端违反人身自然规律的训练方法，超负荷地折磨自己的身体，这样在年轻时因身强体壮、气血充足，身体的伤害会被掩盖住，没有发作，一旦日久气衰，所有病疾就会找上身来。所以，武术练对了，强身健体，练过了"过犹不及"，有了迷症，就是残身害命。目的和心态是选择练武方式的关键，也是决定其健身还是残身的重要原因。

有人以强身健体为目，会顺其自然，循序渐进地去习练，身体自然不会受伤害。而以打斗为目的，必然急功近利，不惜透支消耗体能、牺牲健康来提高击打能力。这一点，竞技体育最说明问题。体育运动无疑是健身的，可是，那些体育明星们哪一个不是伤病缠身？为了金牌、名次采取的是残酷的魔鬼训练法，无情的淘汰制，定一个极端的高标准，顶得住的能留下，否则就被淘汰。这和全民健身完全背道而驰，健身运动应该是你现在的身体薄弱，通过锻炼可以得到强健。

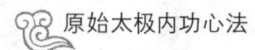

随着现代文明、和谐社会的发展，法律的健全，武术的技击作用已经越来越萎缩，其健身功能越来越彰显。现时代，造就出了无数"新型武术家"，他们多是会些皮毛花架子，靠嘴吹嘘、拉关系出名的。古时候没有真功夫是立不住脚的，所以他们的训练方法必定需是严酷的，损皮破肉，伤筋动骨，那是家常便饭。清末民初的太极大家孙禄堂先生家里当时就天天熬着两大锅止跌打损伤的药水，用来内服和外敷，因为天天有武友受伤来家寻药，练武人受伤多，必会留下后遗症影响身体健康。

近半个世纪以来的武术家，为什么也会有健康和寿命的不同？这与练武人的心态和方式方法大有关系。不可否认绝大多数武术人，都希望练出点儿真功夫，但是，如果心态不平和，方式方法不得当，气血不通顺，只在拙力浊气上较劲，将会严重影响健康和寿命。

还有种幻想主义者，求捷径、耍小聪明是学不了武术的。别看他们说起理论来滔滔不绝、有条有理，全是嘴上的功夫。不花力气练功，坐家想拳，把自己变成空想家了，以为自己一想就能成为武术家。武校就别开了，改旅店好了，来学武功躺床上，想想有功夫了，出场竞赛就是冠军。这类人不管学什么武术门派，到头也就是块挨揍的料。你有再多的意识，不经过付出汗水，实操实练，就永远不能达形，不从实际出发，不达现实，这种人实是自欺欺人。任何一个习武者都应从基本功开始学起，真正熟练掌握了基本功，才有可能步入功夫的上乘境界。但众多习武者却痴迷于功夫的花巧，盲目追求与模仿，最终不堪一击。因为他们忽视了功夫训练过程的一个重要环节——基本功训练。

功夫高手无一不是从苦练苦修基本功开始，而且是终生不离此道。这犹如中国的汉字，七千多个汉字却能够组成无数个句子，其道理就在于对文字运用的熟练。同样，一个简单的基本功动作也会演绎出精湛的技艺。每一位功成名就的功夫大师都会坚持练习基本功，因为高超的技艺也会随着体能的下降而减退，而基本功训练是保持体能的最好途径。

又有许多人，就是因为练功方法不当而致病致伤，过去就有，现在更多。老师本身就没学到真东西，糊涂着练呢，又传授初学者，以误传误，举目可见，中国武术势在滑坡到甚至可以说是危机的地步。随着社会假冒现象高峰出现，门派诸多的武术界也是伪师林立，初学者不知其害，练武方法之不善，非徒无益，必然直接使你身心受损。武书虽可看，却不可尽信。有些书是东拼西凑的冒名伪劣，根本就没有价值；有些书的作者对于此门派根本还没学习透彻，就为扬名而写书，贻误后学。

　　还有这样的练武人，经过几年努力取得一点名望后，生活失于检点，染上不良嗜好，以致病魔缠身，晚景凄凉。年轻时武功再好，五毒（吃、喝、嫖、赌、抽）俱全也绝对残废了。

　　人必有生、老、病、死，练武术者也不能妄想逃避，而是为了活得健康，至老无忧，少病无痛，至死无憾，生、老、病、死能如此，夫复何求？长寿固然好，但还得有质量，辗转病榻苟延性命，又有什么意思？练武就该是为提高生命的质量，因此练武来不得半点虚假，需要坚韧的毅力、诚实坚定的态度，自我是想要健身还是要残身，每个练武人都必须做出自己明确的选择，千万不能迷症了。

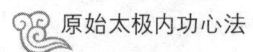

6. 当今太极拳流行现况

  太极功夫在中国历经了若干朝代，有很多炼养家，通过长期大量的修炼实践，留下了心得体会及著作，这是延命的宝贵经验，后人本该加倍重视珍惜，借鉴吸收，继承弘扬华夏民族传统文化之精髓。可惜，今国人并不珍惜保护，有些面临失传的危险。太极文化源远流长，古时候人皆用以修炼身心，重在防病祛病、延年益寿，其方法简而易行，人人可学。自从技击之风流行，盛行于世的太极拳功法竟倡好勇斗狠，每以胜者难能可贵，废止弃失了太极真髓返璞归真、合于自然大道之真意义。

  今人练太极拳，都是强调执着于形体，执着追求造刑优美及高难度技巧动作，堪比体操舞蹈。唯加工在拳架姿势、躯干四肢、运动趋向，或许再有呼吸之气的导引追求，以意导气等，都按照各种固定要求来练习，太极套路是向外人学来的照猫画虎的模仿，自我身心外学之手段，是来自他人的身心产物，属于外家功。外家功移至自我本身，均属消耗自我身心之能量，皆不能从自我身心本质上得到增长，只是有为的体力运动，形神已经脱节，精神做了躯体的奴仆，精神不能专一，神不守舍，神散气散；再去追求和寻找对手比拼力量、速度、耐力和技巧及名利，从而落入了西方现代竞技体育模式，与中国传统内修长生延命理念完全背道而驰。这样练太极的方式方法是"本末倒置"，完全违背了道家修炼真宗太极，及武学真谛"道法自然""无为而治"之理论宗旨法则。

  在当今高科技发展的时代，稍有不慎，就会把以假乱真的假鸡蛋、假烟、假酒、假药等假货买回家里，太极拳界也随行走向市场经济，有拳师名利熏心，邪见障重，离心叛道，眼见众多篡改以标新立异，包装配音乐及口令，美化展示体形繁杂，自立为派别，致使成为表演、塑造形体的太极拳体操及舞蹈，实乃以盲引盲。这类形式的太极拳虽然流行广泛，但实质上除了泡沫，一无所有。中国在太极拳领域，由于人们的思想觉悟及观念认识不同，选择价值取向及目的也不同，都是舍本求末，以假当真，明者可鉴！

7. 如何审评武师的资质

古时候，习武的人特别重视为师者的资质。这里将传授功法的人详细区分为四种：真师、明师、时师、盲师。对这四类师者所表现的不同特点总结为如下，仅供求学者参考。明眼鉴选师者，免得重金求学，以砖磨镜，而白白浪费时光。

真师：具有系统而全面的修真理论及实践，在修行的道路上依据圣人经典作为指南，这是练功的道理真。因其重视功夫的实践，所以除对已有一定诚信功绩的人以外，一般不亲自出面教授。这类教师的表现特点是混俗和光，在人群中不露真相；不图名，不谋利；对己不恃才，对他不滥交；清而不污，言不妄发；对练功的方法及理论有独到见解，对贪、嗔、痴、爱凡俗事无兴趣。

明师：受过真传，有真修实炼的功夫，有较高的思想素质和文化修养，有系统的理法指导学员实践，能真心实意地为阐传中华民族传统文化、正心修身、再造精神文明、和谐社会做贡献。这类教师的表现特点是：不特殊，不骄傲；不讲排场，不摆架子；不恃才能，实话实说，不唱高调；不为名，不贪利；武旨端、武风正，平易近人，群众也信得过和乐于接近。从修炼立场上说，在《大智度论》经卷中揭示出四个要点，用以分辨明师，叫作认识明师的"四依法"：（1）要依法不依人。凡是突出自我，宣传自我，搞个人崇拜的，都不可称之为明师。（2）要依义不依语。凡能说会道，花言巧语而不是以大义晓人的，都难称之为明师。（3）要依智不依识。修学"无为法"不是一般的知识。后天知识懂得越多，思想包袱越重，反而会成为障碍；自以为自己聪明和有知识的人，越难以有成，所以老子在《道德经》中也说"为道日损，为学日益"。修学原始太极需要丢掉妄念，凡不讲"忘我、无为"，只会传授"有为法"、在"有相躯体"与"后天知识"上大做文章的，都不可称之为明师。(4)要依了义不依不了义。"了义"是指无法可说、无法可学、无法可执、无法可修。学法本来是为了忘法，把"法"和程序及念头都要忘掉，忘法才能心无念、无相、无挂、无碍、无为。凡是要求学生把教师的功法也忘掉的人，才是高明的师傅。不是要求学生一辈子模仿用他的法来练，否则难称之为明师。根据以上四个标准，去访察、衡量、比较，拜投明师，就会学到真法。

时师：即是了解一功一法，执着一招一式，在一个门派武术套路的招式上能为人之师，他们有较高的热情，虽然理论水平与实际功夫尚不精深，但能认真钻研发展，乐于实践，热心辅导他人，尽力推广普及。这类教师的表现特点是：不辞辛劳，但观念局限，唯己最高，目空一切，不是为利、即是为名，并会陷入门派之争，思想束缚，难以发现别家的长处。因为，自任其"独尊""独门儿"，从习惯上和感情上唯师自尊，在认识上难免片面，不能客观全面地认识事物，不能接受其他观点，因而也就抑制了其水平和发展。

盲师：利用一年半载速成、现学现卖一套拳术和两个招式，不讲功德，逐名求利。他们根本不够称为师职，更没有任何资质证明可以担当人师，其中有的虽会比画几个方法招式，但只能拿来招摇过市。实际是根本不懂拳理，不明功法，更没有实际功夫，徒染虚名，故弄玄虚，狂妄自大，贬低别人，抬高自己，自吹自擂，招摇撞骗，蛊惑人心。凭着点野蛮的混劲儿，拉帮结派立山头，自认武术正宗，为了门户派别虚名，互相拆台，钩心斗角，虚荣显耀，妄称人师，把沽得之名、骗取之利尽入私怀，将学生课后所出偏差、所酿身心伤害尽归他人；对自己有利可图就干，对他人伤害死活不管。如投其门下，即若"盲人骑瞎马"。此种人的行径严重阻碍了武术的健康发展，严重败坏了武林风气。望后学者明辨之。

辩定真伪武师也可以从"三看"找门道。一看技、二看理、三看德。就是先看其人所练招法是否势正招圆、神韵浓烈、劲力顺畅、身法灵动、步法稳健等，用招方面是否能实修实用。再看理，就是看其有无问世的武学文章，也可从其言谈武理中辨别其所讲是否有道理、是否有理论依据和科学性。谨记：武术是门人体生命科学，绝不是迷信。看武以观德，就是说练武术之人要讲武德修养，包括讲口德——语言道德：谦虚谨慎，不说狂话，不说损害他人的话，不做不利他人的事；讲手德——不拿人试手以武欺人或出手伤人。

修习武术应该破除故步自封、闭门造车之陋俗，应该互相尊重、同舟共济，凡事恭敬谦逊，学人之长，补己之短，把"同行是冤家""武夫相倾"变成"同行扶植"。"德为艺先"是武行的金科玉律，古时候就有言：文以评心，武以观德。文与武都能反映一个人的心理活动和道德思想。对于那些不健康的旧的思想观念及不良习惯势力、对于那些徒有虚名的好为人师者武德渣滓有必要理论清楚，避免其像蛀虫一样腐蚀武坛，使武术这一国宝黯然失色。门派之争不必，学术之争有益。练武者当自检自慎！

当前我国武术界必须要强调提倡道德观、强调武人和谐观、强调以振奋民族精神纯洁为重，这是现时代赋予武术习练者的使命。否则，离开了道德修养和精神保洁，只谈武艺即丧失了武术固有的内涵。精神文明主要体现在人的文化素质和道德修养上，武人提高技术，提倡武德，为社会的精神文明建设服务是中华武术的光荣任务。

第十章 心态平衡对人躯体的作用

第十章
心态平衡对人躯体的作用

大千世界万事万物有着千差万别而又错综复杂的关系，人有生老病死离别苦、喜怒哀乐悲恐惊，战乱年代又有水火刀兵旱涝饥馑颠沛流离寒风露宿……所有这些遭遇，给人们带来无限的悲伤与痛苦。人生也有童真的快乐，爱情的甜美，幸福美满的婚姻家庭，荣华富贵的物质享受……总之，社会人生既有幸福快乐，也有痛苦悲伤。这些千变万化的社会现象，有自然的，也有人为的，而这一切现实又都是不可抗拒的。人们生活在这世界上，对周围的一切无动于衷是不可能的，要完全避免也是不现实的，要离开这一环境另求生存谈何容易。更何况在许多时候还要经受社会上的风吹浪打及莫明其妙的无情冲击，在这离不了又逃不掉的环境中生活，既要身体健康精神愉快还需防备冷嘲热讽明枪暗箭的伤害，这真是一个巨大的矛盾。有什么样的玄机妙算和智慧才能解决这些矛盾，确实是值得我们寻求获得的，否则人的心理就难以平衡。常言道：苦海无边。如果每个人的心灵不纳种不秧苗，苦果从何而生？即便是苦海无边，如若心灵不接受苦的种子，回头即是岸；幻想人生风平浪静一切顺心那就太天真了。但是外因再强大，心灵不动，外因就起不了绝对作用，其结果是外因强也无可奈何。社会上的每个成员，都是在七情六欲中度过一生的。有的人天塌下来擎得起，也有人一句话都受不了。所以说，心大量大包括天下，心小量小一句话都盛不下。同样是人，心智分高低，要做到心态平和必定是心灵的强者。而心灵的强者又一定是知识渊博、道理精深、心灵和善开阔的大觉者。一个普普通通的人，要想做到一生心态平衡，需要有超人的理智与冲天的志向，做起来实在是难。是否有达到心态平衡的良方呢？有，那就是修炼心灵。从强身健体来讲，能量最高最大的，不是呼吸调息运用的吐纳之气，也不是四肢运动之技巧，最根本的是产生呼吸调息吐纳运用之气及四肢运动的能源真气，是主宰见闻知觉、思想意识的心灵。这真气才是动力。因为气感与外躯体的体力，真正能源来自心灵。四肢运动是体力劳动的功能；推动躯体血液循环是呼吸调息运用的吐纳之气的功能；人的见闻知觉、思想意识、觉悟智慧功能是心灵真气的工作能量和劳动成果，而不是来自血肉与呼吸调息之气感的功能。

练气的真宗真气，其真宗正法是运用心灵这个浩然正气。各个宗教、各种气功及医疗养生，虽然名目繁多每人各俱，但这一真实存在却无二，千功万法的各种名称，都为这一真实而起。而这一真实的存在是产生医疗养生及宗教理论，以及千功万法的一大因素。若无人之真气，千功万法医理宗教无根所起。所以说一个身心万法同，必然一个身心万法通。如果不以心灵为养生健身之种子，就是没有看到千功万法的根源。心外生枝，立种秧苗，最后也可能为水中月、镜中花，落得妄修一生，一无所得。练功者，应当求理悟真宗，不应以自我感受来肯定功法真假邪正，而应以产生千功万法的基础根源之千经万卷的真宗至极真理来判断决定，而且要有哲理性、科学性、实践性。若用科学的唯物主义的现代化知识来衡量能不能通过，则不是真理。通俗讲，真理应是贯通宇宙行之无碍的。人类社会，无论有多高的科技现代化，无一不是心灵劳动的成果。成就人类社会的结晶果实，至高无上的能量，就是心灵，通向宇宙与自然合而为一，同呼吸共命运，同体共存，只有心灵这一真实存在，可与大自然沟通。

现代人该不该修心灵？不但应该，而且更需要。当今世界高速度、快节奏，人的思想整天高度地集中在工作上，思考各种问题，要缓解这种紧张的局面，修炼心灵就成为必然。然而，修心灵的古风旧习只能适应过去，对于那些没有生命力的陈规旧法、对社会人生起不到积极作用的，要大胆扬弃，不要墨守成规。古法有的偏重心灵而轻世俗，结果影响了科学文化、艺术以及物质文明的发展。我们应当继古人真宗之理，遵现实之实，成为具备各种社会才能的全能者，使之称得上是一个心地光明、世俗模范、真修实练的明心大觉者。如果把出家超俗作为修心灵的至高无上的方法，人类将走向何方？使心灵恢复光明这一真宗之理是绝无更改的，至于方法则是：明真宗之理者，即可达明心。千经万卷自有真宗之理，真理永恒不变，法因时而用，变化万千。不影响社会任何方面发展的明心之法，方为上法。因社会上任何工作、岗位依其位而行各自职守，不越乎其外皆能练心。明心求理悟真是定理，是走向大彻大悟大觉的不二法门。我们现在练的是心灵之功，最终目的是恢复心灵的妙明本质。中华民族的祖先伏羲、炎黄、尧、舜、禹、汤、文、武、周公、老子、庄子、孔孟，以及释迦、耶稣、穆罕默德等圣，都为恢复妙明本心留下千经万卷、千功万法。人类社会自我修炼的功夫（如健身气功、武术、体操技巧、特异功能等）至高无上的莫过于明心，明心之理，明心之果，为千功万法之无上果。任何功能无法比拟，一切功夫，以此为基础功理、基础能源的必达高超。练功者观察千经万卷，证得此理方知我的语言不虚。

我把这一无上法作为身心健康的基础功法。首先必须做到的就是一生一世的心态平衡。这是社会人生的必修课，是人生的头等大事，人有天大的本领，没有一个基本的身心健康，还谈什么大作为。但如果把心态平衡的功夫当作一朝一夕的躯体运动，没有真正融合到日常生活中去，就没有进入到正常正宗的养生健身的正道上来。真正得到心灵疗法之真宗，便会终身受益，国家受益。望所有的气功爱好者亲身体验，方知功有真假邪正上下之别。一得之功，一孔之见，自以为是，终会误人误已。学功者应体验诸功法之真宗至理而后选出最上乘的正宗真功正法，作为终身的正心修身之课，才能得到真正的身心健康。养生健身的功法万千条，求理悟真，研究再研究，必须明晓归根到底明心大法最高明。明心大初学入德之门必须做到心态平衡。

心态平衡的具体方法初学者先要明理，要知道影响心态平衡的根源在哪里，一个人由出生到死，会经历各种各样的环境，会有悲欢离合、喜怒哀乐各种情绪情感，站在心态平衡功夫的角度应如何对待呢？在遇到各种意外打击之时，如失去亲人、失恋、升学之落榜、意外横祸之突发……顷刻之得失，应该怎么办？这是对人生心态平衡的最大考验。要想不受其苦，就应积极正确对待，消极逃避、忧愁、生气、拼命、绝望等行之无效，是自我折磨的慢性自杀。痛乎心肝者莫大于父母深恩，夫妻儿女重爱，而这些悲欢离合经过历史时空，永远消失，最后落得空无。人的痛苦、悲观情想怀思又能寄托哪里？正所谓：人生如幻，时过境迁，痛不欲生，心被幻转，心被物迁，而沉沦深渊。如如不动，心灵自然，方能转物超出尘缘，光明寂静，心同自然。无牵无挂，无圣无凡，是迷是悟，决定心田。社会人生，快乐悲伤是非多，是好是坏无奈何。人人向往荣华富贵，贫困灾患无人谋，吉凶祸福自然有，不由心机与计谋。

好事不求也有自来得，坏事怕临，来了也难脱，只因主观妄想与客观事实难结合。自然规律本如此，顺乎自然心平和。悲观绝望也如此，无所畏惧也快活。宇宙温暖社会人生乐，悲观苦闷伤自我。为人悟透社会生存大道理，做到心态平衡算什么，痛苦悲伤伤自己，此理不明活在世上做什么。心态平衡圣人理，亘古至今，医理养生，五大宗教，千佛万圣，千功万法至真理之总和。《中庸》有离性修心是非道，《坛经》有离性说法是邪说，正法真宗心为种。佛道儒医以心性立真宗，千功万法心为种，心态平衡此理修心达圣明。不论人间有多少法，修心练性是总经。无有心性所有功法无处生。无为大法只一个，心性圆明万法通。

　　心灵活动对于人体生理过程，所起到的作用是决定性的。中国上古时代，许多贤士学者早就认识到了，《黄帝内经》说："心者，五脏六腑之主也。心动则五脏六腑皆摇。"古人所说的"心"就是人的精神真气。司马祯在《贞观政要·规谏太子》中说："心者一身之主，百神之师，静则生慧，动则生昏。"欧阳修《坐忘论·收心》里说讲："万事以心为本，未有心至而力不能者。"《苏子美论书》："人为动物，唯物之灵，百忧感其心，万事劳其形，有动于中，必摇其精。"人们在生活中会遇到各种各样的问题，这都存在一个用怎样的心态去对待、去处理的问题，而不同心态的反应，效果是不一样的。在日常生活中我们就可以训练自己的心，就在生活当中，就在你面对一切人、一切事当中！经过之后就会知道自己心境是心如止水还是波涛翻滚，是平衡还是没有达到平衡，这只有自己最清楚。比如，在酷热的三伏天，当不具有条件改变这种环境时该怎么办呢？这时候"心态"的作用就表现出来了：有些人心浮气躁情绪不佳，烦恼不安，怨天尤人，于是炎热的不适感加剧，感觉越来越难受。有些人则不同，他们淡然沉静，不急不躁，处之泰然，所谓心静自然凉，炎热带来的不适感就不那么突出，甚至不觉得怎么热，可以比较顺利地度过酷暑。这说明一个关键的问题，就是人如果在"心静"的状态下是有与大自然融为一体的本能的，只是现实中的人并不知晓罢了，这就是心被"尘劳物欲"所迷。如何才能不被迷惑呢？人应当求真理、悟真功、认清自己生命能源本能，在自我的根本上下功夫。社会上许许多多的功法，让人眼花缭乱，吹得神乎其神，不过是故弄玄虚、骗人钱财，误己误人！

　　古话说：真传一句话，假传万卷书。又说：平常心即是道。人们日常只知其用，反而不知其有。自我时刻都在用心、劳心、痛心、怨心、操心、揪心、烦心、挂心、累心……种种辛苦疲劳自心，如同粉碎机一样的摧残、折磨人心的事，处处可遇，无有时闲，人安能不使自己的心积劳成疾？所以，要想健康长寿就要从根基练起——正心、静心、修心、炼心、安心、养心、明心。这是人生大事。

生命保健的高境界是养心。古人早有定论：下士养身，中士养气，上士养心。

世间不管是中医还是西医，一切药物对治病来说都是治标不是治本。一般人追求健康无病，常常只知强健身体，不知补养心气儿。当知调养心，下手当拒绝扰乱之贼，当先摄心化贪嗔痴三毒，必学心斋，必求明理，方为不愚。必先求定，得定必学静心。人心最忌是个乱字，心乱了，对外可以紊事，对内可扰血气，使失正常。凡恼怒恐怖喜忧昏疑都是乱，是多病短寿的根源，不但养病时不应乱，即平时亦忌心乱。心神不安，情性躁急，为致病致死之总因；求其安心，为生命保健要诀。心主宰一身，心定则气和，气和则血顺，血顺则精足而神旺，精足神旺者，内部抵抗力强，病自除矣。故治病当以摄心为主，凡人欲求长寿，应先除病。欲求除病，当用安心定性敛神聚气之法。

生活中保持中庸是养生的根本原则。人体中的气血也是一对阴阳，血为阴为体，气为阳为用。血为气之母，气为血之帅。气不足，易得瘀滞之病，如肿瘤、血栓等；气太过，易得脑出血之类的病。所以，只有气血平衡，人才能健康。尤其人在生病的时候最忌讳嗔恚心起，此时一定要安然顺受，让心安定，然后慢慢调理，健康很快恢复。心安才能气顺，气顺才能除病。否则心急火燎，肝气受损，加重病情。心神宁一，浑身的血气，自可健全发挥。很多重病或绝症，都只有一个原因：有恨心。当这恨心没了，病也必一起消失。世间最难解的是绵延不止的恨，因有解不开的恨，才有治不好的病。

华夏古圣先贤，留有诸多经典著作指心说法，尽为使人心态平衡，使人明理养生，使人身强体壮，使人增智开慧登上大光明的觉悟之路。唐代著名的医药学家、养生家、大寿星孙思邈，在其养生过程中特别注意排除七情六欲的干扰，并指出："道不在烦，但能不思饮食，不思声色，不思胜负，不思曲直，不思得失，不思荣辱，心不烦，形无极……"王重阳说："身心无为，而神气自然有为。"所以人若想达到心定就要时时调心。在世间，如果自身正处于贫困的境地，要"安贫乐道"，不要认定自己会始终贫穷；如果身处富贵，要"居安思危"，也不要认为自己能永远富贵。无论居于何种境地，都要遵守道德观念，不要因为贫、富处境而变易志向、改变心的本性。人应学会处逆境而不馁，遇挫折而不惧，甚至泰山崩于目前而不惊，猛虎行于身后而色不变。人必须要有适应各种环境和培养自我的能力。面对不可改变或难以改变的不利环境，能够泰然处之，像庄子所说："知其不可奈何而安之若命，德之至也。"天地变、人心变、环境变，由于现实世界复杂多变，各种各样未曾预料到的问题都可能忽然出现在你面前，所有的一切都要学会适应和应变。随遇而安但始终不停止自己的追求，精神不垮的人，永远有摆脱困境、成功的机会，心理上的强者，能够主宰自己的命运。

人在生活中，什么样的遭遇都可能碰到，这确实不重要。关键是如何反应，采取什么态度。如果心态是平衡的、积极良好的，就有回天之力。有这样一位老干部，已是肺癌晚期，医生表示已经没有希望了。但他自己却不这样看，他坚信自己能战胜绝症。于是他振作精神，摸索战胜疾病的方法。当他看到一些癌症患者在良好的心理状态下，通过生命保健学习自然疗法锻炼有显著疗效时，精神更加振奋，医学专家也告诉他："这是条出路。"于是他坚持不懈地到公园做功锻炼，将生死置之度外。没多久，胃口好了，睡眠好了，体质增强了，原来身体上的几种慢性病也得到改善。一年后去医院复查，医生吃了一惊，说："你能活一年可不简单。"第二年他再去复查时，医生惊叹道："你能还活着？太出乎我们的意料了，真是奇迹！"到今天，这位老人已经带癌幸福地生活了十七年……病人的心态有两种情况：一种是：听说自己患了不治之症，心烦意乱，惶恐不安，认为自己没救了，等死算了。哀大莫大于心死，这样的人往往难以挽救了。一种是：视死如归，精神放松，不背病的包袱，有强烈的生存欲望与信心，能自我调整心态，乐观向上，反而把死神吓走了。目前癌症对人类健康是一大威胁，仍然没有特效药物与技术手段有完全把握将它制服，但是，只要有坚强的心灵力量、大无畏的精神就能使它败走。良好的心理素质会使人变得更加强大更健康。

同样，一个人事业的成功与失败也与他（她）平衡的心态密切相关。我国许多获得奥运会世界冠军的运动员，取得各项好成绩都是在比赛场上优异技术的正常发挥，得益于他们在场上能处于平衡的心态。这种世界性的比赛，对运动员来讲不单单只是比技术，也在比人的精神定力、心态的平衡。比赛

第十章 心态平衡对人躯体的作用

时能心无挂碍,精神集中,没有名与利的思想压力,没有丝毫顾虑,必能取得优异成绩为国争光。

一个人是否能保持健康长寿,必然也取决于他是否有平衡的心态,这是人生存与健康的坚实基础,而不良的心态是疾病与一切成败的内因。自古以来,人在历史的生存实践中,已经检验证实出了心态的差异性,鲜明地划分出了优与劣。不同的心态在待人接物与处事应变上,表现出绝对的差别。由于心态不同,面对同一种刺激,有的人觉得无所谓、不在乎,有的人则认为了不得、不得了;处在同一逆境,有的人镇定自如、随遇能安、游刃有余,有的人则魂不守舍、心烦意乱、惶惶不可终日,甚至精神崩溃。

美国学者哈姆斯认为,对人们威胁性与危害性最大的心理刺激事件是配偶死亡。但同样是面对配偶死亡的打击,有的人难以承受、痛不欲生,甚至导致疾病缠身;而有的人则表现平静,看得透,知此是人生自然规律,自我控制能力很强;再有极少数人特别想得开,甚至觉得是自然正常无所谓。据记载,庄子的老婆死了,庄子竟然鼓盆而歌,认为这是顺乎天理、合乎自然的事值得庆贺。真可谓"仁者见仁,智者见智"。庄子这是站在宇宙的角度看待事物,所以,看待事物所持的高度不同、角度有差异、迷悟有区别,所得出的结论必然是不同的。

人生不可能一帆风顺,必须学会随时调整心态,心态也是一个人的精神状态,只要有良好的心态,就能每天保持平和、饱满的心情。心态好,运气就好。打起精神来,好运自然来。做任何事情一定要有积极的心态,一旦失去它,要学会调整心态,人只要不失去方向就不会失去自己。心态的好坏,在于日常的及时调整和修炼并形成习惯,凡事要看开点、看远点、看淡点,心胸要豁达些、大度些,相信"任何事情的发生必有利于我",且"办法总比困难多",没有流不出的水和搬不动的山,更没有钻不出的窟窿及结不成的缘。有位哲人说得好,"既然现实无法改变,那么只有改变自己"。改变自己就是调整好自己的心态。

如何调整好自己的心态？

（1）欲望不要太高。欲望无止境，欲望越高，一旦不能得到满足，形成的落差越大，心态就越容易失衡。

（2）攀比思想不能太重。盲目攀比，会"人比人，气死人"。如果跟下岗工人比待遇，跟农民兄弟比收入，跟先进人物比贡献，心态就能平衡，怨气就自然消了。

（3）学会忘记。不要对过去的事耿耿于怀，过去了的就让它过去，这样减少许多烦恼，心情才能舒畅。中国有一句话："做人要知足，做事要知不足，做学问要不知足。"这既是一种超然的人生境界，也是检验我们心态好不好的一面镜子，不妨经常照一照，看看自己的心态是否调整好了。

每个人都有一套属于自我的生活理念，有的人生活得很快乐，有的人却对生活出奇地失望，归根结底是心态的问题。随着社会的发展，竞争的加剧，人们的各种压力增大，当这种压力超过了某种负荷能力的时候，就会让人出现偏激情绪，这样带来的后果是无法想象的。如果人能在适当的阶段给自己找一个出口，会逐渐排除这样的精神压力，增加生活的幸福感。

怎样减轻负面情绪？

（1）学会让自己安静。把思维沉下来，慢慢降低对事物的欲望。把自我经常归零，每天都是新的起点，没有年龄的限制，只要对事物的欲望适当降低，便会赢得更多的求胜机会。

（2）学会关爱自己。只有多关爱自己，才能有更多的能量去关爱他人，如果你有足够的能力，就要尽量帮助你能帮助的人，那样你得到的就是几份快乐。多帮助他人，善待自己，也是一种减压的方式。

（3）遇到心情烦躁的情况时喝一杯白水。有条件时放一曲舒缓的轻音乐，闭上眼，回味身边的人与事，慢慢地梳理未来。适当的休息，也是一种冷静前行的思考。

（4）多和自己竞争。没有必要嫉妒别人，也没必要羡慕别人，很多人都是由于羡慕别人而始终把自己当成旁观者，这样会把自己掉进一个深渊。做好自己，为自己的每一次进步而开心，事情不分大与小，复杂的事情简单做，简单的事情认真做，认真的事情反复做，争取做到最好。

（5）广泛阅读。阅读是一个吸收养料的过程，现代人面临激烈的竞争、复杂的人际关系，广泛的阅读，让自己的头脑更充实也是一种减压方式。正如人在肚子空空的时候自然会焦急一样，正是求知欲在呼喊我们，要好好生活就需要这样的养分。

（6）尊重自己。不论在任何条件下，不能妄自菲薄，一定要相信自己，这样才会有更多的人喜欢你。你想自己成为什么样的人，只要去努力，就会实现的！很多人为什么没能实现，是因为没有毅力。

（7）学会调整情绪。遇事尽量往好处想，很多人遇到事情的时候就乱了方寸，本来可以很好解决的问题，反而因为情绪把握不好，使简单的事情复杂化，让复杂的事情更麻烦。其实只要把握好事情的关键，把每个细节处理得体就会游刃有余。遇到棘手的事情，冷静下来，然后想如何才能把它做好，越往好处想，心就越开，越往坏处想，心就越窄！

（8）珍惜身边的人。用语方面尽量不伤人，哪怕是不喜欢的人，找理由离开也不要肆意伤害。那样不仅让自己心情更坏，也让场面更尴尬。

（9）热爱生命。每天吸收新的养料，学会变换不同的思维方式，学会换位思考，尽量找新的事物满足对世界的新奇感、神秘感。

只有用真心、用爱、用人格去面对每一天的生活，人生才会更精彩。每天保持一份乐观的心态，遇到烦心事，要学会让自己开心，让自己自信。保持良好心态唯一可行的办法是怀着感恩的心去看世界，学会发现身边所有令人感动的事情，这样才能保持良好的心态，让自己心情愉快，快乐过好每一天！

生活是美好的，人人向往幸福。但是，没有健康的心灵，则无美好与幸福可言。达观君子，立心于乐观本分，含天地之真气，抱自然之朴拙，心地坦荡，行无拘束。人对于处世的态度，应有顺应自然、随遇而安、积极乐观的人生态度，这也可说是在人类社会处世的最佳态度。天有不测风云，人有旦夕祸福。事物皆有兴衰，人生都有顺逆生死。只有乐观处世，才能泰山压顶不感到沉重；身负秋毫不感到轻松；青云直上不以为荣耀；坠入深渊不以为屈辱；

雷霆大震不为之惊惧；白刃相劫不为之畏惧。视生死如同白天交替昼夜，看有与无如同一长一息。昂头观望辽阔高远的宇宙，俯首环顾卑贱遗憾的自身，如同一片浮萍在大海中飘零，又似一粒米在太仓里寄居，有什么值得谈论其间的轻重呢？您若有这种思想观念及心态，无论到哪里都会感到快乐！无论处于什么境地都会感到安适！如此在生活中怎能不感到逍遥自在呢？

　　中国传统养生学修炼理论，即重视未病先防，又重视自我形体康复，更重视自我心态平衡的修缮与精神的超脱。只希望人人都能珍重自我，明真理，悟真功，识真心，培真种。

第十一章 人类生命能量与科学证实

第十一章

人类生命能量与科学证实

因为人类生命根源在东方文化的奥秘中,所以西方人最愿意追求东方文化的奥秘。其实人体生命科学的奥秘,就蕴藏在大自然中……人们都只知道太极,而不知道太极之母无极。不认识就是盲区。

无极就是人的心灵出入之门,天地之根,顺之逆之都在此。这里有一个精神的问题。人们叫心,也称心灵、真气、理气、真常等。易经中有三易:不易、变易、交易,都是无极所含。无极也叫真空,宇宙是〇(大自然大真空),人的心灵是o(小自然小真空)。人的心灵是无极直系所生。无始无终,永恒不灭,比天地还高一层次。它是一种妙明光体,摸不着,看不见,无限大,且又无限小;水不能侵,火不能焚,雷电不能伤及,刀砍斧剁不能断,罡风吹不散,永恒于大自然。所以,人身体健壮,内气充实,心灵是总后勤。

人又像一棵树,心灵是根,内气是干,躯体是叶,根固枝荣,根深叶茂。心灵又是理智之源,为智慧海(慧根)。人之养生,顺乎于人的本能的发展规律,才能得到无极真源起的作用。

天阳地阴,阴中有阳,阳中有阴是天地之精华。阴阳鱼中的白鱼属阳,鱼中的黑点属阴;黑鱼属阴,鱼中的白点属阳,因此叫阴阳鱼。天下降之气为阴,地上升之气为阳,谓之天地交泰。天父地母,人为天地细胞。天地是宇宙一大夫妻。天地人为一体,天地阴阳真空三位一体住入大地,母体合于五行之气而成胎。真气为灵,阴阳五行气和物体结晶为肉体(躯壳)。伏羲、女娲是天地直化之子女、夫妻之首。因此八卦中他(她)们称父母、兄弟、姐妹伦理开基在八卦中表示乾父坤母,坎离代表伏羲、女娲震艮代表兄弟,兑巽代表姐妹。因为伏羲、女娲原始祖是天地交泰而生,人身暂存质变为尘,灵为真气还原真空,周而复始,生生息息,永无了期。

以后就是人生人。人是父母交合欲至高潮浑然合气,自然真气与父母真气一性相合，一气相连，三气合一为人生根源。人的心灵叫不易，呼吸调息之气叫变易，躯体叫交易。真气为人的能源，没有人体，先有此气。因此心灵是人的生命能源，生死之根。

当今，人类心灵疾病的发生比自然灾难所造成的影响更令人震惊。

1998年2月4日《健康报》载，科学家预言：大脑的力量，将是21世纪医学的新动力。人的精神状态，将成为日常医疗工具和手段，就如同今天的药物及手术一样奏效。

曾有德国内科专家根据500个癌症病人的检查得出结论：癌症是在恶性情绪冲击下，人脑里的一个程序编制出的错误结果，错误的密码引起细胞变性产生癌症。人的精神状态既然可以催发癌症，同样也能抑制癌症。美国有一位患喉癌者，癌瘤几乎阻塞了他的咽喉，每天只能进一些果汁，照常规他只能活一个月左右，医生建议他运用"思想疗法"进行治疗。于是他每天静坐在床上，排除各种杂念，想象自己的身体内白细胞成了骁勇的战士一起集中到咽喉与恶魔短兵相接，将恶魔消灭干净，扫清了咽喉的障碍。他每天坚持想象两三次，一个月后，病情已明显好转，并能顺利地吞咽稀饭了。如此继续想象了一年之后，他咽喉里的癌瘤神奇般地消失了，身体逐渐恢复了健康。科学实验表明，人的情绪是可以令癌细胞停止生长的。因为大脑和免疫系统是密切沟通的，科学家用化学物质作为语言而控制情绪和控制身体的化学物质效果是一样的，这就是说科学家只要掌握如何控制大脑，指令它在适当的时候产生使身体健康的物质，癌症就可能得以康复。

还有科学家实验表明，人的大脑两半球的功能上有显著的差异，左半球的功能具有观察、记录人出生后对外部一切事物的感受和信息，并把这些感受和信息加以逻辑思维推理论证，用语言表达出来，这些每个人都有，自我思维意识是后天脑。右脑是形象直觉，它是天意识（为潜意识）。先天脑是大自然的安排，一先天，一后天，一阳一阴，一体一用，它是天人合一的具体体现，是人类巨大的潜能之所在，它具有超高速运算能力和大容量的记忆力，它与左脑相比不知强大了多少倍，无法比拟。因为它是总能量的能量，左脑好比它的工具。现在许多研究结果表明，人的一生中大脑智慧只开发了3%-4%，是人类自身资源的最大浪费。因此，要开发大脑智能，是迫在眉睫的首要任务。必须要借假修真，借有形的躯体这个假，通过自我意识修养，达到修炼无形的"精神"这个真，是千百年来反复经过验证的哲理。要能保持心态平衡，才能启动通往右脑的大门。

近代脑科学研究证实，心态平衡，品格良好，道德高尚的人，平时在脑波和脑内激素上可发生以下的变化：

1. 在脑波方面：大脑皮质即新皮质区掌管"知性"，对于潜意识接受宇宙功能发挥神奇力量，就是右半脑的间脑，它可以和宇宙波动产生共振共鸣，感知宇宙间的信息。当一个人心情舒畅、心态良好时，就会出现轻松脑波即"α波"，在熟睡与觉醒之间可出现⊙波，即"打盹波"，右脑就会活化起来，对人体生理功能起着良好的作用。相反，如果心态失衡，激动发怒，上述一切反应将化为乌有，出现的只能是紧张波。长期紧张必然对身心产生极为不良的影响。

2. 在脑内激素方面：右脑功能的实现，除上述脑波之外，还靠着间脑中的下丘脑脑垂体以及等三脑室后壁上松果体所分泌的各种脑内激素等生物活性物质。这些物质主要有：生长激素以及各种脑内吗啡等。右脑就是通过这些激素及遍布全身各种相应的受体，灵活而准确地控制着内分泌系统等和精神活动。由此可见，右脑储存的"精神"体不仅是人体生命活动的主宰，而且也是由古至今一切神童、超人等活化状态。交感神经过于兴奋，可以产生大量活性氧，加速机体衰老过程，因此要保持心平气和。

3. 在开发右脑潜能的同时，必须注意左脑的协调发展。因为，右脑几乎不懂语言，它的信息只能传递给左脑，由左脑进行逻辑处理，并用语言表达。所以，不管右脑多么聪慧，如果左脑不能充分发挥作用，事情也无法完成。因此，要调整自我思维，降低神经细胞兴奋性，使全身心自然放松，在无意的瞬间使难点得到解决。产生的灵感是右脑得到启动，松果体可以产生大量的延年益寿倒拨生命时钟的一种褪黑素（即抗黑变激素）。

中华民族传统修炼养生之道的文化经典理论是"精气为物"，有形是假，无形是真，借假修真，方成大道。用现代的大脑神经科学与古代传统文化精华巧妙地融汇一起，其超凡脱俗的修炼效果，从心理、生命、人体等方面收到良好的效果。因为人体是由有形躯体、自我意识（产生于左脑）、"精神体"（储存于右脑）三个部分构成，左脑是后天，右脑是先天，在修炼中，降低左脑显意识，强化先天右脑的开发应用潜意识，使左右脑的功能协调而实现后天反先天。同时，直接活化刺激大脑神经细胞，进一步激发大脑的深层智慧，开启人体右脑的超常作用。

我们之所以认为"物质和能量"或"肉体和灵体"截然不同，是因为我们人类有着二元（两极）化思考模式。我们所知道的事物，几乎都是来自知识和逻辑，而知识和逻辑形成了思想，思想成为语言的基础，这种模式使得人类变成二元化的产物，有着二元化的思考方式。因此，在人的世界里有"善"就有"恶"，有"对"自然有"错"，有"好"更是有"坏"，有"快乐"当然也有"痛苦"……一切皆有对立面。美国著名的精神科医师大卫·霍金斯的"能量级别论"告诉我们，善的能量级别高，恶的能量级别就低。

古人云，生命在于运动，这句话无论在"内静外动（体育）"还是在"外静内动（禅定）"，都是正确的。

打个比方，物质和能量像是处于一渐层连续体（continuum）的两极，一极为黑，一极为白，介于两极之间是灰色，而这具有黑白两极特色的灰色，包含着从偏白的灰色渐次发展到偏黑的灰色，这现象正如"两极原理"（Principle of Polarity）中所说的："一切成双，一切皆有两极，一切皆有对立面，相似和相异是一样的，相反的东西其本质也是一样的，只是在程度上有所不同，极端的状况会彼此相遇，所有真理不过是半真理，所有的矛盾也许互相调和。"因此，人的灵魂和肉体是同一件事，同属一渐层连续体的两端，正如是与非、善与恶、快乐与痛苦本质并无不同，分别只在于能量振动有所差异。如果以灵学和疗愈学来说，能量振动频率高而且精细的能量，是属于高层次的自性本体；当振动频率降低时，产生的物质就愈粗重（比如人的肉体）。

现代实证科学讲究依据，只有有了大量的科学依据，人们才会承认和认识某种事物。所以，也使很多久远时期留下的传统因为科学探索手段的局限而一再受到排挤和异议，善恶有报就是其中一例。

科学家在神经化学领域的研究中也发现这样一种现象：当人心怀善念、积极思考时，人体内会分泌出令细胞健康的神经传导物质，免疫细胞也变得活跃，人就不容易生病，正念常存，人的免疫系统就强健；而当心存恶意、负面思考时，走的是相反的神经系统：即负向系统被激发启动，而正向系统被抑制住，身体机能的良性回圈会被破坏。

事实上，中国古代的医学经典《黄帝内经》中讲："静则神藏，燥则消亡。"静，是指人的精神、情志保持在淡泊宁静的状态，神气清静而无杂念，可达到真气记忆体、心神平安的目的。其实，静的意义很广泛，不是单纯的静止不动，而是人的思想和行为，在受到外因的冲撞时，能有豁达的心胸去包容、去体谅，而不是马上进入热战状态，唇枪舌剑一番。现代的科学研究表明，人在入静后，大脑可以恢复到儿童时代的脑电波状态，使得衰老暂时得到"逆转"。

这些科学研究从侧面证实了，古人对善恶有报的信，是那个时代，很大一个群体对待生命的根本看法，也正说明人的思想是开阔的、开明的。心态的开放传达着生命对未知事物保持的谦卑。因为信的本身，就是一种开放的态度，所以不会随意用极端的思想去封闭自己的出路，思想境界也很容易摆脱恶念的禁锢，开明的思想产生的效应，自然能够感应天地之间的和谐，生命自然健康吉祥福寿。

第十二章 生命保健——澄澈心灵

父母生来一点灵，不灵只为结成形；

成形蔽却光明体，放下依然彻底清。

1. 人的精神生命的本质

每个人都有精神。人的精神既不是物质体，也不是气质体。它是一种听之弗闻，视之难见，真空非空的特殊存在，是一种真实的存在。精神是真空的一个分子，精神与真空是母子关系，真空是万灵之源，精神是源中的一滴水。精神与真空一样，也是一种永恒的存在，精神与真空具有同一性。所以子俱母能，真空有育化万物之能，精神有理解万物之功。

真空在天地万物之前，为先天理气；精神在肉体之先，为先天灵气。天地有生灭，理气无终始，身体有生死，灵气长存，精神不死，水流千遭归大海，精神的归宿是灵源。

人与天地万物是一个整体，人所以能生存繁衍至今，绝非人独自之能。人能造物，天地能造人，真空能造天地。观察分析万事万物要找到其根源，这样才能理解宇宙整体，才能使人的精神通万化之源，使人类的思想达到至知、究竟觉，成为知整体宇宙的大觉者。

前面已经论述了真空与精神的关系以及天地与肉体的关系，那么人的精神与肉体又是一种什么关系呢？

为了说明这个问题，我们先从结胎受孕说起。人之出生，是由于父母的性行为，父母的性欲高潮，是生人的季节。由肉体结合而至精神结合，精神处于空洞无念之浑然状态，从而感召真空中一点灵气乘虚而入，注入母体子宫，这一点灵气，被父母浑元气所含，再外又被父精母血所包（如下图所示），从而使母体怀孕。

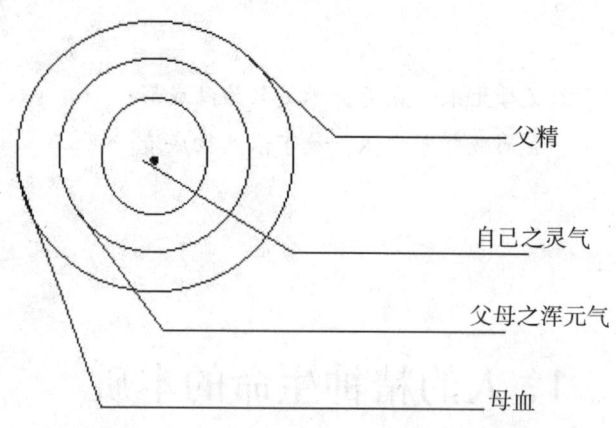

父精、自己之灵气、父母之浑元气、母血

因为有了这点灵气，父精母血才能成形结胎。这个胚胎之中既有父亲的五行之气，又有母亲的五行之气，还有自己的五行之气，三个五行之气加在一起，才有人之性命。经十月怀胎，出生以后，子女既有父母之脾气，又有自己之个性；既有父母之容貌，又有自己之特征。这就是同父同母的兄弟姐妹为什么个性、容貌都有差别的原因。

父母能生子女的身体，不能生子女之精神，精神是真空之分子，所以精神在人身上又称先天之气。《道德经》中称之为谷神，"谷神不死，是为玄牝。玄牝之门，是为天地根"说的就是这个意思。精神又称元神，呼吸调息之气，是精神起的作用。所以说神者，气也。一分神，十分气，一分气，十分力。精神的威力奇大无边，人的一切功能，都是精神在起作用，精神不健康，肉体就出毛病，所以精神保健实为健身之宝。练精神为什么能祛病强身？就是因为精神是肉体的根源，找到了根源，在根源上下功夫，就能收到事半功倍的效果。

精神本身也含有阴阳五行之气，又称精气神三宝。天三宝日、月、星，三光常盛；地三宝水、火、风，日夜能行；人三宝精、气、神，安身立命。天无日月星，失天体，地无水火风，万物不生，人无精气神，失掉性命。

人离开母体以后，先天元精变为交感之精，先天元气变为呼吸调息之气，先天元神变为思虑之神。肉体是精神住的一间活动房屋，精神是肉体的能源。

第十二章
生命保健——澄澈心灵

要认识、证实精神确实存在，就要从研究人的功能入手，然后再上升到理论进行分析、推断，从而得出一个肯定的结论。

人的身体由血肉之质的物质体所构成。人是天地之中的高级动物，有一个聪明、智慧、灵敏度最高的大脑。人对周围的环境、事物有非常敏锐的感觉和反应，这个反应的过程大体上可以归纳如下：人通过眼看、耳听、鼻嗅、舌尝及身体的触觉来觉察万事万物，从而在大脑中产生意识，即思维。

大脑的思维内容包括：汇总眼、耳、鼻、舌、身觉察到的事物，分析、判断、计算（如过马路时要计算来往车辆的速度，以及自己的距离，并以此来判断自己是否有被车撞倒的危险），想象、认识、理解、记忆（包括在大脑中进行录音、录像）、回忆（包括在大脑中放音、放像）等，并据此做出相应的决定。为执行这个决定，还要指令身体的某些部分做出相应的反应，如语言的表达，面部的表情，肢体的动作等。在很多情况下，完成这样一整套繁琐、复杂的过程只是一瞬间的事情，但又是那样的协调、自然、混而不乱、清清楚楚。这怎么可能是血肉之质的脑细胞的功能呢？人的大脑以及眼耳鼻舌身都是由皮肉、骨、神经、血液等细胞组合而成的，从生理学的角度来讲，血肉属于灵感、无知觉的物质体，这种应万事万物的功能，怎么可能蕴藏在血肉等无知的物质体当中呢？

眼球是一种特殊结构的晶体，人通过眼睛能辨别形形色色的物体形象。这种"看"的功能是晶体的功能吗？如果是，为什么其他晶体没有看的功能，不能产生"知"呢？耳有"听"的功能，风声、雨声、车马声、人的喧闹声，所有的声音都能分辨得清清楚楚，这是耳朵的功能吗？鼻子、舌头也都是物质体，但却能嗅出、尝出千差万别的各种味道，这么高的灵敏度是皮肉在起作用吗？

皮肉本身是无妙觉、灵知的物质体，用刀刺肉时，刺一处一处疼，如同时刺八处，八处有不同的疼，都能分辨得一清二楚，为什么知道肉疼呢？很多人会说这是神经在起作用。不错，神经被麻醉了肉才不知道疼，所以才能开刀动手术，但是，下面的例子又该如何解释：为什么战士在激烈的战斗中，身体非致命部位中弹负伤，而经常自己丝毫不觉？假如一个人急于找人，他的注意力完全在他要找的那个人身上，如这时碰到其他熟人，他可能也注意不到。猛击头部能使人休克，这不奇怪。但有时恶毒的语言也能使人休克，语言并不能接触人的皮肉，这种软刀子为什么也能伤人？有的人，当他不知道自己已患有不治之症时，若无其事，一切正常，一旦知道了病情，身体很快就垮了。这完全是疾病造成的吗？在类似的情况下，有一种不怕死的人，却能把死神吓跑，不治之症反而好了。这是一种什么力量使他战胜了死神？原来死神也惧怕不怕死的人。怕死的死了，不怕死的反而活着，这是医药起的作用吗？

当一个人的情绪发生剧烈变化的时候，如生气、暴怒、悲痛等情况下，他会吃不下、喝不下，这是他肠胃出毛病了吗？不是！不吃药，不打针，几句良言就能使他恢复正常，这又是什么力量在起作用？一个人在生死关头能够跃过他平时跃不过的高度，这是为什么？一个患相思病的人，为什么医药对他无效呢？只有那一个人，才能使他（她）恢复健康。这样的例子很多，不胜枚举。

以此，我们得出一个共同的结论：那就是精神的作用——精神是肉体的主宰，是眼耳鼻舌身意的总能源。所以才说"心不在焉，则视而不见，听而不闻，食而不知其味"。人的肉体没有见闻觉知的功能，所以人在梦中没用肉体也能见闻觉知。精神与肉体的关系，就像电源与电器设备的关系，有电的时候，这些设备才能发挥它们各自的功能；没有电，这些设备就毫无用处了。精神不在了，人的一切生命活动也就停止了。

如今西方国家不单纯讲科学，也在研究心灵学。而我们的原始祖炎帝、黄帝在那远古人类最早时期就非常重视心灵真炁、精神修养，已经在研究生命养生之道了。

中华民族的炎黄先祖，对大自然心灵真炁有深刻的认识。炎帝神农氏，遍尝百草，日遇五十毒，神而化之，是人类第一位认识药物的老祖先，是中草药的开拓奠基者。轩辕黄帝，是医理养生的发明创造者，也是人类发明创造衣服的原始祖，为了后代子孙的身心健康，留下了心法养生之道、医理、药理的经典《黄帝内经》万古流传，在这部养生学巨著中所论述和记叙的，都是精神与人体、人的生活及人的生存环境息息相关的养生之道，讲的是心灵真气的功能，是天地之间万物皆备、莫贵于人的哲理，阐述的是上古真人养生的秘笈。今有说黄帝发明易学奇门、医学数学，焉知阴符所谓八卦甲子，神机鬼藏，黄帝皆由心灵得来，无非性命学中一点发觉。我们而今欲为黄帝后裔，就当尊重、研究心灵性命养生学问，从每个人自我心灵真炁根本上下手，不要在那暂存的躯体上及那些小法小术上追求。试想，若没有心灵，哪儿来的知觉、视听、言动？若没心灵，想必也就没有了生死问题，这心灵在身为人，离身为魂。如果自己认真体验和感觉，就会通过自我修养，明理明心，纯净心灵，走向心灵美好。《黄帝内经》中说："恬淡虚无，真气从之，精神内守，病安从来。""故圣人传精神，久服天真之气，而通神明。"实为后人留下了一个守精神、炼真气的真功夫。这是后来各种功法的出生源地。老子、释迦、孔子等古圣先贤，在不同的历史时期和地方，同样论述了修炼心灵真气的道理和方法，留下经典使人进一步明白、认识、理解练真气的方法。古代的圣贤就是本着这个方法，真修实炼，成为理解宇宙的大觉者。

修习心灵养生的学问，是保养净化心灵真气的修炼之法。通过纯洁心灵，丰富知识，文明精神，增强智慧，圆化性格，能使愚者化贤，恶者向善，弱者变强，柔者成刚，急躁者化为平静，忧郁者转为和气，烦恼者定生快乐，恐惧者立见神威，绝望者枯木逢春，暗昧者光明现前，患病者神妙回春，迅速恢复健康。此行，可以利益于自我、家庭及事业、国家，可以利益于社会及自然。在人类社会，不分中外、党派、宗教信仰，男女老幼，各界志士仁人，均应修炼，身体力行，体会是实，途经实践，必得真知。

当今之人，之所以不能够认识"道"的原因，是根本没有认识自己的心灵，是由于被虚浮不实的东西所缠绕。如果能够看透人世变故，明白虚名薄利是自己身心的祸害而不为其所转，而志于培养自我心灵之种子，即能开花结果。"君子悟本，本立而后道生"。《黄帝内经》曰：有称为圣人的人，能够安处于天地自然的正常环境之中，顺从八风（自然界的八风是外部的致病邪气，它侵犯人的经脉，产生经脉风病）的活动规律，对于虚邪贼风等致病因素及时避开，使自己的嗜欲同世俗社会相应，没有恼怒怨恨之情，行为不离开社会的一般准则，穿着装饰普通纹彩的衣服，举动也没有炫耀于世俗的地方。在外形，不使身体因为事物而劳累；在内心，没有任何思想负担，以安静、愉快为目的，以悠然自得为满足。所以他的形体不易衰惫，精神不易耗散，寿命也可达到百岁左右。这就是我们祖先黄帝的养生之道，养生之道的根源即是心灵。如果养生健身不以心灵为种子，就是没有找到正宗功法的根源，学功的人悟理稍有大意，差之毫厘，谬之千里。

作为炎黄子孙，我们当然应该首先去研究我们老祖先对养生健身的观点和看法，在他们留予子孙后代的经典著作中去寻求真理。当今，全世界的学者都在研究中国的古代文明，中医医药、《道德经》、《易经》等都是他们研究的对象，全世界都承认中国的古代文明是整个人类文明的知识宝库。我们运用好先祖留下的经典理论，真诚至信，结合现代实践手段，必能达到身心健康而通达宇宙真源，明了至极真理。

2. 心灵是人身之本

　　人的心灵源于宇宙，存于、通于、恒于宇宙，这是心灵的自然本质，没有半点神秘和迷信。这是真理，这是自然，这是存在。这个存在有认识宇宙、观察宇宙、理解宇宙、合于宇宙的功能，宇宙中有着千差万别的不同体系的存在，科学和文化知识尚未能全部理解、诠释。文化知识、科学是心灵、思维的智慧成果，但这只是心灵能量的一部分，其他物质不具觉观宇宙真源的能量，因心灵是宇宙真源所生，同体共存、同气相连，因此，心灵是人类社会的全功能及最高能量。对人的躯体来说，主宰一身的全功能是人体的心灵能源。

3. 心灵的本质

　　人的心灵本质原真空，人的呼吸调息之气由真空生。色身肉体经络血液本气化，外官内脏气结形。皮肤毛发光泽晶体眼，是真空显化之光透体明。不化不变不显原真空，非气非光非色非物无体形。真空本源实气实光实色实物实体形，含妙有，物之精。悟则有，觉者通。看不见，说是空，嗅无味，听无声，摸无形，本质空，应物灵，见闻觉知思想意识样样行。天地外，自身中，宇宙间，自然中，真空物质心灵本质件件通。有志之士修炼心灵，妙觉圆明理自通。寻遍天涯无是处，千功万法觅无踪。远在十万八千望不见，近在目前理难通。求正法，悟真宗，心灵学有速成，传习心印心悟心观心明心法，千功万法之大乘。至高无上法，天下第一功；迷者千万里，智者一步通。名师、明师要分清，必有千经万卷作证明。

4. 心灵在躯体的功能和作用

心灵为天赋躯体能源，谓之生命能源，是先天所化之灵气，没有躯体，先有此气。所以心灵也称先天气，伏羲谓之无极，无极是生太极天地万物之母，所以无极无所不极，无所不用其极；心灵是无极直系所生，天地是太极所化，天地是变易之气，心灵是不易之气，天地有质变，心灵之气了无生死，与天地合其德，与日月合其明，与宇宙万物同体。心灵真气是产生躯体的种苗，灵气合之父精母血，才成为完人，有一个强健的身体和一个聪明智慧的心灵。自然赋心灵，父母生躯体，所以人在母体中就具备了先天灵气，没有先天灵气，父精母血不成形，因此心灵为生命根源。人的躯体是纯阴无阳的无知无觉的行尸走肉，心灵真气存在千般用，心灵离体立即亡，心灵真气就是主宰一身的能源，眼、耳、鼻、舌、身、意，六种感官，感觉的能源是心灵。感官的见闻、觉知、思想、意识、理智、智慧的功能和作用，是心灵真气的工作成果。人皆知其用而不知其有，用心听老师讲课记得牢，用心钻研技术科学有成果，用心阅览群书知识渊博。心灵真气是认识客观世界、改造客观世界、发明创造科学技术的基础能源，心灵真气是通达自然万化真源、觉观天地万物的根本能源。人类没有天赋心灵真气，一切无从谈起。没有心灵能源，就没有生命能源。人是世界的万机之母，若没有万机之母，也便没有人造科学社会。万机之母，灵机是源，一切文化知识、科学成果、宗教艺术、气功武术、健身功法皆源于灵机之妙用。认识自我心灵、悟自我心灵之觉悟者，可超越见闻觉知、文化知识、思想意识，经书万卷而产生妙智慧。

心灵修善、复心灵本质，回归自然，是释、道、儒等真宗正教之纲领，离心灵为纲之宗派，立心外之物、相，为宗旨者，非真宗正教。我们认识修炼心灵的道理和方法，是来自《黄帝内经》和几大宗教的真宗之理。所以我们是继古人心性之理再续心传，中国自尧、舜、禹、汤、周文、周武等古代圣君皆以正心修身为本，传十六字心法于天下以教化万民，即"人心唯危，道心唯微。唯精唯一，允执厥中"，正心修身为人人必修之课，正心修身与真宗正教、古代圣君的修炼之理本质无二，既没有党派之分，又没有宗教之别，实是当今社会人类的必修之课。以树的根、干、枝叶、花果作比喻：树以根为本，根深则叶茂，本固则枝容；人以心灵真气为本，筋骨皮肉和呼吸调息之气，则是干、枝叶、花果。树的生命能源源于大地之土壤，人的心灵之气的生命能源，源于自然灵源之本体。无土，树不生；无灵源，无心灵之气。因为心灵是躯体的生命之根、生命之源，所以心灵修善是养生健身之大本。

在宇宙自然中，万物的"有"是凭借"无"而产生，人的躯体是依靠心灵而存在。正如同"有"是"无"的宅室，躯体是精神的住宅，所以又可以把人比作蜡烛，如果蜡烛被烧光，那么光焰也就不存在了。一个人身体过度劳作就会导致精神散失，精气枯竭就会使生命完结。再例如：一棵树的根枯烂而树枝繁多，那么树叶很快就会从树上凋零。如果一个人精气衰弱而嗜欲旺盛，那么心灵真气就会离开人的身体。我们可以回想一下逝去的时光，没有返回的日期，已经衰竭的生命没有复生存活的办法。有远虑而通晓事理的人必然为此而痛心。因此有人能看轻名利、尊贵、显赫、富有、威严、名声、利益、财产、金银、珠宝、美玉而珍惜生命，难道说没有原因吗？绝不是的。

在中国上古的时候，就有隐居在山林专门从事修道养生活动的人，他们脱离尘世而自得其乐。他们认为，高官厚禄像人身上长出的瘊子一样多余无用，在他们眼中看见的万物像蝉翼一样微薄无足轻重。这可不是轻率地说大话而特意贬低世间事物，这样的人确实是因为对世俗事物看得透彻，所以把它们弃舍掉，如同忘却了一样。因此而远离尘世退居山林，掩藏自我之光彩，遏止贪图观赏外物的欲妄，排斥有害于视觉的颜色，杜绝使耳朵聆听音声的欲念，排除杂念而返观内照，保持虚静柔弱使精神内守。凝聚精气使身心柔和，凝神使内气凝聚，就会使形体康健，形体康健就能精神完好。如果修学养生之道的人能够静心凝神、呼吸细匀，安心于恬淡淳朴的生活，排遣过度的狂喜、忧伤等各种不利于养生的情志变化，把荣辱得失置之度外，割舍那些极为有害的物质追求，去掉话多的习惯使自己保持平静，不受外界的诱惑，去掉羡慕之情，凝神返听然后能使听力不受阻隔，静心内守，自我洗心涤虑，与天地相合而保养神气。忘却身体以便养气,忘却气机以便养神,忘却神智以便养虚。人只有掌握了这个"忘"字,才能使内心空无一物。禅宗六祖慧能大师说:"本来无一物,何处惹尘埃?"就是指此心灵而说的。如果能够体味其中的道理,就请在这个"忘"字上下番功夫!除去俗浅的事务,勤勉地修炼,达到形体消融、外物消失、心境虚无、清静无为的境界,使自心与自然之道相融,可以领悟到天道自然的幽深细微之妙,得以大彻大悟。

人应该坦诚面对真理,但是,实证科学一直在垄断着人类的知识领域,而学科学的人多半不愿意分心去了解人类心灵活动的内涵,动辄冠以无稽或不合科学的罪名,好像除了科学知识以外,世上其他的知识再好也是假的,将所有对人类心灵活动的了解摒除在人类知识的领域之外。循此发展下去的"缺乏心灵"的文明,必定会带给人类及地球无穷的灾祸,是可预卜的事实。希望全世界所有的人,都能坦诚地去探讨心灵之道,客观地看待自己,研究与了解心灵,愿每一个人都能认识真正的自己,进一步去剖析自然界的各种心灵之学,愿人类能融入大自然的怀抱,登上净化的大光明心的生命境界。

> 悟性穷源体真空,常依清静妙道凝。
> 感应通达一心印,智慧照遍万卷经。
> 能脱尘俗无人我,得证涅槃了死生。

练功人常说一句谚语,"内练一口气,外练筋骨皮"。人的身体是筋骨皮肉联系而成,气是人体的根本能源。但是,对人体的气来讲,它与人的身体性质不同,是人体密藏的一种气质,一般人对它还没有深刻的认识,没有它,人体也就没有了能源。但是人的肉体上存在着这样的根本能源,人们缺乏对它的深入研究、认识,以致对人体的健康和发挥人的大脑智慧功能产生了不良的影响。因此,就有必要把人身与人身主宰的关系认识清楚,这样才能使真气在人的身体上真正发挥它应有的作用,使所有的人都能得到一个健康的身体和智慧的大脑。

不同物质中的气都有不同的气味和作用,例如:汽油、天然气、煤气、瓦斯(煤矿井中危害人生命安全的有害气体)等散发出来的是易燃而有毒的气体,一旦遇有火星即会产生燃烧和爆炸,这就是物质中气的各种不同体现,也是气的功能。人体是地球上唯一的高级动物，也是自然中的一种物质，气在人体中的功能和作用对于我们每一个人来说就更为重要，因为它关系到人的身心健康，并对其起绝对作用。

那么，如何认识真气？宇宙大自然空间的内在本质称真空，我们通常所说的空间叫"顽空"也叫"色空"，色空中隐藏着"妙有"，也就是内在的本质、称作真空。真空、色空是一体，一个是内在的"有"，一个是外在的"空"。《道德经》讲这个真空是万物之母，它无生无灭无始无终，真空母体至清至静，听之弗闻，视之弗见，无形无相；它无限大无限小，无东西南北中上下，无任何颜色，但是万化从此而生，万理本此而定，万气由此而出，万体因此而立。无论是大气大地，所有的万物，都是由空而生，依空而存。真空无所不含，无所不生，所以说真空是万物之母，也可以说是万物同体，都没离开宇宙大自然。真空静到极点产生动，生出混元气，也称太极，真空静到极处为无极，无极一动太极生。真空纯至静之气无阴阳，是纯阳的真气。阳动阴生，阴又为阳母，一阴一阳谓之道，道由真空理气所化。一本散于万殊，大〇（大自然大真空）化生出无数的小〇（小自然小真空）。人的心就是此小圆，所以心又称小真空。真空即是真气，主宰天体、日、月、星辰的运行，主宰大地水、火、风的运行，它是母体，是总的能源，而大气并不是真气。主宰天地阴阳消长的理气为真气。主宰人的思维、呼吸调息、见闻觉知、身体运动之能源是理气，是真气。真气在人身体并不是指呼吸调息之气而言，呼吸调息之气只是真气起的作用。真气在身体有千般用。对人的外部器官起的是能源作用。外部器官只是起到反映客观事物的作用，如眼看、耳听、鼻嗅、舌尝、身感触、意觉知等各种不同的反映，是不同器官的作用。真气于人之心，应这个不同反映的是一心的作用。内脏器官的各种不同反应，能源也是一心，所以说一气千般用。真气内含的因素分为精气神和五行（金木水火土）之气。先天之元精属真水，元气属真金，元神属真土。在人身体元精化为交感之精，元气化为呼吸之气，元神化为思虑之神。五行之气化归五脏。金主肺脏，木主肝脏，水主肾脏，火主心脏，土主脾脏，总而言之为一真气。

道家称真气为真常，真常能应物，俗话说：三寸气在千般用，一旦无常万事休。三寸气即是指真气而言，不是指呼吸调息之气。无常是指失去真常，人失真常，性命休矣。佛家称呼，真常为妙觉，人失去妙觉，生命也就没有了。

第十二章
生命保健——澄澈心灵

真气是光，真光是觉。因觉物则应，光照物则明，气贯则满。此气大而无外，小而无内。此光照十方界，此觉，觉宇宙大自然。人知其用，不知其理，似有似无。心之动，气之放也。觉之动，光之照也。心之一动，神速也。觉之一照，光速也（但是不是日、月、灯之光速）。真光之一动，快于光速多矣，觉之一念，神速也。思彼身虽未动，心灵之气至矣。人不知觉，心体之光被物之蔽。心悟则通，觉照则明，诚则灵，灵则明，不是分外之事，乃自家本能。

真气是精神，人若想得到健康，应该添加增功于精神，养精蓄锐，敛神聚气就是积攒神气。神者，气也。气者，力也。一分神、十分气，一分气、十分力。练真气的方法要从理论上认识，必须以理论为宗旨，必须以自心自身为根源。一切功法的产源都出自身心，无有例外。所有功法都是为了人的身体健康，千万种功法都是为身心而立。一个身心通万法，因万法都是由心生，没有心，人什么都不能学，心为学功学法之源，练心养精神真气，即是真功正法。

东方古老的精神说，在远古黄帝时代中医经典《黄帝内经》中就明确提出，精神不是一物质器官单独的活动，而是充塞弥漫于空间的场状体，东方的上古人也用"炁"（此字是指先天气，也就是真气）字来表示充塞而弥漫空间的概念。《黄帝内经》对它是这样说的，"人生于地，悬命于天，天地合炁，命之曰人"，"头者，精明之府"，"心，主宰全身，是君主之官，人的精神意识思维活动都由此而出"，把这些话贯穿起来，用现代科学语言来描述，显然就是：精神是充塞弥漫遍布宇宙空间的一个场状客体，它因场的充塞弥漫性而充塞遍布于人身，心、肝、脾、肺、肾五脏六腑之中，而心集聚中心在头脑之中，与大脑相互作用，如同电器设备的能源——电能，使大脑产生精细明白的思维思想意识，并作用于肢体，起到了主宰的作用。在《黄帝内经》又有谓："神游上丹田，在泥丸宫。"人脑之中心，就是泥丸宫。《黄庭经》是道家最有代表性的经典之一，其中这样记述说：泥丸宫就是上丹田，在头顶正中，针灸家名百会穴，乃脑也，为修炼家最重要之关键。邱祖云："十字街前一座楼，楼上点灯不用油。"十字街，方寸地，是性窍，即祖窍。此窍非凡窍，天地共合成。四相和合之地，五炁朝元之田。打开神炁路，能添海底灯。得着灵明眼，永固神炁精。当行功时，本能自然的运周天火候，必后升前降，升到泥丸终，降自泥丸始，即所谓还精补脑。人脑髓之体极精，脑髓之用至灵。其成，则间接由元气化生；其亏，非物质所能直接补足。人当中年以后,每患脑力薄弱,常欲求助于药,然而药没有补脑之效。唯有仙家妙术,借阴阳升降之机,化生灵质,日积月累方可使脑髓渐渐补充,回复原状,或更觉超胜,于是性有所寄,命有所归,虽不成仙,也不远矣。道法以简要为贵,口诀虽多,重在存真。存真就是存想,真就是真人,言存想吾身真人之所在。真人,就是人神(精神)。虽周身百节皆有神,唯泥丸之神为诸神之宗。泥丸一部,有四方四隅,并中央共九位,皆神之所寄,而当中方圆一寸处,乃百神总会。修炼家不必他求,但存思一部之神,已可享无穷之寿。因此一部之神,非散居别处,而总居脑中。脑为人身主宰,得其主宰,则易为功也。神者,乃最不可思议之物,变幻无方,出入无时,谁得而拘之,所谓"存神"者,岂非徒托空言?然而,真明其理,若知其法,也不难为。存神之义,就是精神自存,非依他力而后存。存神与存想不同。存想,如《大洞经》存想百神之衣裳、冠带、形容、动作;又如《龙虎九仙经》存想黄云撞顶;《中黄经》存想五方五色之气,出于身中等法……若人存神,不过是将神光凝聚于一点,不使散乱与出漏之谓。

唐代名医养生家孙思邈在《存神炼气铭》中介绍说,人身是神气的家园,神气如果存在,身体健康体力强健;神气如果散失,身躯就死掉了。如果要想保存身躯,先安定神气,神气假如都具充足,就会长生不死。

百病由心生——恨怨恼怒烦

一琴分五弦,看你怎么弹;心情若不佳,恨怨恼怒烦。
恨怨恼怒烦,五个毒药丸;百病由此生,凡事找根源。
根源在自身,切莫怪外缘;洗心自革面,云散见青天。
仁义礼智信,可称妙灵丹;以此做人者,正气周身旋。
邪气不能入,浊气向外赶;知错若能改,身心才康健。
人生苦与乐,一切自召感;是心在主宰,命运莫怨天。

现在世上许多人,浑浑噩噩,过一天是一天,并不想做人的道理,也不知做人该如何去做。故古人对此等缺乏道德常识的人,呼为衣架子、饭袋子,即寓有讥讽不会做人之意。人若道德缺失,对家庭不能孝顺父母、友爱兄弟、养育儿女;对外不能对朋友诚信、和睦同志、不遵守公德,凡公共秩序不肯维护，公共物品不能爱惜，更不恤同胞、不济苦难，只图己利，不顾他人……此皆无道德之行为，不合做人之道。

　　道德为立身根本。若无道德何以立身？自应当研究何者是恶根？努力断之；何者是善缘？立志行之，此即避其害而得其善。一切诸恶无不由贪、嗔、痴三毒心而生。什么是贪心？则对世间之事心生贪爱。若如：贪财者有了十万还思百万，逞其心思，用其伎俩，百计经营，不择手段，财迷心窍，六亲不认，难免逾越道德之正轨。贪色者，有了一妻，还思一妾，包二奶，恣意欢乐。贪名者，升了科长，还思局长，图贪虚名，不重功业。什么是嗔？如自己所贪之财，被人剥夺；所贪之色，被人侵占；所贪之名，被人破坏，因此恼恨之心勃然而起，与人结怨构仇，无所不至。什么是痴心呢？因不知觉悟，妄起贪嗔，邪见障重，智慧昏迷，以害为利，如蛾赴火，必致烧身丧命。有人说，以上种种皆为极端的例子，上述恶行与大多数人并不搭界。但即使你是规规矩矩的好人，就不会受贪、嗔、痴的荼毒么？恐怕未必。在我们的日常生活、工作学习中，不同程度、不同表现形式的贪、嗔、痴，几乎无处不在！我们每个人曾经或正在产生的诸般烦人之心态，从本质上说不都是贪、嗔、痴在作怪吗？人有贪、嗔、痴三毒，即是心中有大病，必当带来无限的烦恼，这病吃何种道地药材亦无所用。何故？因病在心灵而不在身体，故世间医药无效。"心病还要心药医"，明白道理是心药，炼心之法是开心的钥匙，圣人的经典著作是明心指南。

　　人心是道之源，欲求道的人需将心中尘俗之气洗刷干净，不留一点微尘为首要。处于世间，天天会有诸般事端扰乱我们，其中有逆境之事，对此我要作为魔障看；有顺境之事，而我们亦作为幻景看。任其尘缘纷纷扰扰，而我心坚定不移。心与道适，神与天游。天天行走于平坦之大路，心常游于浩瀚之天宇，心源澄澈，如此可以入道，不然一切心均放不下，或牵于名，或牵于利，或牵累于妻儿身家，凡此尘缘，且不说刻刻萦怀，一日之中就是有数刻萦扰其间，亦为心之大累。《金刚经》云："应无所住，而生其心。""无所住"是什么？即是说本然之真心，凡尘缘之中，必当无其所驻足之地，无所挂碍，然后道心天天长，智慧天天生，求道之心必也如是。如若满腔尘俗之气而求超升，恰如鸟的羽毛拖泥带水怎能腾空飞翔？古圣贤仙都由澄澈心源而来，若心源不净，任你百般做作，欲逃苦海登清虚之府将如缘木而求鱼。

人心多欲不但不能入道且不能摄生，多思则伤心，多虑而伤脾，多愤而伤肝，多欲而伤肾。自身数藏一有所伤，此即寿夭关头。与其如此，不如人生于世求其放心，合眼放步，使心洒洒落落，无拘无束。任我自由，任我逍遥，虽不求道，也可以延年益寿。故曰解放本然之心，澄澈心灵根源，实为修身养性之本。

心灵活动对于人体生理过程，所起到的是决定作用。古典医著《黄帝内经》说："心者，五脏六腑之主也。心动则五脏六腑皆摇。"古人所说的心就是人的精神真气。唐代司马祯说："心者，一身之主，百神之师，静则生慧，动则生昏。"宋代欧阳修说："万事以心为本，未有，至而力不能者。""人为动物，唯物之灵，百忧感其心，万事劳其形。有动于中，必摇其精。"

人在生活中会遇到各种各样的问题，这就存在一个用什么样的心态去反应、去对待、去处理的问题，不同的心态其效果不一样。在日常生活中就可以验证自己的心态如何。面对一切人、一切事，处理之后你就会知道，你的心境是心如止水，还是波涛翻滚呢？是平衡呢，还是没有达到平衡？《清静经》说"事来则应"，常应则无所不应。常者道体，应者灵机。言道体可以随机而应万变。"事去则忘"，如浮云过空，云过则天又清又静。可知，不管天之有云无云，而天体本净，不管心之有事无事，皆可常若无心，无心之心，是为道心，是为真心，真心乃清静无染之心，即可应万境万变而永恒不变之心。比如：在酷热的三伏天，当不具有条件改变这种环境时，"心态"的作用就显现出来了。有些人心浮气躁，烦恼气愤，怨天尤人，于是炎热带来的不舒适感加剧，越来越感到难受，或气闷或中暑，还可能更糟。而有些人则较沉静，不急不躁，泰然处之，所谓心静自然凉，结果炎热带来的不适感就不那么沉重，甚至不觉得怎么热。这说明一个问题，就是人如在自然清静的状态中，是具备与大自然融合为一体的本能的。既然是本能，为什么现实中有相当多的人却并不知晓？这就是心被"尘劳物欲"所迷。人应当求真理、悟真功、认清自己生命的能源、本能，在自我根本上下功夫。社会上有许许多多功法使人眼花缭乱，但这些功法往往坐井观天，把至高无上的大道胡乱撕扯、分解成一段一段、分成一门一门，用其无知来指引不知，所以学功者一定要加以辨真！

南泉禅师说："平常心即是道。"而人们天天都在用心、劳心、痛心、怨心、操心、揪心、忧心、烦心、挂心、牵心、碎心、累心……种种辛苦疲劳自心的事、如同粉碎机一样摧残折磨人心的事，处处可遇，无有时闲，能不使自己的心积劳成疾吗？所以欲要健康长生，就需要从根基练起：正心、修心、炼心、养心、明心，这是人生大事。

古圣先贤留有诸多经典皆为指心说法，使人心态平衡、明理养生、身强体壮、增智开慧，登上大光明的觉悟之路。唐代著名的道医、养生家孙思邈，在其养生过程中特别注意排除七情六欲的干扰，并指出："道不在烦，但能不思饮食，不思声色，不思胜负，不思曲直，不思得失，不思荣辱．心不烦，形无极……"人若想达到心定就要时时调心，凡是心里有喜爱的东西，不要过分贪爱；心里憎恶的东西，也不要过于憎恨。两者都会损害自我的心性、伤害人的精神，如果感到有偏颇，就要马上改正。

如果自身正处于贫困的境地，要"安贫乐道"，不要认定自己会始终贫穷；身处富贵的境地，要"居安思危"，也不要认为自己能永远富贵。无论居于何种境地都要有道德操守，不要因为贫富处境的变易，而改变心的本性。人应该学会处逆境而不馁，遇挫折而不惧。所谓泰山崩于前而不惊，猛虎行千后而神色不变，这是已经看破了世界、悟透了人生，是一种心性本能的大定。

繁杂多变的现实世界，可能会有各种各样未曾预料到的问题，忽然摆在你面前，所有的一切都要学会适应和应变。人必须要培养自我适应各种环境的能力，面对不可改变或难以改变的不利环境，能够泰然处之。庄子说："知其不可奈何而安之若命，德之至也。"这种安然若素、逍遥自得，被庄子认为是最高品德，即是一种极高的心理平衡素质。凡事都有其根本，养生之根本，不在养形养体，而在养神养心。学以养心，亦所以养身，盖邪念不萌，则灵府清明，血气和平，疾莫之撄，善端油然而生，是内外交相养也。养内即所以养外，根本健则枝叶自无问题。心为身之主宰，神之凭依；舍此心而不养，只事形体之健，无益也。俗语曰：少年要用心，中年要养心，老年要息心。此言甚是，虽言息心，实为养心。

劳心费神任驰游。心迷财物欲贪求。欲想未逐烦恼苦，贪求不得意生愁。
花花声色快回首，看透孽海别逐流。随遇而安逍遥日，心态安然度春秋。

第十三章 解读人的五脏五行及情绪

第十三章
解读人的五脏五行及情绪

学功者,多看重四肢操练,以四肢操练为主,因其能观之;而不能观之者,内之五脏更为关键,人皆忽略之。树有枝干花果,而根埋地下无人能见,可是,树必靠其根而活,若根枯竭,枝干即枯。武者必备内壮功夫,方可有立足之力,否则,同纸糊之虎相似。再喻:汽车外观漂亮,若有以下一项故障:发动机漏油、水箱漏水、电路不通、汽油泵失灵等,必不能发动运行,终为只能看,不能用的摆设而已。

人身最重要机关是五脏(心、肝、脾、肺、肾),诚能深明,五脏其于求仙却病之道,庶人几能得知。今谨将五脏形象既受病之因、免病之诀、分类述之,俾于未病之前知所警惧,患病之际知所治疗。而脾胃为养身之本,更应于饮食间加以注意。

心脏:形如未开莲蕊,中有七孔三毛,位居背脊第五椎,各脏皆有系于心,属火,旺于夏四五月。色主赤,苦味入心。外通窍于舌,出汁液为汗。在七情主忧乐,在身主血与脉。所藏者神,所恶者热。面赤色者,心热也;好食苦者,心不足也;怔忡善忘者,心虚也。心有病,舌焦苦,喉不知五味,无故烦躁,口生疮做臭,手心足心热。

肝脏:形如悬匏,有七叶,左三右四,位居背脊第九椎,乃背中间脊骨第九节。属木,旺于春正二月。色主青,酸味入肝。外通窍于目,出汁液为泪。在七情主怒,在身主筋与爪。所统者血,所藏者魂,所恶者风。肝有病,眼生朦翳,两眼角出痒,流冷泪,眼下青转筋,昏睡善恐,如人将捕之。面色青者,肝盛也;好食酸者,肝不足也;多怯者,肝虚也;多怒者,肝实也。

脾脏:形如镰刀,附于胃,运动磨消胃内之水谷,属土,旺于四季北。色主黄,甘味入脾。外通窍于口,出汁液为涎。在七情主思虑,在身主肌肉。所藏者志,所恶者湿。面色黄者,脾弱也;好食甜者,脾不足也。脾有病,口淡不思食,多涎,肌肉消瘦。

肺脏： 形如悬磬六，各两耳，共八叶。上有气管通至喉间，位居极上，附背脊第三椎，为五脏华盖。属金，旺于秋七八月。色主白，辛味入肺。外通窍于鼻，出汁液为涕。在七情主喜，在身主皮毛。所统者气，所藏者魄，所恶者寒。面色淡白无血色者，肺枯也；右颊赤者，肺热也；气短者，肺虚也；背心畏寒者，肺有邪也。肺有病，咳嗽气逆，鼻塞不知香臭，多流清涕，皮肤躁痒。

肾脏： 形如刀豆，有两枚，一左一右，中为命门，乃男子藏精、女子系胞处。位居下背脊第十四椎，对脐附腰。属水，旺于冬十至十一月。色主黑，咸味入肾。外通窍于耳，出汁液为津唾。在七情主欲，在身主骨与齿。所藏者精，所恶者燥。面色黑悴者，肾竭也；齿动而痛者，肾炎也；耳闭耳鸣者，肾虚也；目睛内瞳子昏者，肾亏也；阳事痿而不举者，肾弱也。肾有病，腰中痛，膝冷脚痛或痹，蹲起发昏，体重骨酸，脐下动风牵痛腰，低屈难伸。

中国养生文化的五行生克学说认为：

中国传统文化认为，世间一切事物都是由金、木、水、火、土五种物质运动与变化所成。"五"是指此五种自然中不可缺少的物质；"行"是指此五种物质相互滋生、相互制约的关系，是在不断运动变化之中。"五行"概念及其特性最早在《尚书·洪范》中对其进行了文字描述，明确指向木、火、土、金、水五种具体物质。《洪范》曰："五行；一曰水，二曰火，三曰木，四曰金，五曰土。水曰润下，火曰炎上，木曰曲直，金曰从革，土曰稼穑。润下作咸，炎上作苦，曲直作酸，从革作辛，稼穑作甘。"这段话对五行中每一行的性质作了分析，五种属性已不再为五种具体物质所仅有，同时也为五味所具有，五行作为一种功能属性的组合，又具有了更为广泛与抽象的哲学涵义。具体来讲，凡具有向下、滋润、寒凉、静藏等特性和作用的事物和现象，都可归之于"水"；凡具有升腾、温热、繁茂、昌盛等特性和作用的事物和现象，均可归之于"火"；凡具有升发、生长、舒畅、顺达等特性和作用的事物和现象，均可归之于"木"；凡具有肃杀、收敛、潜降、清洁等作用和特性的事物和现象，均可归之于"金"；凡具有承载、生化、受纳等特性和作用的事物和现象，均可归之于"土"。《黄帝内经·素问》说："夫五运阴阳者，天地之道也，万物之纲纪，变化之本始。"这里的五运与五行是同一概念，五行生克学说在《内经》中论述得特别完备，这是我国养生学关于人身机能、整体调理机制的理论核心，在养生领域的具体应用，正是根据事物之间的生克关系、利用五行调整、平衡保养精神，开发人体自我调节功能，使人身体各种机能恢复正常有序状态，实现却病延年的养生目的。

五行性理也是按人的心性阴阳消长，顺逆生克的变化规律，使之拨阴反阳，转逆为顺，化克为主，以尽性立命。五行推转者，不仅可养生御病，并能转化人之境遇，竟有巧夺造化之功。"化性"二字，是五行性理的关键，五行性理是五行说的主体。太阳出于东方，东方为木为仁，经南方为火为礼，落于西方为金为义，北方是黑为水为智，这正是上天垂象。常人的秉性都有所偏，偏于火的人争理，偏于金的伤人，偏于水的淹人，偏于土的怨人，偏于木的不服人。人若能知此理，多省察，自可调整五行圆和。

人之五行，也即内五脏。五行要顺者，五行配五脏。人身五行各有变化应用之妙，不识此者，即不知此中玄妙理。人之肺脏足，气必充；肝脏足；则力必猛；肾水足，精神旺；心气足，脑力坚，神经敏；脾脏充盈，身体必健。

人与事物五行属性的分类：

五行：金木水火土，五气协调恢复性本善。

五常：义仁智礼信，守此不乱恢复性本善。

五戒：盗杀酒淫妄，戒此不犯恢复性本善。

五官：鼻眼耳舌嘴，五官不乱心净定无邪。

五脏：肺肝肾心脾，神宁五脏协调身体舒畅。

五色：白青黑红黄，心安气色不变神态自如。

五方：西东北南中，心清不迷方向不走错道。

五味：辛酸咸苦甜，心平五味协调食不厌味。

五形：皮筋骨脉肉，心静气血流通体健身强。

五志：悲怒恐喜思，心态安详清净延年益寿。

摄养、调养"五脏"之事，皆合于中医理论。历代养生家皆习医理，脏腑学说必为通晓方能修养有方，明其理、知其法，能得其效验，而能延年益寿。古时就有摄生要语：饮食有节，脾土不泄；调息寡言，肺金自全；动静以敬，心火自定；宠辱不惊，肝木以宁；恬然无欲，肾水自足。摄养五脏是人长寿的根本。

德国医学专家、老年病学会主席弗兰克说："人的衰老死亡大都是由于人的脏器耗损所致。"《灵枢·天年篇》曰："人五十岁，肝气始衰，肝叶始薄，胆汁始灭，目始不明。六十岁，心气始衰，苦忧悲，血气懈惰，故而好卧。七十岁，脾气虚，皮肤枯。八十岁，肺气衰，魂魄离散，故言善误。九十岁，肾气焦，四脏经脉空虚。百岁，五脏皆虚，神气皆去，形骸独居而终矣。"这里特别指明，随着年龄的增加，人的五脏功能逐渐衰弱，使人垂老。因此，人若欲延年，必须提早重视摄养五脏。

五脏调养方法：

（1）饮食有节。这是指饮食要有节度与节制，先饥而食，先渴而饮，定时定量，不过饱过饥，不暴饮暴食，所进食物调配合理，如若饮食不节则伤脾胃，因为脾胃是人体运化及吸收营养的重要器官。古人说：厚味伤人无所知，能甘淡薄是我师。三千功行从此始，淡食有补信有之。养生修行之功也要从这里开始，人对食物之中滋腻肥甘之品和膏粱厚味，常为之乐啖贪食，但如果太过则会使人致病。香美脆味，厚酒肥肉，甘口而疾形。《吕氏春秋》曰："肥肉美酒，务以自强，命曰烂肠之食。"就是说肥能生热，甘会壅中，肥甘太盛，就要窒碍胃肠，影响脾胃气升降。中医认为：肥甘太过则壅滞中焦，使中阳不运而生湿，湿又生痰化热，形成湿热与痰热之患，或口渴，或痰热生风，或呕吐、泄泻，如果所积湿热，逆于肉理，再迁毒邪，即互相酝酿则会生疮成痈。调查统计表明，世界各地长寿的人大都以谷物、蔬菜、瓜果为主食。在这些新鲜的植物果实中包含的生物活性极高，食之可以延年益寿。我国古代养生家皆以素食为主，所谓能甘淡薄，并不是吃没有滋味的食物，而是强调饮食中"五味"都不可太过，特别是要注意控制盐的摄入量。否则，"五味"偏亢就会致人生病。《素问·五脏生成篇》曰："多食咸则脉凝泣而变色，多食苦则皮槁而毛拔，多食辛则筋急而爪枯，多食酸则肉胝而唇揭，多食甘则骨痛而发落。"由此可见，人体五脏的强弱，气血的盛衰与寿夭有着密切的关系。

（2）调息寡言。是指调理气息，少言寡语，不伤肺金。所谓肺金之金，是五行之于人身所属。肺脏位于横膈之上，与心同居胸中，其位最高，为五脏六腑之盖，有华盖之称，司呼吸使体内之气与自然之气进行交换，以宣发和肃降为基本功能。当人气息不调、言语劳倦之时，就使肺金受伤，同时口开神气散，也是极大的损耗；反之，调息寡言，肺金自全。

（3）动静以敬。这里指无论行事和居处常存恭敬与端肃心，可以节制嗜欲。《养心录集要》有说："常存敬心，嗜欲自然寡矣。""静中用戒惧法克伐，怨欲不生矣，动时用克治法克伐，怨欲不存矣，仁远乎哉。"人的行为无论静动都存敬戒，则欲望自然受到应有的克制，使心气安定，必然也就"心火自定"。

（4）宠辱不惊。是指人的情绪稳定。肝居胁下，其位左，司疏泄，藏血液，其经脉上连于眼睛，人的精神开朗、愉快，情绪的稳定平和与肝的疏泄密切相关，当人情绪抑郁、闷闷不乐时，则肝气郁结，疏泄失常，表现出烦躁易怒，生气上火；反之，当人情绪稳定，宠辱不惊，那么就会"肝木以宁"。

（5）恬然无欲。肾为生命之根，内涵元阴与元阳。衰老的种种病理都与肾虚有关，且肾易亏而难实，精易泄而难秘，所以医家主张"含醇守朴，无欲无忧"，尤其强调节制色欲。《方寿丹书》中："夫四欲之中唯色唯甚，虽圣贤不能无此。"故孔子说：吾"未见好德如好色者也"。孟子说："养心莫善于寡欲。"又说，"血气未定，戒之在色。若此观之，则色亦人所难制者。"今之修真之士，须知寡欲保精为急务，修真若不保精，精虚则气竭，气竭则神游。如同树木，根枯则枝槁而叶落。只有做到"恬然无欲"，才能"肾水自足"。

东方传统中医学说，人体是一个有机整体，不仅脏与脏、脏与腑在生理上有密切联系，而且脏腑与皮、肉、脉、筋、骨以及鼻、口、舌、目、身、前后阴等各组织和器官都有着不可分割的联系。脏腑是内脏的总称，心、肝、脾、肺、肾合称为五脏。练功讲：五气圆合、平衡是指此五行之气，只要精气神合一，五气自然圆合，所以修炼养生之道必须重视精神主宰，内功的修炼。人精神健康则五脏强健，内五气充实，人神气十足，身体就能似充足气的汽车轮胎，经受得住打击。而且，动转灵活、跳跃轻快、活动自如，受力似弹簧。如果健身只在身体四肢上下功夫，只能落得个空壳儿，外强中干，如同纸老虎糊得漂亮，只能图个好看。原因在于没有认识自我的生命能源——精神。

世人都有精神活动，人人有生、离、死、别。然而对于相同的不良精神刺激，有的泰然，有的抑郁，严重的甚至会精神分裂。对于同样的外界环境，处于不同精神状态的人，也有迥然不同的反应。人逢喜事精神爽，处于兴奋状态的人会觉得山呼海啸其乐无穷。处于十分痛苦境地的人，会感觉周围的一切都是冷淡无情。有的人生活比较困难，但精神却充实乐观。有的人生活物质富足，但常常忧郁寡欢。所有这些都是不同精神活动的表现，构成这些心态差异反映的是不平衡的心理状态，这也是造成人身心疾患的原因，所以古人说：百病由心生。起于人自我情绪，如喜、怒、忧、思、悲、恐、惊七情过度。

《内经》说："喜伤心，怒伤肝，思伤脾，忧伤肺，恐伤肾。""喜则气缓，怒则气上，悲则气消，思则气结，忧则气滞，恐则气下，惊则气乱。"说明精神情绪变化的作用，对于人身心健康有着巨大的影响。古人说："疾病起于情，情轻病亦轻。"就是指心情身心的影响。

情绪对人的危害性主要表现如下：

（1）喜则气缓。喜是当目的达到后紧张状态消失，或有意外收获的一种情绪表现，激动的程度取决于愿望满足情况。喜悦一般对健康有益，但狂喜过度也可伤人，会导致人心气涣散失收，出现心神散乱之狂、痴笑不休等症。超出人正常控制的程度，引起死亡的也不乏其人。

古时候就有笑死人的，《岳飞传》中的大将牛皋因打败了金兵活捉了金兀术元帅，兴奋过度大笑身亡。如今，诸多心血管病患者，因过度激动大喜而亡者也不在少数。所以说，心态平衡地看待一切，平和处事，养心、调心、修心乃首务之事。

（2）怒则气上。嗔怒是由于愿望和目的不能达到，因而加深忿恨状态而发怒。人有轻微的怒气略有利于疏泄肝气，如过于愤怒，暴烈与急躁，咬牙切齿，则易致肝气疏泄功能失常而呈现亢进状态。肝气升发太过可引起头痛、眩晕；肝不藏血，血随气逆，可致呕血，甚至气血并走于上，而出现昏厥、猝死；肝气横逆损脾还可导致胃病、呕吐等症。肝开窍于眼，精神受到刺激，情绪经常波动，使眼压升高，易患青光眼，甚至失明。

（3）在北京武术界中有一太极拳名家，因为嗔怪武术协会给他评判的段位不合理而耿耿于怀，由于听说有位拳家评段比自己高一段而忿恨不平，怒骂他人不止，以致心脏病复发，住进医院不久即谢绝人世。如果这位太极拳名家能把段位高低、名分看得淡一点，也不至于引火烧毁了自身。在历史上，因嗔恨大怒死亡者也不乏其例，例如：古典名著《三国演义》中，就有诸葛亮三气周瑜的故事，周瑜大概就是因过度生气口吐鲜血而亡的。所以佛家称，嗔怒为毒心。这就是俗话说的："气是无烟火炮。"

（4）悲则气消。人之所以悲哀，或是因为亲友丧亡而沉痛悲苦；或是因为丢失了势力位置而慨叹、悲哀不已。悲哀是哽咽之声不停，涕泣之出不止，而气色已消。悲伤的产生与失去所追求、所盼望的事物和目的有关，其程度与失去的价值有关联。若悲哀太过，可致心肺郁结，出现目昏痉挛，肌肉麻痹，胸中阵痛，意志消沉。男子则阴茎萎缩，形成溺血；女子可形成血崩。《尚书》说：过度悲哀，就会绝经，阳气盛，体表生痈疽，胃部溃疡，频频尿血。悲哀影响内脏功能，伤神；神伤就神志不清，精疲力竭，时间一长，人体各腑脏就会阴缩拘挛，两胁疼痛不能行动。中医学认为悲哀太甚可导致脏气竭绝而丧命。《素问》说："悲则心系急，肺布叶举，而上焦不通，营卫不散，热气在中，故气消矣。"

（5）思则气结。是人因为想谋求事业而未成功，探索道理而未得到，所以思虑，冥思苦索地考虑问题，绞尽脑汁，寻求思考过度，也会导致多种病症的发生。思虑是始终挂在心上，思念久难释怀而气结不行。这种病表现为无食欲，口中无味，喜欢躺卧，烦躁干扰得睡不着觉，心烦意乱，叹息健忘，女子经期失常。

彭祖说："凡人不能无思，当渐渐除之。"人身体是有若无，实而若虚的，但是体内流动着富有营养的精微物质，气息流动运行有规律，就会百病不生。若能做到不计较衣食，不计较声色，不计较胜负，不计较得失，不计较荣辱，心情不忧愁，精神不疲惫，你就可益寿延年。思虑过度，饮食没有规律，会留大患的。

（6）忧则气滞。忧愁伤肺，肺气就会闭塞不流动。遇到不顺心的事就忧愁不止，会伤害肺，胸闷气堵，呼吸不畅，气从胸达背，会感到隐痛不已。女人忧思不已，哭泣不止，会使体内阴气和阳气不通畅，月经时多时少，出现热性症候，口感苦渴，面色难看，肌肤黄黑。

（6）恐则气下。人之所以恐慌、恐惧是因为处于生死之际，性命攸关及得失之时，关涉荣辱，所以开始恐慌，神色俱变，便溺遗失，而气往下冲，就会形成心跳过速，面热，双目失明，舌短声暗，骨酸脱皮。恐惧又是企图摆脱、逃避某种情境而又逃不掉的情绪，也是精神极度紧张所引起的胆怯表现。若恐惧过度则会伤及人的肾气。

《录枢》说：恐惧而不解则伤精，精伤则骨酸痿厥，精时自下。肾主骨而藏精，卒恐而肾伤，所以骨酸痿厥，精时自下。因受恐暴吓后，出现神志失常、遗精、阳痿、遗尿、腹泻等症者屡见不鲜。《尚书》说：受到惊吓就会感到心无所依，神无所归，虑无所定，体内阴阳之气不协调。

（7）惊则气乱。惊是突然遇到非常事变而致精神极度紧张的心理状态。例如突然听到巨响，偶然看见异乎寻常的事物，突临险境均可致惊。中医认为，突然受惊可致心悸动荡而无所依，神志无所归，心中疑虑不定等气乱症状。如果大惊不止还可导致人的神志失主，出现痴呆和僵仆等症。

精神切须坚慎守，益身保命得长久。
七情迷窍丧形躯，谁肯除欲添长寿。

第十四章 浅说眼耳鼻舌身意六根清净

第十四章
浅说眼耳鼻舌身意六根清净

神气，众人每天日常都在运用而不知。神能主宰身，气能动作。虚而灵，所以说神；有若无，所以说气。顺而往外，六根就是神气出入的门户。由此门户辨别形形色色。识神用事，沉沦于中，而神气伤耗。识神是六识之主，因眼、耳、鼻、舌、身、意为六根，色、声、香、味、触、法为六尘，根尘相接而六识生。六识实是一识，神藏在意根，能灭此意根，如同文殊菩萨所说："一根既返源，六根成解脱了。"观世音菩萨的"世"字，就是此意识世界，"消灭此意识界，则六根自然清净"。

人肉体之上都具六根，且说《心经》说："有此六根是有色相，无此六识是法相。"在此，只是让修炼者眼虽然看，但不要执着在形色上，只当没看见，称作视而不见。眼为心灵之窗，关上窗户使自己的神气不外散，也称为收视。耳虽然听，但不执着在声音上，只当没听见，称作听而不闻，也称为返听。人耳又称六贼之一贼，耳不闻声关上此门不劳神气。鼻虽然嗅但不要执着在香上，舌虽尝又不执着在滋味上，虽有身体不要执着在相上要忘形忘体，意虽应事不要执着在境物上要常应常静。可是，人眼耳鼻舌身意岂能没有？人每分每秒时刻都在用。但应知真正起作用的能源是心。心若不动，心不外驰。六根是心应万物的不同器官，心通过六根觉察判断万事万物，心专注到哪一根，哪一根就起作用，同时用，同时都起作用。心不在六根上，六根就无事做，就等于没有了。这里六根俱说无，是以真空妙智观察此身，如梦如幻，身相既无，哪儿还有六根，所以都无了。

再说"无色声香味触法"，这是六尘皆空之意。尘又名为"境"，尘是有染污的意思，能染污心性，犹如尘埃一样，使其本来面目由六尘所盖而无法显现。由于这六者而能污染真性，所以名为尘。色对眼，声对耳，香对鼻，味对舌，触对身，法对意。后二尘常人难以认知。

怎么称为触呢？触，就是无知之物，与有知的身"感触"。分别有"合离二触"。例如，衣服是无知觉的物，挂在衣架上不能说为触。若你穿身上而有知，觉得合适不合适、舒服不舒服，就是为触尘。这是"合触"。再例如，无知的风吹于他物不叫触，若吹及身而知冷与暖或逆风与顺风，就是为触尘，这是"离触"。

怎么称为法呢？法，就是前边说的色、声、香、味、触五尘落卸的影子，落在意地之中合名为法尘。例如：昨天到饭店与亲朋好友聚会，所见众人之色，所闻说笑之声，所嗅杯中酒香，所尝饭菜之味，所觉人物之接触，五尘的环境——已过去。若现在起念一想，五种境界全在意根之中，记忆不忘，这就是法尘，是为意根所缘之境。为什么能记住呢？那是因前五根对境时就在同时意识与前五识同时俱起作用，将所缘之境摄入意根。比如照相、摄像，把所见的景象拍摄成影片，其境虽然过去，影片还留存着，可以为缘，所以能不忘。一根这样，根根都一样。就像生活中伐树，若伐其树先去其根，枝稍自坠。人认识了自心根本，弃假归真，故能使真心中，无色声香味触法。

修行者要知道，一个人的自性里头原来是清清净净，不染著任何东西，"五蕴皆空"（五蕴就是色、受、想、行、识、五种）。色又分作两种，一种叫内色，就是人身上的眼、耳、鼻、舌、身；一种叫外色，就是天、地、山、河种种的东西、种种的环境。受，是领受的意思，就是身体上的眼、耳、鼻、舌、身五种的根，对了身体外边的色、声、香、味、触五种的尘（尘是浑浊不清净的意思，并且这五种东西都使得五根也不清净，使得五根污秽，所以叫作尘）。想，是转念头。五根既领受了五尘，就要生出种种妄心来，去想五蕴的形相、名目等各种的乱念头了。行，是一个乱念头过去了，又有一个乱念头起来，接连着没有停歇。识，就是分别心，这样好、那样坏，喜欢这样、讨厌那样的妄心。五蕴，是色、受、想、行、识的总称，就是蒙在宝珠上的尘垢，修行者理明透彻，一尘不染，恢复本性之圆明。心空无物，一物不迷，万有皆空，即是五蕴皆空。《心经》中着重指出："是故空中。"即真如实相〇妙觉灵明之虚无妙有体，一切皆无。真空妙有本来的清净法身，本来无一物。人心一切都有，菩萨心若虚空，一切心即是色相。色空相应，变化多端。空体、色相、互不干扰。万缕千思，衷不动，即是空中无色。

再说识神返为元神。元神就是谷神，谷是空与虚之意，所以能不死，自终古长存。神是变化妙用的先天一气，谷神长生，不死的根基就建立了。所谓返源，就是收视返听。盲人眼不好耳朵特别灵，因为眼睛不外漏神气，精神专一于耳之故。聋于耳的人明于眼，是因耳不外漏神气，精神专集于目之故。由此可以知，人身九窍，都是三宝（精气神）出入之所。人只需正心诚意，杜绝外诱，则精气神自固，目视不见，耳听不闻，真人潜深渊，自然安居于内。人的元神与识神本同一物，但有动静之分而已，绝其外诱，而神守其舍，是即元神、不神之神。不神于外，就神于内，天地间气机的感应本极神速。亦如盲聋，盲聋于此，必聪察于彼。人眼之能视，是神；耳之能听，是气。眼盲人善听，就是神及于耳；聋人善视，即精集于目之故。由此，只要人能放下一切，而不专注于物，则耳目自然聪明，元神、元气自然归于黄庭，而玉液金液（真一之水）随之而生。水善利益万物，五行非土不长，万物非水不生，修道者必须用此真一之水。耳目之君是心，心体本空，更无形相，形相激之而生，心见物而知，眼是见的器官，见是心见。耳闻事而觉，耳是听的器官，听是心听。因物附物，随感而应。如同镜子照人有人，照物有物。有物方有心，无物就无心。例如，见山知其是山，见水知其为水，因有此物方有此见。幼童心本无物，都是由后天习染而有知识，就是因物而生心了。人是因物因事而生其心，无论有形无形都一样。人睡着时候就无意识了，必有外物以警扰之才醒。人的本心也与睡觉时候无差异，空空洞洞本无一物，因为有外边环境触于我心，而心逐之了，所以没生心念之时，就是先天之本性。既生心之后，为后天之识神。心既然有生就有灭，于是吾人有生死了。世事日繁，而人都是以一心支配，于是弊精劳神于物欲中，而且有了生、老、病、死，倘若不识不知，无一毫保养生命的知识，掌握视而不见、听而不闻，食而不知其味，保其空心，不生自可不灭。然而世上人皆以心殉物，沉溺其中，仅一微物，自己用心求其精美，由少年、而壮年、而至老年，贪求不止，必到死而后已。因物质而生心，以心逐物质，而自戕其生。如同后浪推前浪滔滔滚滚的人海，都可以说是死于物欲的。

所以说，机关在眼，眼为神光所寄，神日栖于眼，物入眼帘，心即刻知之，心之动机，就在于眼。所以，古时候就有称，人体皆为后天，唯独眼中神光为先天之说。心之动机皆经三要，而三要之中，眼为直接于心，因为心之动，多由眼入。如路遇美色，眼见而心立刻动了，至为神速。若耳听淫声则必由耳到心，转念之后其心方动。因为神在眼，入于眼则已入于心。故而，人之将死，眼神先散。赤子之时，目光清洁。知道了识神之机关在眼，则修炼自己的道路也就应该认得了。

《易·系》云："忘于目则光溢无极，泯于耳则心识常渊。两机俱忘。"意思是说；今人耳目之所以不能聪明，因为不正之视听，被外物所蔽的缘故。《道德经》云"五色令人目盲，五音令人耳聋"就是此理，今既忘于视听，而蔽聪塞明，就能返还自然之光明。所以说光溢无极，心识常渊；光溢无极即无所不见，明之至也。渊者深也，心识常渊，则无深不届，聪之至也。耳目为人视听的器官，所以叫两机。修道者也都知道除去耳目之识神，而用元神。然而多忘而不能绝，唯其忘而且能绝丝毫不存，方可发生造化。绝字是必须注意的。今既然能悟清外边的境象都是幻化的，置耳目两根不用，而忘尽去绝，则一根既返源，六根成解脱，入流亡而成正觉。

道藏中有洞玄灵宝，在天为灵，在地为宝。灵宝在人曰神，神就是天之灵、地之宝。说到定观，唯定才能观，就是观妙观窍。人欲修道必先舍事，即抛却七情六欲，至忠孝节义则诚于中形于外。根于天性不是外事，外事都绝与无忤心，然后安坐，内观心气。安坐不是打坐，元神不出于窍为摄澄烦恼，为安坐。本心不起才是，本心是天心、道心，元神本心不动为安坐。坐字二人傍土，古字是两口夹土，是一阴一阳的意思。阴阳生于真土之中，以真土和于阴阳即为"坐"。又有一说：一二三四五，二人守一土，能解其中意，便列西天祖。人能本心不起，烦恼屏绝，方可静观，务必要安静。观者唯灭动心，不灭照心。动心即是识神，照心是慧光。元神就是真空，慧照长明。乃不起念，称呼叫慧剑斩魔，魔就是邪念妄意。但凝空心，不凝住心，凝住心就著相了。《金刚经》曰："应如是降伏其心。"又曰，"应无所住而生其心。"心不着即无所住矣，也就是道心，就是去四相：无人相，无我相，无众生相，无寿者相。四相灭就是无住，无住之心就是道心，是真意。佛家常讲：眼观鼻、鼻观心、心会意、意会心，观鼻就是止窍。鼻观就是鼻下虚空，即鼻下虚空之心。心会意是心会真意，真意就是天心，还虚合道须由垂帘凝耳，缄舌调息下功夫。

六根本由因缘生，有生有灭皆是空；
真心不动是实体，空有空无是清净。

第十五章 祖师禅、般若学与明心见性

第十五章 祖师禅、般若学与明心见性

佛教是中国传统文化的重要组部分，佛教文化中包含了对宇宙人生的深刻认识，融摄了哲学、心理学、伦理学、医学、气功、文学艺术、人体科学等多种学科的内容。佛学以疗治众生心病、改善人的病态心理心态为己任。佛理与医道相通，主要在对人心理行为的调节和控制上，如佛家有言："诸恶莫做，诸善奉行，自净其意。"这是教导人行为要合乎天理道德，净化人生，升华人格，属于心理意识的调控技术。佛旨在教人树立明智自律的生活方式，洗心涤虑远离不良行为，去除心灵上之挂碍和精神上之负担，不断地修正自己的思想和行为。

1. 祖师禅

禅修能使人通向光明之路，禅宗作为中国特有的宗派，传授的基础不在于后天知识，而是在大光明的佛心，在隋唐时处于极盛，几乎代替了整个佛教，其禅学思想更是渗透到我国意识形态的各个领域。直至当代，禅宗及其禅学思想，仍然在世界范围内受到人们的普遍关注，纷纷加以弘传。在中国，现今开放的名山大刹，绝大部分都是属于禅宗的寺庙。而研究禅宗及其禅学思想的风气，也方兴未艾，研究禅宗及禅学思想的著作不断问世。在海外，研究禅学之风，更为盛行，在英、德、法、美、日等国禅学研究特别深入，这些国家的一些学者甚至把禅宗看成是中国文化和宗教的代表。禅学作为失衡社会中调节心态的一种手段，早已引起现代心理学的注意，禅学思想作为精神治疗术的一种也有被纳入现代医学研究范围的趋向。因此，不仅介绍和研究禅学的书籍大量出版，而且陆续建立了一批"禅文化研究中心"、"禅学研究中心"等。

释迦牟尼在灵山会上说法，手拈一朵金色的菠萝花示众，众佛徒不解其意，都默默不敢作声。唯有他的大弟子摩诃迦叶"妙悟于心"而破颜微笑。释迦牟尼见迦叶对自己的佛法能够心领神会，十分高兴，当即宣布："我有正眼法藏，涅槃妙心，实相无相，微妙法门，不立文字，教外别传，付嘱摩诃迦叶。"（《五灯会元》卷一）。于是，"以心传心"的禅法便在拈花一笑中诞生了，摩诃迦叶成为禅宗第一代祖师。禅宗在印度相传了二十八代，由二十八祖菩提达摩东渡到中国，成为禅宗的东土初祖。

中国禅宗自菩提达摩，继承宣扬"教外别传，不立文字，直指人心，见性成佛"的禅法。菩提达摩传法给其弟子慧可的故事，充分说明了这一点。相传菩提达摩在嵩山少林寺面壁九年后，萌生了回归西域故土的念头，于是将他的所有弟子都召集至面前，准备将自己的衣钵传给他们中悟得了禅的真谛之人。他对弟子们说，"你们有谁知道禅的真谛？"有位名叫道副的弟子说：禅虽然不执着文字，但文字是求道的工具，故不应舍弃文字。达摩听了便说：你得到了我的皮。一位法号总持的比丘尼说：禅如庆喜之见阿閦佛国，一见便不再见。达摩听了说：你得到了我的肉。又一位弟子道育说：四大皆空，五蕴非有，世界宇宙，不存一法。达摩听了仍不满意地说：你得到了我的骨。最后，慧可默默地走出弟子的行列，向达摩行了一个礼，又站回原位，不发一语。这时，达摩便说：你得到了我的髓。于是就将自己的衣钵传给了慧可。至此，慧可成为中国禅宗第二祖、僧璨为第三祖、道信为第四祖、弘忍为第五祖，今只说：五祖弘忍传法于六祖慧能时，慧能作了一偈："菩提本无树，明镜亦非台，本来无一物，何处惹尘埃。"弘忍看了这首偈语，知道慧能已真正理解了佛性大意，但不动声色。次日潜至慧能的碓坊，见慧能正在舂米，弘忍就以杖击碓三下而去。慧能豁然有悟，即于是夜三更，悄悄来到禅堂密见弘忍，弘忍即为其说《金刚经》，当说到"应无所住而生其心"时，慧能顿时大彻大悟，于是弘忍就将衣钵传给了慧能，慧能成为禅宗六代祖师。在慧能大师之后，禅宗人才辈出，菏泽神会、永嘉玄觉、南岳怀让、马祖道一、大珠慧海、石头希迁、青原行思、德山宣鉴等，于唐末五代间，佛教几乎出现禅宗一统天下的局面。

禅宗的这种传法方式有其独到之处，简捷方便，无须长年累月诵读经典，无须论资排辈，无须经过一次次的考核，只要对祖师的启示有所领悟，就能

第十五章 祖师禅、般若学与明心见性

一下子得传禅法的衣钵。这体现了禅学的主旨思想，其主要反映在《六祖法宝坛经》中。从佛学的观点来看，《坛经》的内容主要是论述佛性和明心见性方法的经典，从现代人的观点来看，它是一部探讨生命的本质以及如何使生命达到圆明境界的哲学著作。

禅宗是中国化的佛教，《坛经》是依据慧能大师口述而成书，此经是中国思想史上一部伟大经典，它总结提高了中国和印度的禅修思想，深刻指出并明示了生命的本质和实践修行达到明心见性的途径，对中国文化产生了广泛的影响。这与他继承发展了中国自先秦时期以来的传统思想有很大关系。慧能大师认为，一切众生皆有佛性，修行者只要认识自我佛性，都可以成佛。这种理论与孟子的性善论相同。孟子认为，人类具有共同的天赋本性，这种本性表现为恻隐之心、羞恶之心、辞让之心、是非之心，这四心就是仁、义、礼、智四种道德的根本。因这四种道德不是外力强加的，而是自我本性所固有的。孟子说：只要反身而诚、反求诸已，人人都可以成为圣人。"涂之人皆可为禹"是儒家的口号，"一切众生皆有佛性"是佛家的口号，两者的道理是一致的。慧能大师的思想与先秦道家哲学更有很多相通之处：在本体论上，老子阐"道"，指出了"道"是万物的创始者和宇宙的本质、规律，强调修行者要修心炼性，清净、自然、无为，达到"天人合一"、"返璞归真"；庄子说"道"在草木瓦砾屎溺之中；同样，慧能大师极力阐扬见性，强调见性并非彼岸的客观，而是存在于人世之间，他说："佛法在世间，不离世间觉，出世觅菩提，恰如求兔角。""凡夫即佛，烦恼即菩提，前念迷即凡夫，后念悟即佛。心正是佛，心邪是魔。"在解脱修行的方法上，慧能大师主张去来自由，心体无滞。这与庄子以逍遥、追求精神自由的主张也是相通的。

禅宗对中国文学艺术的影响，远比其他教派广泛与深刻。禅宗思想不仅在艺术表现形式方面和艺术表现内容上，带来新鲜经验，而且在创作思想、情趣审美诸方面深刻影响了艺术人。艺术与禅宗关系其根本，都以表现人类的自我性为最高目的。德国著名哲学家卡西尔在《人论》中说："认识自我乃是哲学家探究的最高目标。"其实认识自我，也是宗教和艺术探究的最高目标。禅宗又与其他宗教不同，是直接地主张从人的内心世界寻求佛性。六祖慧能认为，世界上的万事万物都来自人的内心世界，由人心决定，能否成就佛道，也完全取决于自己的心性。《坛经》中多处指出："菩提自性，本

来清净，但用此心，直了成佛。""自心归依自性，是皈依真佛"，"佛是自性作"，"于自心中顿见真如本性"，"于自性中，万法皆见，一切法在自性，名为清净法身"。六祖慧能的这一观点，破除了传统佛教主张到西方极乐世界，求得解脱和成佛的可能性。把受动于神灵的客观唯心主义，变为成佛由自我内心决定的主观唯心主义，这种转变是佛学的重大革命。禅宗真意义，不但简化了修炼"成佛"的方法，缩短了此岸与彼岸、出世与入世的距离与差别，更为重要的是把成佛从虚幻的极乐世界直指每个人的自心。"心正即佛，心邪即魔"，使学佛者向自我的内心世界深处寻求对自身本质的认识、修正、开慧、升华。六祖讲"自参自悟，自性自度"，着力在人自心感悟，通过对内心的自参自悟来认识人的本性进而得到解脱与超越。禅宗对自性的认识，与艺术家对自我心灵的认识和表现，都离不开对感性世界的"自参"，切磋、琢磨、塑本、求源，获得感受求得亲证。"自悟"是主张对一切事物要有自己的分析理解，别人的看法及观点永远代替不了自己的认识。"如人饮水，冷暖自知"，"鹦鹉学舌"不算是禅。

　　禅宗的修行方式是"顿悟成佛"，对于这一具有特色的思想理论，《坛经》中多有论述。如："一念悟时，众生是佛。故知万法尽在自心。何不从心中，顿现真如本性"，"我于忍和尚处，一闻言下大悟，顿见真如本性。是以将此教法流行，令学道者，顿悟菩提，各自观心，自见本性。"艺术创作灵感和禅宗顿悟同样，若刻意追求并不一定可得。中国古代艺术家们常采用"虚静"方式诱发灵感的出现。对于虚静，《文心雕龙·神思》中说："是以陶钧文思，贵在虚静，疏瀹五藏，澡雪精神。"即是说：艺术家在创作中，要抛开一切思虑欲念，使心胸犹如冰壶一般澄清空明，精神不受外界干扰，凝聚专注如一。在这种状态下，才能产生"寂然凝虑，思接千载，悄焉动容，视通万里"的创作灵感。艺术创作思维与禅的顿悟思维具有相通及相似的一面，正因为"心是万法源"，使禅与文学艺术、建筑、音乐雕塑、绘画书法等，一切学科皆有不解之缘。艺术创作中所讲的"意境"，从根本上说是人的"心境"，是自我经过提炼后对人生的体味及对永恒生命的认识和把握。这种"心境"具有朦胧的只可意会不可言传的无穷意蕴。禅境的妙奥，深深影响着热爱艺术的人们的审美情趣，把表现朦胧、含蓄、淡泊、幽雅、空灵的意境，视为理想境界。这种境界与禅境，在本质上具有一致性。禅宗强调"心"的作用，佛法自心来，艺术创作也离不开自我的心灵。意境的形成过程，也同样从禅宗"物我两忘""物我同化"中得到启迪。禅宗自悟佛性，采取"不住声色又不离声色"、"于念而离念"、"于相而离相"的修行方法。这种参禅不离生活现实，又不执着于生活现实的修行方式，既是"不即不离"的思维形式，禅境之妙，就在这"身在境而心不染著境"之中。

六祖慧能认为，人人皆具佛性，自性本来就是清净的，只是由于执着外界的境物，受妄念的覆盖，才不得明朗。有人问何为禅定？答：妄念不生为禅，坐见本性为定。本性者，是你无生心；定者，对境无心，八风不能动。是什么八风？八风是利、衰、毁、誉、称、讥、苦、乐，引起精神损伤的八种情志活动。若得如是定者，虽是凡夫，即入佛位。六祖在《坛经》中云："说通及心通，如日处虚空，唯传见性法，出世破邪宗。"

何谓坐禅？

禅宗，必当说六祖慧能祖师这门坐禅。坐禅，坐而修禅，息虑凝心，以究明心性之术。达摩来此，法始盛于中国，与从前之禅定不同。《悟性论》说：不忆一切法，乃名为禅定。若了此言者，行、住、坐、卧，皆是禅定。慧能祖师指导众人：我所讲的坐禅，原本不要求观想心，也不要求观想清净境界，也不要求静坐不动。如果说坐禅是看守本心，心是虚妄的，没有什么值得看守；如果说是看守清净，人的本性先天就是纯洁清净的，如果有追求观想清净的主观心念，反而产生了对清净的错误理解。虚妄没有固定的产生地，执意追求的主观愿望就是虚妄。清净的境界本来无影无形，硬要树立一个清净的形相作为观想的对象，并且说这就是修行做工夫。持这种观点的人，会阻碍他们认识自己的本性，反而被所追求的清净境界所束缚。

那么什么叫坐禅呢？自己的心不受任何阻碍，自由自在。对外而言，自心不为一切或善或恶的事物和现象所左右，这就叫"坐"；对内而言，认识自我的本性原本不动，这就叫"禅"。"不执外修，但于自心常起正见，烦恼尘劳，常不能染，即是见性"。六祖《坛经》指出："生来坐不卧，死去卧不坐。一具臭骨头，谈何立功课？"如此来说，修行的人还打坐吗？如何正确禅坐？

如来没有坐，如来亦无卧。一具肉骨头，功课就功课。不执着坐，亦不执着不坐。知会如来体，自在乃解脱。坐之与非坐，若住成对科。才执一边事，立即落窠臼。不执这边事，那边亦不住，来去如通风，自在对一切。若懂真佛意，处处不生住。来去无痕迹，如鸟天空过。行即坐，住即坐，心体无形式，处处不二耶。坐是坐，卧是坐，现象成差别，头脑妄计着。

八万细行四威仪，突显都是有心客。有心作修行，修行背道辙。修行成无心，处处与道合。合亦没有合，自然天真佛。天真佛，自然成，显示本来无功行。无功行，真正行，诸佛皆是如此呈。一切行为皆自然，一切差别皆分别。不生分别归自然，归于自然泯执着。执着无，自然行，释迦生于娑婆中。

何谓禅？本性显，一切幻化空旋复，不遮如来真实脸。何谓禅？不被缠，三界来去无拘缚，自自在在大金仙。何谓禅？远离诸圣恒沙言。何谓禅？超信绝心生寂然。何谓禅？八风鼓吹人不转。何谓禅？四大崩解性不变。何谓禅？诸佛缄口不夸谈。何谓禅？语默动静性本源。何谓禅？超一切，遍一切，禅性千古旋不玄。何谓禅？唯有如来真知道，一切天人皆外观。何谓禅？假借语言非语言。何谓禅？如来佛祖自家传。

既有禅，何名坐？禅本坐，坐本禅，不动不如即坐禅。众幻象里实际坐，不被诸幻拉着转，如如不动如如动，即名修行真坐禅。坐禅非动非不动，曰禅非缠非不缠。超越一切名与相，归于本体即修禅。千圣皆是佛家客，一个一个是活禅。行亦禅，坐亦禅，动亦禅，静亦禅，一切世界是禅天，一切举动是参禅。大圣了知参天地，小圣了知参人缘。绝圣了知无所参，明明真体如来禅。如来禅，绝诸参，一切时处皆圆满。时刻晏坐净明体，宝月安放琉璃盏。如来禅，没有禅，绝诸名相是至禅。本性不动本来坐，本性不掩本来禅。了知本性不动摇，即名行者在坐禅。行者坐，坐于禅，本性作主即已然。

近世之时代，学佛者非但不敢提倡弘扬"明心见性"这一佛学伟大宏深之旨与精髓之所在，而以见性为甚深难事，高不可攀，乃推高圣境，不敢企求。其实，一切经典论著，所有法门，无不围绕这"明心见性"来阐传发扬，使人人得以觉破迷情、回复妙明、离妄返真，识自本心、见自本性。明心见性是佛之总纲，一切宗派及法门都是在善巧方便，顺随人的不同根器觉悟，因人施教设法。方法虽多，目的则一。学佛者若仅以烧香、礼拜、磕头、求福报、求医病、求成佛为事，面向一个大彻大悟、大觉的已不在世的人的像

第十五章 祖师禅、般若学与明心见性

表达真诚信念,自己什么时候、又靠什么才能大彻大悟呢?释迦佛说:自性自度;六祖慧能说:迷时师渡,悟时自渡。人的本与末、内因与外因关系明了,一切由心定,心为万法源。信佛求真理,悟真宗,找真本,寻真源,明现象,悟本质,觉根源达万流,解末知达无学。学到无学处,方为初入门。《金刚经》云:"若以色见我,以音声求我,是人行邪道,不能见如来。"一切有为法都是成佛的阶梯,停在梯子上不前进,有负佛心。顺梯直上必达佛源。执着法不放,被法所迷,法是心中所现之物,迷物为己,何能明心?释迦佛昌弘佛法的目的,不是为使人信佛、拜佛、念佛,最终的目的是使人能明心见性,人人做佛。

东方文化较为神秘部分是神道佛,如民间对各式各样的神灵的敬畏崇拜。其中浸透着很多的神话传说和宗教民俗文化,大都染上宗教的色彩,充满着人类未解之谜和自然界的不明事物。至于佛文化,博大高雅,哲理深刻,虽说原来从印度传入,至今已成为汉民族的崇高佛理哲理,可以说是东方文化中的一颗明珠。由于佛理精深,佛法超脱,禅修禅悟,多引人叹为观止。禅中的妙语皆有天音韵味,令修者开悟开窍,慧能大师的《六祖法宝坛经》是佛言祖语,祖师禅。

能把宇宙人生看穿看透了的感悟式思维,不是一般的唯心论之作,它是三维地球人的思维升华之后悟出来的妙语天音。"佛法在世间"的佛理禅思,在经中展示无余。从这方面看,《心经》作为六祖悟诗的背景哲理论,真所谓宇宙经文描宇宙的空虚本性,令人惊叹当年印度王子释迦牟尼的伟大——超前超高的超级哲理。它今天已经成为东方文化的明珠和生命修持的明灯。

佛学从佛理、佛法和禅语三方面表现。佛理提示因果轮回观,认为宇宙空相,人类看到的客观和自身世界都属于实相皆空,看到的事物皆属于假象,转瞬即逝。因此,提出一系列的佛法以图超越轮回苦海,到达彼岸的"明净世界"。主张人皆有佛性,佛就在心中。因此,可以用修心养性之法去修悟心灵的感知。为了促进佛悟心修,历代祖师创造了一种生理状态,以便促进修心佛法,这种方式称"禅态"——功能状态。

禅态实质上是古代哲理"天人合一"思维推导出来的可控可行的超生理状态。由于天和人不可分割,有能量信息波沟通连接(合一),故可以通过某种生理状态——"禅"去取得可感知的联系,叫作"禅中有悟"、"禅定生慧"。因此,像六祖慧能等禅宗大师都是在这种"禅修"中顿悟出一串串合于宇宙规律的佛音来,并指出他们进行自我"灵悟"的般若之慧。

　　禅法,从禅坐到禅思、禅定,成为禅宗祖师们的修心修佛主要方式。观察到宇宙空相本性的《心经》,自然成为禅修的首选指导经典。禅宗修持提出"直截了当"、"直指人心"和"心外无物"、"禅中悟空"等原则,去到达顿悟入佛而解脱的目的,并被公认为"大乘佛法",其修禅的意境十分高深,非一般和尚、比丘和居士、信徒所能随便进入的。它太高也太难了,故禅宗门前弟子稀,不如方便法门渐修派的"净土宗"吸引力强,净土宗简练地提出"常业德生",只口念佛号,即有望进入来世的好境,甚至于争取跳出三界入极乐——看来有点简单化理想化了。不过"渐修"与"顿修"可以并存,并排发展。"渐修"(念佛)日久也可能出现入禅顿修跃入"般若门"去获得"涅槃"机会。反正按天人合一哲理,人心修空的办法不限,一旦修空进入天心,天人一旦合一,即可达到佛的境界。

　　需要明确的是"佛学与佛教"是两码事。佛学是一门探索宇宙(和生灵)的虚实转化规律的学问,是由印度王子释迦牟尼出家觉悟之后创立的,并以经文形式传播至今的整体大学问。佛教则是释迦牟尼在世讲经传法之后由他的弟子们组织起来宣传大师的佛学问而建立的宣传基地,比如说建立寺庙,由传人传播,同时建立各式仪式和禁规戒律,从而被称为"教",不可与佛学画等号。因此,说佛学非佛教,只是佛教以宣传佛理为己任而已。

2. 般若学

般若，梵语，意为终极智慧、妙智慧；专指如实认知一切事物和万物本源的终极智慧，区别于一般的智慧，是自我真生命，简称智慧体、慧命、慧根、慧光，妙智慧有天赋的良知良能，觉悟能通无量虚空，彻观能透自然真空妙有实相，即实相般若。《金刚经》《心经》是文字般若，实相般若是妙智慧、自我如来圆觉海。

波罗蜜多，梵语，意为"度"，到达彼岸之上的意思。亦即意在说明"度生死苦海，到涅槃彼岸"。所谓"彼岸"是对于"此岸"而言的。生死便喻"此岸"。它指三界内的众生由于妄念邪心而造业，因而不得不轮回于生生死死当中，永驻于烦恼苦海中。只有修行才能摆脱轮回，永超生死地。当今社会，业海茫茫，灯红酒绿，声名货利，醉生梦死。智者仁人，觉醒南柯，顿悟人生如幻，看破名利恩爱牵缠，不甘心灵觉性流浪漂泊沉泥河，寻求上路，得遇明师，晓喻真理，始知人海有慈航，红尘非故乡，登上大觉路，复我真天良。

《般若经》，全称《大般若波罗蜜多经》。为宣说诸法皆空之义的大乘般若类经典的汇编，唐玄奘译，600卷，包括般若系16种经典（即十六会）。一般认为最早出现于南印度，以后传播到西、北印度，在贵霜王朝时广为流行。梵本多数仍存。全经文辞典雅畅达，也是一部富有哲理的文学作品。此经宣称大乘即是般若，般若即是大乘，大乘般若无二。它作为大乘佛教的基础理论，被称为诸佛之智母、菩萨之慧父。其中心思想在于说明诸法"性空幻有"的道理。性空，指佛所说的一切法（即一切现象）都没有实在的自性；幻有，指一切法虽然自性空，但并非虚无，假有的现象仍是存在的，认为世俗认识的一切对象均属"因缘和合"，假而不实；唯有通过"般若"对世俗认识的否定，才能把握佛教真理，达到觉悟解脱。

其中心思想就是"性空假有"。"性空"和"假有"是一个事物的两个方面。只有获得般若智慧，才能在观察事物时，不为事物的假象所迷惑，才能摆脱世俗认识的束缚，把握佛教真谛，达到觉悟的境界。

《般若经》将世界上一切生灭现象和体现生灭现象的主体，都看成是由因缘造成的，离开了"因缘"，就体现不出"性空"之所在。《般若经》还将小乘的讲述以人生过程为核心的十二因缘说扩展为解释世界一切事物现象的因缘说。般若还反对将十二因缘和涅槃视为实有其性的小乘理论，认为因缘本身就体现着无自性，故决不可当真地消灭一个世间世界和再生出一个涅槃世界。

"本无"，后来译作"如"、"真如"与"实相"、"真实"等词，在般若学中都表示"性空"。小乘诸派将佛所说的一切法都看作实有其体的真实存在，使宗教本身丧失适应社会需要的活力，呈现逐渐衰落的危机。大乘般若认为"经法本无"，否定了小乘把佛或佛经语言概念实体化的理论观念。"本无"的原义，就是对视假象为真实的否定，人们对于"本无"的认识，只能通过对世俗的一切认识的彻底否定来获得。这样"本无"就是事物现象的本质，这种本质只有在对现象的彻底否定中才能体现出来。《般若经》把"本无"思想应用于具体范畴，形成"无住"、"无得"、"无相"、"无生"等观念。"无住"指不住于"名言"；"无得"指思维对对象的"自性"无所得；"无相"指思维不执着于"事相"；"无生"指思维视现象无生灭变化。

《般若经》在魏晋南北朝颇为盛行，并与同时期的玄学思想互相影响，互相推波助澜，以致在上层门阀士族阶层中更是风靡一时。《般若经》在玄学思想影响下，后来形成般若学的"六家七宗"，可见影响之大。

《般若经》这部大乘佛教的理论基础和重要经典，是大乘佛教思想的奠基之作，稍后出现的《华严经》《法华经》及《涅槃经》等都是在它的思想基础上发展起来而各成体系的。唐玄奘全译《大般若经》的出现，标志着中国佛学中大乘空宗理论发展到了一个新的历史高度。

《般若经》是以般若为指归，以空观为原则。其结果，使人们在禅法上致力于引发智慧、穷究实相。《般若经》贯彻大乘中观一切皆空的思想，提出要以"十八种观，令诸法空"。这"十八空"的归宿是所谓"自性空"，认为一切现象本质是空，没有自性，即没有独立存在的自体（实体）、主宰，无须外在的根据，也不必求诸内心的帮助。般若智慧的应用，便是对现象世界达到空一切、一切空的认识。

3. 明心见性

禅宗是明心见性最简单、最迅速的方法。因为禅宗是不立文字、直指人心、见性成佛。菩提达摩创立的禅法，是在原有禅法的基础上，经过多年的壁观和实践逐步形成的，为中国禅法的发展开辟了一条崭新的道路。例如：要求学道者，既要重视学习佛理经典以便获得佛学真理，又要不为经典文字所束缚，要独立思考。要求学道者正确对待苦与乐、冤与亲，提倡不怕苦、不求乐、不贪著。所有这些，对我们正确领会和掌握佛学经典的精神实质，对更好地净化自己和利益他人都是不无裨益的。

明心见性一词是何意思？简单说就是认明人的"心"（本心）的形相与作用，而彻见、领悟、神会生命根源"性"（本性）之妙有与真理，以觉醒迷梦，了生脱死，证大涅槃。

所谓心者，是我们对境、物生起来的念头和思想。佛经称为六尘缘影，就是色、声、香、味、触、法落谢的影子，简称曰心，也是思想对客观事物环境的反映。性又是何物呢？性是生起心的根本，是心的本原。对境生心，全是它的作用，它无形无相，虽不可目睹，但确实在起作用。只因人众迷而不觉，不知有此妙体。一旦觉醒，了得身心世界本空，这就是明心。于本空处，非如木石，无知无觉，而是虚明了了而寂然不动，一念不生自体豁然显露时，即谓之亲证本来面目，亦谓之见性。所谓见性，并不是用眼睛去看什么东西，而是心地法眼深切的体会。所言明心见性，乃是打破妄知妄见，狂心息处，身心消殒时，彻见真性。

我们为什么达不到明心见性呢？在《楞严经》中佛是这样回答的，"知见立知，是无明本"，一语道破。"知见"就是人的本能，人的本能无所不知无所不能，坏在你本能里又多建立一个能，这就迷了。这就叫"知见立知"

后起的这个念头，就把你的智慧德能变成了意识，变成见分、妄想、执着，这是自己障碍的自己，这种障碍就叫"所知障"。《六祖坛经》中慧能大师说："于一切处，行住坐卧常行一直心是也。直心是道场，直心是净土，莫心行谄曲，口但说直，口说一行三昧，不行直心。于一切法，勿有执着，迷人著法相，却是障道因缘。"有人认为自己很聪明、有知识、有智慧、别人不懂的自己都懂，佛说这就是无明，自以为懂得多，其实只是个世智辨聪（就是世间辩才），不是真正的智慧。世间辩才不但不是智慧，在修行过程中就是障碍。佛经有云：无障碍虚空法界。有人会觉得无奈，认为它难破，所以很多修行人都是因此自认与见性无份。那么，要破无明，必当认清无明到底是什么。其实，无明并不是实有之物，只是幻心妄执，只是妄想。除妄想不是生硬地压死它、断灭它，而是一转。一转即一觉，觉即不住、不缠缚，无明就被照破了。所以，开悟则无明灭，即彻见自己的本来面目，破无明就是见性。由此，明心见性并不神秘玄妙，没有什么稀奇。

古德曰：镜水尘风不到时，应现无瑕照天地。此是把我们的自性比喻为镜子和水，是说我们这个"不生不灭、不垢不净、不增不减"的佛性是一丝不挂、一尘不染的。心与性不可强分为二，也不可视之为一，比如镜是性，镜子与外境相对而现影，这个影就是心。影非没有，但不可着实，因为外境若没了，影也就没有了，这个影是虚幻的。幻影之心，时明、时暗、时迷、时悟，所以叫作无明。因为明与暗、迷与悟都是人们的妄心分别，所以都是幻。既然是幻，那么这个知幻者以有相对，故而也是幻，所以皆不可得。镜子里面的幻影不论它是美是丑，都对镜子没有妨碍，没有关系，因为镜子照体没动。同样道理，人之身心，或圣或凡，或美或丑，无论是善还是恶，无论是无明还是觉悟，对自性来说，皆没有妨碍。唯依《心经》空心之法，万虑皆空，一尘不染，自然不生不灭，而万劫长存，自然不垢不净，而涅而不缁，自然不增不减，而至当恰好。

祖祖相传佛心印，师师相承大道兴；存心养性尊孔圣，大学中庸率性凭；
修心炼性道祖定，抱元守一大根生；明心见性佛之本，万法归一圆明性。

第十六章
无相无形，妙有真空
——修真鉴定精要

第十六章

无相无形，妙有真空——修真鉴定精要

中国自古以来，修炼的门派众多，方法也甚多，但不是每一种方法都能达到目的。法之不善者，非徒无益，而且有损。

千万种功法不可能样样都去学练，如何选择必为首要问题。如何鉴定真功与正法？如何鉴别真师与伪师？如何鉴别辨认各种功法层次的高与低？如何衡量鉴定才能修炼最上乘法？这些全是求学者应知应会的基本知识。

通观人类社会，产生了两种不同的健身养生、修真的手段。

1．有为法

即凡世上举目可见的一切功法。当前，健身的功法存在三个大体系：体育、武术、气功，其手段是千篇一律的"有规定"及"固定模式"的体力运动。究其三大体系的套路模式，虽然是千万种功法操作，千万种体态模式，但有哪一家纯是习练者自我身心本质的自然产物呢？没有！都是规定了思想意识、规定了呼吸调息运用之气、规定了动静之姿势、规定了四肢运动的模式，并施教于众人。这样的功法全称即谓"有为法"。学功者的思想、四肢运动、呼吸调息，皆被教功者的定法模式、套路规范所限制；思想不能顺乎自然，躯体不敢随意动转，精神和肉体牢牢地被身外之法所束缚，学功者实是将自己的身心交给他人摆布，自我本能的自然自在的身心，失去了自主和自由，所以又叫"定法"。释迦佛祖在《金刚经·第三十二品应化非真分》中这样说："一切有为法，如梦幻泡影，如露亦如电，应作如是观。"三祖僧璨禅师说："智者无为，愚人自缚。法无异法，妄自爱著。将心用心，岂非大错。"

有偈曰：有为岂是弄皮囊，做作千般总受伤；
　　　　怎晓心传真妙诀，鬼神莫测扭阴阳。

2. 无为法

此法当今世上可说是不为人知。 道祖老子《道德经》第四十八章言:"为学日益,为道日损。损之又损,以至于无为。无为而无不为。"那么,我们怎样"为"才是真正的"无为之为"呢?老子给我们答案是:"辅万物之自然而不敢为。",这是老子对"无为"最精确的注解,是无为的总纲领。我们可以从两个方面来解读老子"无为"的内容:首先,取法自然,尊重自然,不可违反自然,不可造意有为,这也就是老子所说的"道法自然";其次,老子的"无为"不仅仅是尊重自然,还要在此基础上辅助自然,发展自然中的至善至美,而避免其恶与不善,避免肃杀。也就是在尊重自然规律的基础上辅导自然,走上至善至美之途。所以他说"辅万物之自然而不敢为",所谓不敢为,便是不敢违反自然而造意有为,肆意擅为。所谓辅万物之自然,是要在取法乎自然之道的基础上,顺应万物自然之本性,对宇宙万物进行治理,从而辅导万物之自然。

老子哲学无处不体现无为之原则。"无为"是道的行为原则,是"道性"的本质体现。正确理解老子的"无为",对于从本质上系统把握老子的修真思想至关重要。老子所谓道,虚无因应,变化于无为,故老子哲学又被称为"无为哲学"。从字义而言,无是"不"、"没有"之意;为,指"做";"无为"是指"不作为"、"没有作为"。然而老子哲学中的"无为",又指"化治于无形"之意、"纯任自然"之意。

其实,不只是在老子的哲学中,从史料上看,在儒家积极精神下,"无为"一词用以指涉的是"不要去作为"而言,它的说话"对象"是"太过追求有所作为"的人们,故在儒家"入世"的"有为"哲学思考中,人们借"无为"以反思人的"心灵回归"、"返璞归真"、"致虚守静"的实践性意义。检视先秦哲学典籍可知，"无为"的思想在当时已有相当普遍的应用了，例如：《论语·卫灵公》有言："无为而治者，其舜也与！夫何为哉？恭己正南面而已矣。"《孟子·尽心上》言道："无为其所不为，无欲其所不欲，如此而已矣。"《中庸》说："不见而章，不动而变，无为而成。"《周易·系辞传》中有："易，无思也，无为也。"……

释迦佛祖在《金刚经·第七品·无得无说分》中说："一切圣贤，皆以无为法而有差别。"六祖慧能这样解释：三乘根性，所解不同。见有深浅，故言差别。佛言无为法者，即是无住，无住即是无相。无相即无起。无起即无灭。荡然空寂。照用齐皎。鉴觉无碍。乃真是解脱佛性。佛即是觉。觉即是观照。观照即是智慧。智慧即是般若波罗蜜多。又本云圣贤说法。具一切智。万法在性。随问差别。令人心开。各自见性。

偈曰：无为不是著顽空，还得勿忘勿助功。

拔去轮回生死种，当中只有一神童。

对于功法的鉴定标准必备有真理性、哲理性、实践性。本着这三条原则，来衡量当今宗教、医理养生、气功、武术、体育及一切功法。为使学功者认识真功正法，免走弯路，舍本求末，浪费时光，特将对"炁"与"气"的认识详细阐明如下。

传统的修真理论认为，宇宙自然是由三种不同的体系构成的，即物质、气质与真空。

物质，看得见、摸得着、有形有相；气质，看不见、觉得到；真空，炁是无形无相的真空纯至静体。物质与气质会发生质变，而真空是永存的。真空是产化生气质、物质之源。也就是说物质、气质是真空演变育化出来的。

这三种不同的体系构成了宇宙自然间的三个层次：人身体是自然之本所化生，也是一个小宇宙、小自然体，与自然之本性质相同。就修炼者而言，人的思维的能源为理气，呼吸调息为大气，人的身躯为相体。

身躯被称为相体，亦称交易体，因百年之后尽为微尘，所以又叫暂存体、幻化身。有欲、有求、有为的功法，执着在此躯体上下功夫的，都等于是竹篮打水。所以，释迦佛祖在《金刚经》中明确指出："凡所有相，皆是虚妄。"

呼吸调息之气称为大气，因大气气数终有尽时，所以又称为变易体。有为法执着于服食、辟谷、胎息、运气、吐纳、导引术等,亦不过是局限在这个终有尽时的变易之气之中翻跟头。

人的精神、人的思维能源为理气,又称真空、真气,因真空妙有永恒不灭,所以又称为不易体。

上述三个宇宙自然间的层次,构成了修炼的三层功夫。上层功为不易之炁;中层功为变易之气;下层功为交易体。交易返变易,变易达不易,精气神合一,真气圆合,是为养生健身的正宗真功正法的成果。故《黄帝内经》云:"恬淡虚无,真气从之,精神内守,病安从来。"

古人形容真气广大无边:大小、上下、前后、内外,无其量也。因此又曰:与天地合其德,与日月合其明,与四时合其序,与万灵合其吉凶。

古人形容真气妙用无边,大而无所不包,细而无所不举。释迦佛祖还将真气称为"金刚不坏身"、"真空实相"。真空在天地万物之前,是为"炁"、先天理气。精神在肉体之先,是为先天灵气。天地有生灭,理气无终始。身体有生死,灵气长存,精神不死。精神的归宿是真空灵源,精神合于真空。大乘佛法讲,空虽空但是妙用无穷,故言:有而不有,空而不空,妙有非有,真空非空,谓之"妙有真空"。

诗颂:先天一气在鸿蒙,无相无形不落空;

认得初生真面目,方知我有主人公。

大道分明在心头,有作有为尽下流;识得自我真炁质,万部丹经一笔钩。

(1) 执着是修行者的障碍

随着人类科技进步发展,使人有能力乘火箭游入太空去认识其他星球。通过精密科学仪器探观物质的质变,发现物质的结构等。遗憾的是,人类却难以认识自己,是否认识世界容易,而认识自己难呢?究其原委,还是由于自己有妄执而造成障碍。一般的人都会有多多少少的执着或妄执倾向,虽然妄执事物的结果是烦恼或痛苦,但人还是情不自禁地妄执于各种事物而招受苦果。要解决这一问题,关键在于我们能否认清致使我们对事物欲求和妄执的是什么,值不值得人们舍生忘死地去追求、争取和执着。

第十六章
无相无形，妙有真空——修真鉴定精要

那么如何才能认识自己呢？达到明心见性，就是认识自己。我们认识自己，要从心性上去认识。心，指我们现前的心念，这个心念是虚妄不实的，是生灭变化的，但透过生灭变化的表面，还有不生不灭的心体。明心见性，就是要我们明了心的虚妄性，不被迷惑，方能见到自己的本性，真正的生命。六祖慧能在五祖弘忍门下悟道时说：一切事物和现象都离不开人的自我本性，想不到自我的本性先天纯真洁净，想不到自我的本性没有生成和毁灭的各种变化，想不到自我的本性先天就蕴含一切而没有缺损，想不到自我的本性原来不起任何波动而永恒宁静，想不到自我的本性中能够产生出一切事物和现象！五祖知道慧能已经彻底认识了本性，就对慧能说：如果不识自己的本心，即使学习佛法也不会有什么益处。如果认识了自我的本心或本性，就可以被称为丈夫，被称为天神和世人的导师，被称为佛。

世人多不能正确认识自己，在修行中最大的障碍是有"执着"。很多人对自己身体产生执着，而忘掉了自我的心灵。认为人的一生中最重要的是身体，把自己的身体看得过重，误认此身为真实，爱之惜之，欲厚其生，恋恋不舍。啖肉饮酒以养此身；执于为嘴吃的有滋有味、香甜美蜜、肥厚顺口，为嘴伤身；执于为华衣美服、穿戴名牌、富丽显饰而劳形；执于为它住得舒适而为豪宅别墅奔波费神……总之，都是在执着地忙于满足其身体的种种欲望：财欲、性欲、食欲等，有的人甚至希望自己能长生不老，如古时候的秦始皇、汉武帝、唐玄宗等，想尽办法地去乞求不老之药，长生之方，希望自己永远不死。人身是四大（水土风火）假合而成，有生必有死，这是自然规律，人们把身体执着为实有实在，不知是暂存的，是认假为真。道教祖师老子曰："吾所以有大患者，为吾有身，及吾无身，吾有何患？"这里所讲的大患，都是因为有己我之像，造成心性偏执，不能灵明，为外事外物，障迷而致。古仙云："自古成道仙佛，皆不重色身，而修法身也。"

人们对法、对相的执着更是非常普遍。社会上有很多初学功法的人，对修炼的方式方法盲目执着地追求，也不知教练者所教之法是否正确，所传之功法是否有理论依据证明，盲目地不惜时日花重金拜师求学。今确有学功者，对于招生广告的吹胡信以为真，在入学功夫班的半年时间里，接受的训练方法好似受刑，遭受着残酷虐待。求学的师兄弟们，没见长什么功夫，反倒添了病患，苦不堪言，方知上当。法执：往往是因为人有认识错误，层次不分，

理法不明，一念妄想颠倒，逐本求末，舍近求远，把假的当成了真的，白白地耗费了自己的精力与时光。可叹！

人修真之道，乃先天之道。先天之道能以无形化有形，能以无相生实相，能以夺造化，窃阴阳，逆气机，了生死，非同一切在色身上做工夫者可比。色身为四大（水土风火）假合之物，外有眼耳鼻舌口，内有心肝脾肺肾，与人骨节穴窍，都是假物，哪有一件是真？大限一到，一堆朽骨臭肉。相执：是执幻体而修，如何了得性命，出得生死？世间糊涂学人，不辨是非真假，乱学冒做，如夜间走路、梦中做事；或摇骨摆髓，或推前而运后，或折东而补西，或运气撞顶门，或逼精而上脑，或行八段锦以活骨，或运六字诀以提气，或以两肾中间为玄关，或以肾前脐后为黄庭，或以口鼻为玄牝，或以丹田为命根，或以天谷为性地，或以心肾为婴儿姹女，或以肝肺为青龙白虎，或吸气过脐轮，至丹田为胎息，或运气撞三关，至脑后为开关。更有拭目咽津、纳清吐浊、摸脐勒便等摆弄作为，不可枚举。皆谓之执相，都是在肉皮囊上做事业，破插袋内弄虚头，与先天性命之道，天地悬隔。到得年满月尽，一无所恃，可不伤哉？

有偈曰：愚知邪见引盲从，损精耗气苦劳形。

执着幻有时光逝，白骨一堆全归终。

吾劝真心学道者，速将执相关口打通，把性命二字着实下个工夫，追究出个下落；如何是性命？果然将性命二字辨得分明，认得真切。即知别有个无方无所，无形无相的秘密物事。不在内，不在外，正在虚无寂寥之境，从此进步，便有着落，不致认假失真，为旁门所误。否则，不知性命是何物，在身体上下乱摸揣，执着有形有质处乱做作。妄想成道，难矣！

论法言执坐：一般误认参禅要当静坐时参，此是错误。参禅不拘行住坐卧，马祖云：参禅不执坐，坐即有著。六祖《坛经》云：又有迷人，空心静坐，百无所思，自称为大，此一辈人，不可与语，为邪见故。住心观净，是病非禅，长坐拘身，于理何益。生来坐不卧，死去卧不坐，元是臭骨头，何为立功课？何名坐禅？答：此门坐禅，元不著心，亦不著净，亦不是不动。在我所宣讲的教义中，自己的心不受任何阻碍，自由自在，对外而言，自心不为一切或善或恶的事物和现象所左右，这就叫"坐"；对内而言，认识自我的本性原本不动，这就叫"禅"。什么叫禅定？自己的心不受外在一切事物和现象的干扰就是禅，保持内心宁静而不散乱就是定。如果追求外在的事物或现象，自己的内心必然散乱，如果脱离外在的事物或现象，内心就不会散乱了。人的本性原本清净宁静，只因为接触并且追求外在的事物或现象才散乱，如果接触了外在的诸种境界又能保持自心不为其所乱，这就是真正的"定"了。在外脱离各种有形相的事物即是禅，内心宁静不散乱即是定。这就是外禅内定，叫作禅定。

《金刚经》告诉人们："凡所有相，皆是虚妄。"说明所看见的相虚妄不实，实相是无相的，要证得实相，就不能执着于相。六祖慧能就是从听闻到诵读《金刚经》经文"应无所住而生其心"而大彻大悟的，六祖的得法偈："菩提本无树，明镜亦非台。本来无一物，何处惹尘埃。"后来在《坛经》中也以"无住相修行"教授学人。对于烦恼与菩提的区别，说："前念著境即烦恼，后念离境即菩提。"烦恼与菩提就在于执境与离境，执着相就烦恼，不执相即菩提。

在修证佛法的过程中，六祖指出了禅宗不执着的要领——"我所宣讲的教义，首先提出无念为宗旨，无相为本体，无住为基础。"

无念，是有念头而不执着于念头；无相，是接触形相而又脱离形相；无住，就是指人的自我本性。对于世俗世界的善恶好坏乃至仇家亲家，以及在受到言语攻击、欺骗和论争之时，都能把这一切视为空幻不真实的，不要过于去纠缠。如果迷恋过去的事，执着现在的事，追求将来的事，各种念头翻腾不息，劳心过度，就自我束缚了。如果心中对于一切事物和现象日日夜夜都无执着之念，这就是没有被束缚。以上所讲，就是无住为基础的道理。

如何理解不执着于法呢？我们将"法"比喻为用竹木平摆着编扎成的水上交通工具——"筏"。以筏，喻"法"就容易理解了，它提醒我们，不应该执着于"法"，致使人们忘记了自己，而自高自大以为我是老师。"法"是筏，是载我们渡彼岸的工具，一旦到了彼岸，并且上了陆地，我们就不可能还愚蠢地背着筏。此意是教我们要以正确的方法使用它而不要因执着它，以致忘掉了自己。如果不理解筏的用处，他们就会用它互相夸耀、争执，这一切毫无是处，只是徒然耗损精力罢了！"法"如筏，它应该被正确地应用于渡过河流；"法"比喻为筏，"法"的智慧应该用来渡过苦海，不应该以它为唇枪舌剑而相互攻击伤害，不可执着它，甚至已到岸、登陆了，还背着筏，显得自我富有，不愿与它分手。"法"比喻为筏，还意味着不论在家修行者或出家人都一样可以应用它。

那么如何在日常生活工作中修炼不执着呢？学习必须以空灵的心做一切事。常人的心多是在心神不定中，不断地从一件事攀缘执取到另外一件事。这种心可以说是充满了愚痴的黑云，他们会感到忧虑、烦闷和不安，这种心态长久下去不出几年，或会引发其他心理疾患，使得他们身染病痛。即使才智出众、能力非凡者，或担任重要的工作，或赚了很多钱，最后积劳成疾累倒在床，精亏神损而无能为力了……这些都是执着地追逐攀缘名利的结果，陷于得失、苦乐、疾病、毁誉之类的泥沼无法自拔。生命不是毫无意义的，有它的价值，那些喜欢说生命没有价值的人，是因为他们不知如何让它有价值。如果我们知道怎样把"生命当成工具"，用它来认知大自然的至极真理，使自心觉悟达到明心见性，那么生命就有价值了！

实践修习禅宗的精髓，不执着我相。"看只是看"，当我们看东西时，保持了了分明，要用智慧远离烦恼，清楚什么行为、动作是正确的、适当的，如果是没有必要的动作，就保持冷静，不让"自我"产生。这是一个最好又简洁的修行原则；看只是看，听只是听，尝只是尝，嗅只是嗅，触只是触，起念只是觉察。让一切只停留在这个层次，当下就能产生智慧，可以正确又恰当地处理一切，不会产生爱、恨的"自我"。如果随着喜欢和讨厌的欲望去做，"自我"就会生起，让心不能平衡，不能自在，心被染污，也就无法产生智慧了。修行则必须破除"自我"之相，只要守护六根（眼耳鼻舌身意），这正是修习佛法的核心。终究是为了使我们成为"如如不动心"的人，而如此修习，看只是看、听只是听，就足以使我们成为"如如不动心"的人。当接触任何外环境时，都不会产生"自我"之相，能保持平常心，而不被外境转。

当一个人对自己说错话感到后悔又沮丧而扇自己的嘴巴、用拳敲打自己的头时，那种行为也是一种极可怜而又愚蠢的执着。他把身体的一部分当作一个"我"，拿它来出气。如此这般式样的出气又有什么用处？根本消除不了痛苦，也解决不了问题。在精神和心理方面来说，实是他的心陷于苦恼之中，而自己并不知道，除了有形相的身体，还有一种可能被妄执的东西就是痛苦、愉快或无哀、无喜的感觉。没有人不喜欢愉快和刺激的感觉，特别是触觉上的愉悦感，无知掩蔽了一切，使人盲目追寻着一切能激发兴奋、刺激和快乐的事物，沉迷于感官的享受而妄执人间五欲乐（财、色、名、食、睡），误以为那些事物有实体性质，为了它们而搏。得到了就占有着、消耗着，完了又再重新去争取。例如，一个人可能妄执自己的生命，整日研究吃补品希望终生无病，痴心活到百岁，如此这般的妄执不只是幼稚和徒然，并且还能弄到一个人变成神经质，对卫生、饮食、睡眠、疾病以及生活上的一切都抱着怀疑心和警觉、堤防的态度，活得太累。热爱生命，但是却爱的不对法，那样无知、提心吊胆地过日子，恐惧自己的末日来临，人生还有什么乐趣呢？快乐能使人心飘浮，甚至得意忘形而乐极生悲。快乐与悲哀，都归为精神上的不稳定，它们使心晕眩地变化着。晕眩的境界有何可取？因此而妄执愉快和不愉快的感受实在是自投烦恼的罗网，自找苦吃罢了！

修行，他能使我们安分守己地活着以及保持内心的平衡与安详，当一个人的内心有了平衡与安详的感觉，生活也会有一种无比的充实感。内心平静，思想清晰，智慧必有所增。

偈语：肉身躯壳是暂存，眨眼如梦无影踪。
　　　空即是色本一体，无相实相真源心。
　　　智慧聪明总是心，智人修内蠢傍寻。
　　　若人有智超三界，无智愚人生死临。

（2）如何寻师

修道之人，常常寻师，迷时师渡，悟了自渡。寻师访友自是修道者之常事。然而自古修道者多，得道者寡，真道难悟，几人能明？明师惜缘，择善而授，岂能轻遇？明师难寻，非明人视亦不见。良机易得，非机缘求之不得。

明师难遇，贵在心眼。非明眼人遇亦如不遇。如何识得明师？明师未必是名师，名师未必是明师。明师者，明道之师。明道者，明心见性，处处通融。为师者，品高义重，心存慈悲。明师者，未必在高山寺院，道缘渡人，或在茶馆，或在路上，或在牛背，或在梦中，或有指引，或是偶遇，高山寺院未必人人皆明。道体有高低，心明分深浅。非大彻大悟之师，皆不是全明。明中有暗，暗中藏明。不明之人见其人明则视为明师，或有时又见其师之暗处，又视师为不明之人。实不知明师亦有深浅之分。师之所以明者，皆因你处暗处。当你澄明足以照耀师之暗处，则师将不复明。当师之光芒可以照耀你的黑暗，引领你走出黑暗，是时为你之明师，未必为天下人之明师。当见师之暗处，师亦可为明师。因全明之师自古少有，故亦难以遇见。若遇全明之师，必是大机缘，自古大机缘难得。因不是有缘之人，或许一生也不得见全明之师。是以，寻师不必全明，足以照耀你前行即为明师。明师不必终始，一时修行一时师。大机缘者，专从一师足以修尽。机缘小者，时时寻师。识师亦难乎？

遇得明师，唯在机缘。广结善缘，心怀众生，时到自有指引。没师自修以待缘，有师精进以大悟。不必待到师来始修行。不修则不明，不明则师来亦不见。小修则小明，小明遇小师。大修则大明，大明方能遇大师。是以，须勤修以待师。边修边待。自修方能见师。不修永远无师。遇得大师必定有大机缘，无缘空等自伤悲。坚心发愿，必有感应。

明师难得，真道亦不轻传。欲得师道，你的心性如何？以何能何德何心何份能得真道？金钱？诚心？或许远远不够。凡得真传者必定尊师重道。尊者，上位也。师在你心中必须永远处于上位。即使你已超越了师，师仍然在你的头上。不尊者，以师为利用对象。得师之道或师力相助时喜颜悦色，若师不助时则怒自心起。大道传人，必考其心性，心不计名利得失，不拘生死情缘，大量大德之人方能得之。天道平衡，损有余而补不足。不失不得。大失大得。所以，你以什么换得师心？得道之人，惜道过命。不尊师重道，能得师心？坏其师道，师怎能认你？学不尽心，技不超越，在世则坏了师门，自古为师者难容。如孔门弟子三千，得意贤生仅七十有二。所以，你德性努力不同，师传道亦各异。既遇得明师，亦不易得其真道。寻师岂不是更难？

寻师之人必须懂得爱师。全明之师难见，半明之师常遇。半明之师虽然有一处之证见，仍不至圆满，还须继续前进。师门弟子日多，人心亦各异。师教之人愈多，师力愈易日益减少。所以，师之有心携带你前进，损自力以渡你，可谓用心良苦。你能不珍惜？你要珍惜师之时间，求教于师者愈众则浪费师之时间愈多。故非大事不要随意麻烦，非难题不要轻易发问，师愈有名则愈易为世事世情所累。因师仍未了无，故人心仍在，七情六欲未尽，我执心仍在，为人师心未了。因不全明，故真性仍会动摇，故易为世事世情所拘，而觉性减损，人心回复。求师人愈多，奉师若神明，则易使师起名利心，生我执心，容易毁师于瞬间。随师之人，不可不知！修道者众，得道不易，

第十六章 无相无形，妙有真空——修真鉴定精要

成一师不易，毁一师不难，世之师已少有，经不起再废坏，故为师着想亦见你之大德。

尊师爱师切忌过极，过极就会迷信。师言未必句句是真道。迷信不如无师。师之道为师一人之体验证见，必定与师之人心结合，带有师之个人信息，大道无二，然修道之途各殊，师之道未必适合你，故修道要永远自主。迷信老师必生分别之心，落入师我两端。二师之言必不一致，所教之学难以全同，迷信老师，便不知听谁反谁，结果落个多师如无师。寻师是为求道，非为寻亲问故，亦非以师名荣耀自身。故寻师必以求道为正，勿搞歪门邪道。寻师唯求自高，非为将来与师一决高低，故寻师不求称师，超越自我就行了。

明师难遇，得其真传更难。或许你一生与师无缘，注定自修，你还要四处寻师吗？或许注定你要为人师，你还不勤精进吗？

师能使你明理，不能替你成就。明理者，指明月之方向。得道者，明月现于自心。死跟老师背后当跟屁虫，不但令老师讨厌，也令自己迷失。一辈子跟师学理，而没有下功夫真修，东奔西跑，真是罪过。

没有真正的证见，就不能胡口说教。话从自心出方为真经，而不是复制老师的言论到处传播。大道从心出，空理从口出。

跋

真是三生有幸,先读《原始太极内功心法》一书,作者论太极,阐述了天地大自然,人身是小天地小自然,天地人是一体,心是万法源,让人认识根源,在根源上下功夫,本固枝荣,本书通俗易懂,由浅入深,述尽了佛道儒的修炼心法要诀、法则、宗旨、定律精髓,是一本难得的太极心法真言。

作者自幼习武,拜过诸多名师,在太极拳、刀枪剑棍、奇门器械上皆有造诣。成年后,更是以武术为生命,遍访同道,切磋琢磨,达到很高的境界。尤其对太极内功心法与老庄养生学、佛学与般若学的研究,不仅追求技艺超群,而且求理达源。对现今社会上所传习的千人一姿、万人一势的太极拳,认为失去了太极拳的根本意义,他称之为体操。他认为这是病人看病,千人一处方,万人一味药,重病求盲医,达不到治病疗伤的目的。他看到一些武术家、体育专家究其一生在形体、套路、姿势上费尽心机,而在运动原理上不求甚解,鹦鹉学舌,人云亦云,盲学瞎练,劳神伤身,以致壮年早逝者日增,真是痛心疾首。

作者以武求真,以理悟太极,探匿真宗,理明透彻心自明。作者"儒释道医"的经论唤醒人心蒙尘许久的灵光,使人心恢复本来面貌。他指出了人的实相,心佛圣凡同俱、同证,其理不虚。三教圣人之阴阳合太极深得心源真谛,他不忍观世人盲修瞎炼,过宝山而求铁石;他不顾自己才智若愚,深研苦读古圣先贤经典著作,真参实练数十载;寻明师访益友,切磋琢磨,入门修真,悟太极触类旁通。他自悟不忘天下人,大声呼唤,著书立说,以证自然天地真空妙有。

人分男女老幼,天南海北,但人人有心灵,人同此心,妙明理出,言听者多,真知者少,智者贤愚,同具此心。智者不增,愚者不减,不遇明师指点,任君聪敏过颜闽，明师不点理不通。人的爱欲不同，迷悟有所差别，人的心本来好静，易于明理，但又易被物欲所牵，随波逐流，人如海上没了舵的船，不能自主。天上有乌云闪电，有时会狂风骤雨，天昏地暗，人会被悲欢离合、喜怒哀乐惊其心、动其魄，迷失本真。圣人留经给后人，让人认自本心。人的心不但俱备生理功能，而且它是天生地长，与生俱来，是能通天彻地生万知，产万识的智慧源泉。一个人心明则万事明，心不明则理不通、法不全。人找到这颗妙明真心，则拳拳服膺万事毕。

人活百年，如同一场戏。人的经历不同，扮演的角色各异，一生中兴衰宠辱，有几人先知先觉？但活得都很认真执着，不知人在演戏，还是戏在演社会人生。人们会认假当真，假戏如实，醉生梦死。大梦谁先觉，能有几人知？人能参透幻化世界，识破色空的变化，就不会被社会现状所迷。人生大舞台，百年一场戏，各有兴亡史，都在不言中。

本书从太极内功心法、从人的动静起源，到人能反观自省；从万缘放下，独立守神，到去知存慧，无为无所不为。书中旁征博引，引经据典，揭示了宇宙真空的妙有，天人合一，人是其中一分子，子俱母能，人能常清静，天地悉皆归的原理。

本书是教人过宝山，不要空手而归，是把真传一张纸用放大百倍的手法，解析八万四千法门的真谛。作者看到世人在回归大道上，团沙做饭，任你下的功夫再大，也是南辕北辙，画饼充饥，于事无补。就连聪明第一的舍利佛，不入菩萨指点，他也难明色即是空、空即是色、色空不二心地法门的道理。作者费尽心机，把圣人、佛祖千经万卷搬出来示人，教人万缘放下，独立守神，在自身的心源宝地上寻找本有的真才实学。

作者以太极入修行，悟理求真。他自乐不忘后来人，愿有缘人共登圣域，他浓墨重笔，苦口婆心，告诫我们在社会大舞台上把握自己自身的角色。一出大戏，说真即真，说假也假，真戏假做，做一个梦中醒人。

大梦谁先觉，独有我自知！

满恒元
2015 年 8 月